명유학안 역주明儒學案譯註

An Annotated Translation of "Records of the Ming Scholars"

【2권】

명유학안 역주 【2권】 明儒學案譯註 二
An Annotated Translation of "Records of the Ming Scholars"

—

1판 1쇄 인쇄 2023년 11월 6일
1판 1쇄 발행 2023년 11월 15일

—

저 자 | 황종희黃宗羲
역주자 | 강경현 · 이해임 · 이봉규
발행인 | 이방원
발행처 | 세창출판사
신고번호 · 제1990-000013호
주소 · 서울 서대문구 경기대로 58 경기빌딩 602호
전화 · 02-723-8660 팩스 · 02-720-4579
http://www.sechangpub.co.kr | e-mail: edit@sechangpub.co.kr

—

ISBN 979-11-6684-240-5 94150
979-11-6684-238-2 (세트)

—

이 역주서는 2018년 대한민국 교육부와 한국연구재단의 지원을 받아 수행된 연구임.
(NRF-2018S1A5A7032306)

—

이 책은 한국연구재단의 지원으로 세창출판사가 출판, 유통합니다.

명유학안 역주明儒學案譯註

An Annotated Translation of "Records of the Ming Scholars"

【2권】

황종희黃宗羲 저

강경현 · 이해임 · 이봉규 역주

세창출판사

• 명유학안 2권 차례

명유학안 권8, 하동학안하 明儒學案 卷八, 河東學案下 · 이혜임

명유학안 권9, 삼원학안 明儒學案 卷九, 三原學案 · 이봉규

• 명유학안 역주 전체 차례

명유학안 7권

명유학안 권25, 남중왕문학안 1明儒學案 卷二十五, 南中王門學案 一

명유학안 권26, 남중왕문학안 2明儒學案 卷二十六, 南中王門學案 二

명유학안 권27, 남중왕문학안 3明儒學案 卷二十七, 南中王門學案 三

명유학안 권28, 초중왕문학안明儒學案 卷二十八, 楚中王門學案

명유학안 권29, 북방왕문학안明儒學案 卷二十九, 北方王門學案

명유학안 권30, 월민왕문학안明儒學案 卷三十, 粵閩王門學案

명유학안 권31, 지수학안明儒學案 卷三十一, 止修學案

명유학안 8권

명유학안 권32, 태주학안 1明儒學案 卷三十二, 泰州學案 一

명유학안 권33, 태주학안 2明儒學案 卷三十三, 泰州學案 二

명유학안 권34, 태주학안 3明儒學案 卷三十四, 泰州學案 三

명유학안 9권

명유학안 권35, 태주학안 4明儒學案 卷三十五, 泰州學案 四

명유학안 권36, 태주학안 5明儒學案 卷三十六, 泰州學案 五

명유학안 10권

명유학안 권37, 감천학안 1明儒學案 卷三十七, 甘泉學案 一

명유학안 권38, 감천학안 2明儒學案 卷三十八, 甘泉學案 二

명유학안 권39, 감천학안 3明儒學案 卷三十九, 甘泉學案 三

명유학안 11권

명유학안 권40, 감천학안 4明儒學案 卷四十, 甘泉學案 四

명유학안 권41, 감천학안 5明儒學案 卷四十一, 甘泉學案 五

명유학안 권42, 감천학안 6明儒學案 卷四十二, 甘泉學案 六

명유학안 12권

명유학안 권43, 제유학안 상1明儒學案 卷四十三, 諸儒學案 上一

명유학안 권44, 제유학안 상2明儒學案 卷四十四, 諸儒學案 上二

명유학안 권45, 제유학안 상3明儒學案 卷四十五, 諸儒學案 上三

명유학안 권46, 제유학안 상4明儒學案 卷四十六, 諸儒學案 上四

명유학안 13권

명유학안 권47, 제유학안 중1明儒學案 卷四十七, 諸儒學案 中一
명유학안 권48, 제유학안 중2明儒學案 卷四十八, 諸儒學案 中二
명유학안 권49, 제유학안 중3明儒學案 卷四十九, 諸儒學案 中三

명유학안 14권

명유학안 권50, 제유학안 중4明儒學案 卷五十, 諸儒學案 中四
명유학안 권51, 제유학안 중5明儒學案 卷五十一, 諸儒學案 中五
명유학안 권52, 제유학안 중6明儒學案 卷五十二, 諸儒學案 中六

명유학안 15권

명유학안 권53, 제유학안 하1明儒學案 卷五十三, 諸儒學案 下一
명유학안 권54, 제유학안 하2明儒學案 卷五十四, 諸儒學案 下二
명유학안 권55, 제유학안 하3明儒學案 卷五十五, 諸儒學案 下三
명유학안 권56, 제유학안 하4明儒學案 卷五十六, 諸儒學案 下四
명유학안 권57, 제유학안 하5明儒學案 卷五十七, 諸儒學案 下五

명유학안 16권

명유학안 권58, 동림학안 1明儒學案 卷五十八, 東林學案 一
명유학안 권59, 동림학안 2明儒學案 卷五十九, 東林學案 二
명유학안 권60, 동림학안 3明儒學案 卷六十, 東林學案 三
명유학안 권61, 동림학안 4明儒學案 卷六十一, 東林學案 四

명유학안 17권

명유학안 권62, 즙산학안明儒學案 卷六十, 蕺山學案
명유학안 부안明儒學案 附案

『명유학안 역주』 범례

1. 역주 저본

❶ 참고 저본: 황종희(黃宗羲) 저, 심지영(沈芝盈) 점교(點校), 『명유학안(明儒學案)』 상하(上下) 수정본(修訂本), 북경: 중화서국(中華書局), 2008.

❷ 대조본: 사고전서본 『명유학안』과 해당 개별 문집.

2. 표점과 교감

❶ 저본의 표점을 사용하고, 일부 부호를 변경하였다. 판본에 따라 글자가 다른 경우 역자의 판단에 따라 교감을 가하고 필요하다고 생각되는 경우 저본의 표점에 변경을 가하였다.

❷ 저본의 인용부호 (「 」), (『 』)를 (“ ”), (‘ ’)으로 표기하였다.

❸ 저본의 종지부호 (°)를 (.)로 표기하였다.

❹ 저본의 책명부호 (《 》)를 (『 』)와 (「 」)로 표기하였다.

❺ 저본에서 작은 글자로 표기한 황종희의 원주는 원문과 번역문에서 모두 (【 】)로 변경하였다.

3. 역주 원칙

❶ 저본의 편제에 따라 단락마다 권-단락을 숫자로 표시하였다. 예컨대 “25-7”은 “제25권 南中學案 7번째 단락”을 의미한다.

❷ 저본의 한 단락이 길 경우, 역자의 판단에 따라 단락을 나누고 숫자를 붙이지 않았다. 따라서 숫자 표기가 없는 단락은 앞의 숫자 표기 단락의 한 부분임을 의미한다.

❸ 유종주(劉宗周)의 평어는 번역문에서 ‘[유종주평어]’의 표제어를 부가하였다.

명유학안 권5,
백사학안상

明儒學案 卷五,
白沙學案上

|5-1| 명의 학술은 백사白沙[1]에 이르러 비로소 정미해진다. 그의 공부工夫의 핵심은 전부 함양涵養에 있었다. [함양으로 대본(大本)이 세워져] 기쁨과 화가 아직 드러나지 않았어도 텅 비지 않았고, 만감萬感이 맞물려 모였어도 동요하지 않았다.[2] (명의 학술은) 양명陽明[3]에 이른 뒤 성대해진다.

(白沙와 陽明) 두 선생의 학술이 제일 서로 가깝지만, 양명 후학들은 (그에 대해) 언급하지 않는데, 그 이유는 어째서인지 모르겠다. 설중리

|5-1| 有明之學, 至白沙始入精微. 其喫緊工夫, 全在涵養. 喜怒未發而非空, 萬感交集而不動. 至陽明而後大.

兩先生之學, 最爲相近, 不知陽明後來從不說起, 其故何

1 백사(白沙): 1428-1500. 陳獻章, 백사는 호. 『明儒學案』에서 진헌장 관련 부분은 「師說 · 陳白沙獻章」과 권5 · 6 「白沙學案上」 · 「下」이다.

2 그의 공부(工夫)의 … 동요하지 않았다: 李承勛의 「醫閭先生集序」(『醫閭先生集』, 遼寧人民出版社, 2011)에 나오는 말이다. “白沙之學, 以自得爲宗, 喫緊工夫, 全在涵養. 端居靜坐, 不爲私妄間隔, 則心虛氣靈, 天理流通, 大本立矣. 喜怒未發而非空, 萬感交集而不動.” 참고로 이승훈은 권6, 「白沙學案下」에 나오는 李承箕의 동생이다.

3 양명(陽明): 1472-1528. 王守仁, 양명은 호. 권10, 「姚江學案」에 보인다.

薛中離[4]는 양명의 뛰어난 제자인데, 정덕正德 14년(1519년)에 소를 올려 백사를 공묘孔廟에 종사從祀할 것을 청하였다. 이는 분명 스승의 학문이 (백사와) 같음을 알았던 것이다.

也. 薛中離, 陽明之高第弟子也, 於正德十四年上疏請白沙從祀孔廟, 是必有以知師門之學同矣.

나일봉羅一峰[5]이 "백사는 하늘과 사람의 은미함을 보았고 성현의 심오한 뜻을 궁구했다. 도道를 채운 것을 부유함이라 여기고 덕德을 높인 것을 귀함이라 여겨, 천하 만물이 아낄 만하고 추구할 만하더라도 무심히 그 마음에 동요가 없었다."[6]라고 하였는데, 참으로 이 말과 같을 것이다. 그렇기 때문에 그 문하에서 배출된 사람들은 대부분 청빈함으로 자립하여 부귀에 뜻을 두지 않았다. 백사의 고상한 기풍이 격동시킨 바가 크다.

羅一峰曰: "白沙觀天人之微, 究聖賢之蘊, 充道以富, 崇德以貴, 天下之物, 可愛可求, 漠然無動於其中." 信斯言也. 故出其門者, 多清苦自立, 不以富貴爲意, 其高風之所激, 遠矣.

---

4 설중리(薛中離): 1468-1545. 薛侃, 중리는 호. 권30, 「粵閩王門學案」에 보인다.

5 나일봉(羅一峰): 1431-1478. 羅倫, 일봉은 호. 권45, 「諸儒學案上」3에 보인다.

6 백사는 하늘과 … 동요가 없었다: 『一峰文集』(四庫全書本) 권2, 「送陳公甫先生序」; 『陳獻章集』(中華書局, 2012) 附錄4, 「送白沙陳先生序」 참조.

문공 백사 진헌장 선생

文恭陳白沙先生獻章

5-2 진헌장陳獻章은 자字가 공보公甫이며, 신회(新會: 지금의 廣東省 江門市)에 있는 백사리白沙里 사람이다. 신장은 여덟 척尺이었고 눈빛은 별과 같았으며, 오른쪽 빰에는 북두칠성 모양의 일곱 개의 점이 있었다. 어려서부터 총명함이 남들보다 뛰어나 독서를 하면 한번 보고 바로 외웠다. 한번은 『맹자』에서 천민天民에 대해 이야기한 부분[1]을 읽고는 감탄하며 말하길, "사람이라면 마땅히 이와 같아야 할 것이다!" 라고 했다. 꿈에서 석금石琴을 쳤는데 그 소리가 맑고 시원하자 어떤 사람이 다음과 같이 말했다. "팔음八音[2] 가운데 오직 석石만은 조화롭

5-2 陳獻章, 字公甫, 新會之白沙里人. 身長八尺, 目光如星, 右臉有七黑子, 如北斗狀. 自幼警悟絕人, 讀書一覽輒記. 嘗讀『孟子』所謂天民者, 慨然曰: "爲人必當如此!" 夢拊石琴, 其音泠泠然, 一人謂之曰: "八音中惟石難諧, 子能

---

1 『맹자』에서 천민(天民)에 … 이야기한 부분: 『맹자』「盡心上」19장. "孟子曰, '有事君人者, 事是君則爲容悅者也. 有安社稷臣者, 以安社稷爲悅者也. 有天民者, 達可行於天下而後行之者也. 有大人者, 正己而物正者也.'"

2 팔음(八音): 악기의 제조 때 사용되는 여덟 가지 재료 혹은 그에 따른 악기 분류법을 이르는 말이다. 여덟 가지 재료는 쇠[金]·돌[石]·실[絲]·대나무[竹]·박[匏]·흙

게 연주하기 어려운데, 그대는 이를 조화롭게 연주하는군. 훗날 도道를 얻겠네!" 이 꿈으로 별호別號를 석재石齋라고 했다.

정통正統 12년(1447년, 20세) 광동廣東 향시鄉試에 합격했고, 다음해 회시會試에서 을방(乙榜: 副榜)에 들어 국자감國子監에 들어가 독서했다. 이후 숭인崇仁에 가서 강재(康齋: 吳與弼, 1391-1469) 선생에게 수학했다.[3] 돌아와서 바로 과거에 대한 뜻을 거두고는 춘양대春陽臺를 짓고 그 안에서 정좌靜坐를 하면서[4] 그곳 밖으로 나서지 않은 것이 여러 해였다. 얼마 뒤 집안의 환난을 만났다.

성화成化 2년(1466년, 39세)에는 태학太學에서 다시 공부했다. (국자감) 좨주祭酒 형양邢讓이 양귀산(楊龜山, 1053-1135)의 「차일부재득(此日不再得: 오늘은 다시 오지 않는다)」 시[5]에 화운和韻하는 것으로 시험했는데, 선생의 작품[6]을 보고는 깜짝 놀라 "귀산龜山도 이만 못하다."라고 하면서 조정에서 큰소리로 말하고 다니며 참된 유학

諧此, 異日其得道乎!" 因別號石齋.

正統十二年擧廣東鄉試, 明年會試中乙榜, 入國子監讀書. 已至崇仁, 受學於康齋先生, 歸即絕意科擧, 築春陽臺, 靜坐其中, 不出閾外者數年. 尋遭家難.

成化二年, 復遊太學, 祭酒邢讓試和楊龜山「此日不再得」詩, 見先生之作, 驚曰"即龜山不如也", 颺言於朝, 以爲眞儒復出, 由是名動京

[土]・가죽[革]・나무[木]이다.

3 이후 숭인(崇仁)에 … 선생에게 수학했다: 『陳獻章集』 附錄2에 실린 阮榕齡의 「編次陳白沙先生年譜」 景泰 5년(1454, 27세) 조 참조.

4 춘양대(春陽臺)를 짓고 … 정좌(靜坐)를 하면서: 「年譜」 景泰 7년(1456, 29세) 조 참조.

5 「차일불재득(此日不再得)」 시: 『龜山集』(四庫全書本) 권38, 「此日不再得示同學」.

6 선생의 작품: 『陳獻章集』 권4, 「和楊龜山此日不再得韻」. 『白沙子古詩教解』 첫 번째에 실려 있다.

자가 다시 나왔다고 하였다. 이 일로 명성이 경사(京師: 북경)를 뒤흔들었다. 나일봉羅一峰, 장풍산章楓山,[7] 장정산莊定山,[8] 하의려(賀醫閭, 1437-1510)가 모두 서로 만난 것이 늦었음을 한탄하였는데, 의려는 배우기도 하였다. 돌아오자 문인들이 더욱 모였다.

師. 羅一峰・章楓山・莊定山・賀醫閭皆恨相見之晩, 醫閭且稟學焉. 歸而門人益進.

성화成化 18년(1482년, 55세)에는 포정사布政使 팽소(彭韶, 1430-1495)와 도어사都御史 주영朱英이 번갈아 (그를) 천거하면서 다음과 같이 말했다. "나라는 어질고 현명한 사람을 보물로 삼습니다. 신이 스스로 헤아려 보니 저의 재덕才德이 헌장獻章에 한참 미치지 못하는데도 신은 높은 지위를 차지하고 있으면서 헌장은 늙도록 재야에 머물도록 하였으니, 사직社稷의 보물을 앉아서 잃어버릴까 걱정입니다." (황제의) 부름이 있어 북경에 도착하였는데 정부政府[9]에서 누군가[10] 저지하여 이부吏部에 나아가 시험을 보게 했다. 병으로 사양하고 나아가지 않다가, 부모를 끝까지 봉양할 수 있기를 구하는 소疏[11]를

十八年, 布政使彭韶・都御史朱英交薦, 言"國以仁賢爲寶, 臣自度才德不及獻章萬萬, 臣冒高位, 而令獻章老丘壑, 恐坐失社稷之寶". 召至京, 政府或尼之, 令就試吏部. 辭疾不赴, 疏乞終養, 授翰林院檢討而歸.

7 장풍산(章楓山): 1436-1521. 章懋, 풍산 선생이라 불렸다. 권45, 「諸儒學案上」3에 보인다.

8 장정산(莊定山): 1437-1499. 莊昶, 정산 선생이라 불렸다. 권45, 「諸儒學案上」3에 보인다.

9 정부(政府): 宰相이 政務를 보는 곳.

10 누군가: 당시 吏部尙書 尹旻으로 보인다. 黃明同, 『陳獻章』(上海古籍出版社, 2013), 236쪽 참조.

11 부모를 끝까지 … 구하는 소(疏): 『陳獻章集』 권1, 「奏疏・乞終養疏」.

올렸고, 한림원검토翰林院檢討를 제수除授받고 돌아왔다.

그의 출처가 (그의 스승) 강재康齋와는 다르다고 말하는 사람이 있었는데, 선생은 다음과 같이 말했다. "선사先師께서는 석형(石亨, ?-1460)에게 천거 받았기 때문에 관직을 받지 않았던 것이고, 나는 발령을 기다리는 감생(監生: 국자감 학생)으로서 줄곧 벼슬할 것을 원하였기 때문에 감히 거짓으로 사양하면서 헛된 명예를 취하지 못하였던 것이다. (내가 관직을) 받은 것이나 (스승이 관직을) 받지 않았던 것에는 각기 합당한 바가 있다." 이후로 여러 번 천거 받았지만 나서지 않았다.

有言其出處與康齋異者, 先生曰: "先師爲石亨所薦, 所以不受職, 某以聽選監生, 始終願仕, 故不敢僞辭以釣虛譽, 或受或不受, 各有攸宜." 自後屢薦不起.

홍치弘治 13년(1500년) 2월 10일에 졸卒하였으니, 나이는 일흔 셋이었다. 선생의 병환이 위독해지자 지현知縣 좌左 아무개가 의원을 보내왔다. 문인들이 나아가 "병환을 어찌할 수 없습니다."라고 했다. 선생은 "붕우의 성의를 다해야 하지."라고 하고는 약을 한 숟가락 마시고 돌려보냈다.[12]

弘治十三年二月十日卒, 年七十有三. 先生疾革, 知縣左某以醫來, 門人進曰: "疾不可爲也." 先生曰: "須盡朋友之情." 飮一匙而遣之.

|5-3| 선생의 학술은 허(虛: 마음을 비우는 것)를 바탕으로 삼고, 정(靜: 마음을 고요하게 하는

|5-3| 先生之學, 以虛爲基本, 以靜爲

---

12 선생은 "붕우의 … 마시고 돌려보냈다: 「年譜」 弘治 13년(1500, 73세) 조에는 "門人進曰, '藥不可爲也', 先生曰, '飮一匕盡朋友之情', 飮已, 作詩遣之."라고 되어 있다. 해당 시는 『陳獻章集』 권4, 「贈陸醫士」 395쪽에 보인다.

것)을 들어가는 문으로 삼으며, 사방 상하와 고금 왕래가 꿰어져 하나로 묶이고 합하여 하나로 모여드는 곳을 테두리로 삼고, 일상생활에서 평상시에 행해지는 분수分殊를 공용(功用: 공부하는 곳)으로 삼으며, 잊지도 않고 그렇다고 해서 조장하지도 않는 것[13]을 체인體認의 준칙으로 삼고, 애써 힘들인 적이 없으나 응하여 사용함에 빠트림이 없는 것을 실제로 얻은 것으로 삼는다. 멀게는 증점曾點이 되고 가까이는 요부(堯夫: 邵雍)가 되니, 이것은 의심할 것이 없다. 이 때문에 명의 유학자들 가운데 구확(矩矱: 儒者의 법도)을 잃지 않은 사람도 많이 있었지만, 성인이 되는 공부는 선생에 이르러 비로소 밝아졌으며 문성(文成: 王陽明)에 이르러 비로소 대성했다. 만일 선생과 문성文成이 나지 않았다면, 염락(濂洛: 濂溪와 二程)의 정미한 뜻 가운데 동조하는 부분에 대해서는 물론 그 지극히 은미한 곳까지 미루어서 이해하고, 입장을 달리하는 부분에 대해서도 그 유파를 분류하여 소통疏通시키기를 오늘날처럼 잘하지는 못했을 것이다.

門戶, 以四方上下·往古來今穿紐湊合爲匡郭, 以日用常行分殊爲功用, 以勿忘·勿助之間爲體認之則, 以未嘗致力而應用不遺爲實得. 遠之則爲曾點, 近之則爲堯夫, 此可無疑者也. 故有明儒者, 不失其矩矱者亦多有之, 而作聖之功, 至先生而始明, 至文成而始大. 向使先生與文成不作, 則濂·洛之精蘊, 同之者固推見其至隱, 異之者亦疏通其流別, 未能如今日也.

어떤 사람들은 그가 선禪에 가깝다고 말한다. 그렇게 말하는 이유에는 두 가지가 있다. (첫째) 성학聖學이 사라진 지 오래되어 사람들

或者謂其近禪, 蓋亦有二, 聖學久湮, 共趨事爲之末, 有動

13 잊지도 않고 … 않는 것: 『孟子』「公孫丑上」2장.

이 모두 사위事爲의 말단만을 추구하고, 동시動時에 살펴봄은 있지만 정시靜時에 보존함은 없으며, 조금이라도 '사람이 태어나서 고요하기[14] 이전의 모습'[15]에 대해 언급하면 곧바로 이단에 가깝다고 한다. 이것은 평범한 사람의 의론으로 변별할 것이 못 된다.

察而無靜存, 一及人生而靜以上, 便鄰于外氏, 此庸人之論, 不足辨也.

(둘째) 나문장羅文莊[16]은 다음과 같이 말하였다. "근래 도학道學의 창성에 백사의 도움이 없었다고 할 수 없지만, 학술의 잘못 역시 백사에게서 시작된 듯하다. 그는 '(도란) 지극히 없으면서도 움직이고, 지극히 비근하면서도 신령하다.'[17]라고 하였는데, 이것이 백사가 자득한 신묘함이다. 그러나 그는 그저 지극히 신령한 것만 알아서 마침내 도道가 이 지극히 신령함에 있다고 생각하여, 심오한 것도 다하지 못하고 기미도 살피지 못하였다.[18] 그의 잘못은 여기에 있다."[19] 문장文莊은 종신토록 심心과 성

羅文莊言"近世道學之昌, 白沙不爲無力, 而學術之誤, 亦恐自白沙始. 至無而動, 至近而神, 此白沙自得之妙也. 彼徒見夫至神者, 遂以爲道在是矣, 而深之不能極, 幾之不能研, 其病在此." 緣文莊終身認心性爲

14 사람이 태어나서 고요하기: 『禮記』「樂記」 7장. "人生而靜, 天之性也. 感於物而動, 性之欲也. 物至知知, 然後好惡形焉. 好惡無節於內. 知誘於外, 不能反躬, 天理滅矣."

15 사람이 태어나서 … 이전의 모습: 『程氏遺書』 권1. "蓋生之謂性. 人生而靜以上, 不容說. 才說性時, 便已不是性也."

16 나문장(羅文莊): 1465-1547. 羅欽順, 문장은 시호. 권47, 「諸儒學案中」1에 보인다.

17 (도란) 지극히 … 비근하면서도 신령하다: 『陳獻章集』, 권2 「復張東白內翰」. "夫道至無而動, 至近而神, 故藏而後發, 形而斯存." 「白沙學案上」 5-11 참조.

18 심오한 것도 … 살피지 못하였다: 『易』「繫辭上」 10장. "夫易, 聖人之所以極深而研幾也, 唯深也故能通天下之志, 唯幾也故能成天下之務, 唯神也故不疾而速不行而至."

19 근래 도학(道學)의 … 여기에 있다: 『困知記』 卷下, 49조. "그러나 그는 … 살피지 못하였다" 부분은 『困知記』, 卷上, 2조 참고.

性을 둘이라 여겼기 때문에 결국 선생이 심心에는 밝았지만 성性은 보지 못하였다고 말한 것이다. 이것은 문장文莊의 잘못이니, 선생과는 상관이 없다.

二, 遂謂先生明心而不見性, 此文莊之失, 不關先生也.

선생이 (자신의) 공부 과정에 대해 스스로 서술하며 다음과 같이 말했다. "내 나이 스물일곱에 비로소 발분하여 오빙군(吳聘君: 吳與弼)에게 가서 배웠는데, 옛 성현이 가르침을 남긴 책 중에 강론하지 않은 것이 거의 없었지만, 들어갈 곳을 알지 못했다. 백사白沙로 돌아와서는 두문불출하면서 오로지 힘쓸 방도를 찾았는데, 더 이상 지도하거나 이끌어 줄 사우師友가 없어서 날마다 서책에만 의지하여 찾아보며 자는 것도 잊고 먹는 것도 잊었었다. 이와 같이 몇 년을 하였지만 끝내 얻음이 없었다. 얻지 못했다는 것은, 나의 이 심心이 이 리理와 한데 모여 딱 들어맞는 곳이 없었다는 말이다. 이에 저 책에서 구하는 번잡한 방법을 버리고 나에게서 구하는 간략한 방법을 택하여 오직 정좌靜坐만을 했다. 오랫동안 이렇게 한 뒤에 나의 이 심心의 체體가 은연히 드러나 언제나 무엇인가 있는 듯이 보였다. 일상생활의 갖가지 응수가 마치 재갈을 물려 말을 부리는 것처럼 내가 하고 싶은 대로 따라왔다. 물리物理에서 체인體認하고 성인의 가르침에 상고해 보니, 마치 물에 근원과 지류가 있는 것처럼 각각 두서頭緖와 내력來歷이 있었다. 이에 얼음이 녹듯

先生自序爲學云: "僕年二十七, 始發憤從吳聘君學, 其於古聖賢垂訓之書, 蓋無所不講, 然未知入處. 比歸白沙, 杜門不出, 專求所以用力之方, 既無師友指引, 日靠書冊尋之, 忘寐忘食, 如是者累年, 而卒未有得. 所謂未得, 謂吾此心與此理未有湊泊吻合處也. 於是舍彼之繁, 求吾之約, 惟在靜坐. 久之, 然後見吾此心之體, 隱然呈露, 常若有物, 日用間種種應酬, 隨吾所欲, 如馬之御銜勒也. 體認物理, 稽諸聖訓, 各有頭緒來歷, 如水之有源委

의심이 풀려서 자신하며 말하길, '성인이 되는 공부는 여기에 있다!'라고 하였다."[20]

也. 於是渙然自信曰: '作聖之功, 其在茲乎!'"

장동소張東所[21]가 선생의 공부 과정에 대해 서술하여 다음과 같이 말하였다. "빙군(聘君: 吳與弼)을 뵙고 돌아온 후 방에서 정좌靜坐를 했다. 집안사람들조차 그의 얼굴을 보는 일이 드물었지만 몇 년이 지나도 얻음이 없었다. 이에 해 오던 방식을 바로 버리고 장대 숲에서 목 놓아 노래를 부르거나 외딴섬에서 혼자 휘파람을 불고, 혹 시냇가나 바닷가에 배를 띄우고 낚시를 하면서 이목(耳目: 감각 기능)을 쉬게 하고 심지(心智: 사려 기능)를 놓아두었다. 오랫동안 이렇게 한 후에 얻음이 있었다. 생각건대 고요함을 위주로 공부를 하여 큰 깨달음을 얻은 것이다. 이로부터 (다시) 힘써 노력하였는데 지지부진하면서 20여 년이 지나자 광대廣大함과 고명高明함이 일용日用을 벗어나지 않으며, 하나의 참됨과 모든 일이 본래 자체로 원성圓成하여 사람의 힘을 빌리지 않음을 크게 깨달았다. 동정動靜이 없고 내외內外가 없으며 대소大小와 정조精粗가 하나로 꿰어졌다."[22] 선생의 학

張東所敘先生爲學云: "自見聘君歸後, 靜坐一室, 雖家人罕見其面, 數年未之有得. 於是迅掃夙習, 或浩歌長林, 或孤嘯絕島, 或弄艇投竿於溪涯海曲, 捐耳目, 去心智, 久之然後有得焉. 蓋主靜而見大矣. 由斯致力, 遲遲至二十餘年之久, 乃大悟廣大高明不離乎日用. 一眞萬事, 本自圓成, 不假人力. 無動靜, 無內外, 大小精粗, 一以貫之." 先生之學, 自博而約,

---

20 내 나이 … 라고 하였다: 『陳獻章集』 권2, 「復趙提學僉憲」 1.

21 장동소(張東所): 1456-1515. 張詡, 동소는 호. 권6, 「白沙學案下」에 보인다.

22 빙군(聘君: 吳與弼)을 뵙고 … 하나로 꿰어졌다: 『陳獻章集』 附錄2, 「白沙先生墓表」, 882쪽.

술은 넓음으로부터 간략함으로 나아갔으며, 거침으로부터 자세함에 들어갔다. 그의 학문이 선학禪學과 같지 않음은 이와 같다.

由粗入細, 其於禪學不同如此.

|5-4| 윤직尹直[23]의 『쇄철록瑣綴錄』[24]에서는 다음과 같이 말한다. "선생이 처음 경사(京師: 북경)에 도착하였을 때, 은밀하게 시 열 수를 지어 태감太監[25] 양방梁方[26]을 칭송하였고, 양방梁方이 임금에게 아뢰자 이에 관직을 제수받을 수 있었다. 사직을 청하고 고향으로 돌아갈 때는 성을 나서자마자 바로 가마를 타고 차양을 펼치고 창을 늘어놓으면서 길을 열었는데, 더는 예전 모습이 없었다. 구문장(丘文莊: 丘濬, 1421-1495)이 (이 일을) 『헌묘실록憲廟實錄』[27]에 채입採入하였으니, (진헌장은) 청사(青史: 역사)에 오명汚名을 남겼다고 할 만하다."[28]

|5-4| 尹直『瑣綴錄』謂"先生初至京, 潛作十詩, 頌太監梁方, 方言於上, 乃得授職. 及請歸, 出城輒乘轎張蓋, 列槊開道, 無復故態. 丘文莊採入『憲廟實錄』, 可謂遺穢青史."

『헌장록憲章錄』[29]에서는 『실록實錄』에 채입採

『憲章錄』則謂採

23 윤직(尹直): 1431-1511. 자는 正言이다. 景泰 5년(1454) 進士가 되었다. 成化 연간 초에 經筵講官이 되어 『英宗實錄』을 편수했다.

24 『쇄철록(瑣綴錄)』: 1507년 완성되었으며, 당시 윤직의 나이는 81세였다. 윤직이 50여 년 동안 조정에서 보고 들은 것을 기록한 책이다.

25 태감(太監): 宦官의 관명을 가리키는 말이다.

26 양방(梁方): 1443-?. 成化 8년(1472) 會試에서 貢士에 들어 進士가 되었다. 廣東 廣州府 南海縣 사람이다.

27 『헌묘실록(憲廟實錄)』: 天順 8년(1464) 정월부터 成化 23년(1487) 8월까지의 기록으로, 弘治 4년(1491)에 완성되었다.

28 선생이 처음 … 할 만하다: 『謇齋瑣綴錄』(臺灣學生書局, 1969, 184-185쪽)에 보인다.

29 『헌장록(憲章錄)』: 薛應旂가 1573년 찬술하였다. 洪武 원년(1368)부터 正德 16년(1521)까지 있었던 5,400여 건의 역사적 사건을 싣고 있다.

入한 사람이 장동백張東白[30]이라고 했다. 살펴보건대, 동백이 (백사에게) 학술에 대해 물은 서간에서 "의리義理는 모름지기 융액(融液: 완전히 하나가 된 상태)에 이르러야 하고 조존操存은 모름지기 쇄락(灑落: 상쾌하고 깨끗한 상태)에 도달해야 한다."[31]라는 말을 하였고, 또 문인들이 선생에게 선물을 보내도록 하여 깊이 존경하고 사모하였다. 시를 보내 (백사가) "선禪으로 달아났다[逃禪]."고 의심한 일이 있기는 하지만,[32] 없는 일을 가지고 사서史書에 함부로 집어넣었을 리는 없다.

之『實錄』者張東白也. 按, 東白問學之書, 以"義理須到融液, 操存須到灑落"爲言, 又令其門人餽遺先生, 深相敬慕, 寄詩疑其逃禪則有之, 以烏有之事, 闌入史編, 理之所無也.

문장(文莊: 구준)은 준엄하고, 사람들이 벼슬에 나아가는 것을 좋아하고 벼슬에서 물러나는 것을 미워하였다. 한번은 정산定山[33]에 대해 그러한 생각을 드러냈고,[34] 또 한번은 선생(先生: 백사)에 대해 그러한 생각을 드러냈는데, 윤직과 크게 다르지 않다. 설령 양방梁方에게 시를 준 일이 거짓이 아니더라도 양방은 선생의 고향 사람이다. 그가 시를 요구해서 지어 주었

文莊深刻, 喜進而惡退, 一見之於定山, 再見之於先生, 與尹直相去不遠. 就令梁方之詩不僞, 方是先生鄕人, 因其求詩而與之, 亦情理之所有, 便非穢事;

---

30 장동백(張東白): 1437-1506. 張元禎, 동백은 호. 권45, 「諸儒學案上」3에 보인다.

31 의리(義理)는 모름지기 … 도달해야 한다: 『陳獻章集』 권2, 「復張東白內翰」.

32 시를 보내 … 있기는 하지만: 『陳獻章集』 권2, 「復趙提學僉憲」2. 해당 글에 장원정이 "(백사가) 선(禪)으로 달아났다[逃禪]."라고 평했다는 말이 보인다.

33 정산(定山): 莊昶, 정산 선생이라 불렸다. 권45, 「諸儒學案上」3에 보인다.

34 한번은 정산(定山)에 … 생각을 드러냈고: 해당 내용이 권45, 「諸儒學案上」3에 보인다. "弘治甲寅, 特旨起用. 先是瓊山丘濬嫉先生不仕, 嘗曰: '率天下士夫背朝廷者昶也. 彼不讀祖訓乎? 蓋祖訓有不仕之刑也.' 至是濬爲大學士. 先生不得已入京, 長揖冢宰, 遂補原官."

다면 역시 정리(情理) 상 있을 법한 것이지 더러운 일이 아니다. 그리고 이미 관직을 받았으면 가마를 타고 차양을 펼치는 것은 분수 상 마땅한 바이다. 이런 일들을 가져다가 비난거리로 삼는다면, 강학하는 사람은 코도 풀지 못하고 침도 뱉지 못할 것이다.

既已受職, 乘轎張蓋, 分之攸宜, 攬之以爲話柄, 則凡講學者涕唾亦不得矣.

|5-5| 만력萬曆 13년(1585) 조서를 내려 공묘孔廟에 종사從祀하였는데,[35] 선유진자先儒陳子라고 칭하였고 시호는 문공文恭이다.

|5-5| 萬曆十三年, 詔從祀孔廟, 稱先儒陳子, 謚文恭.

「학문을 논한 서간」

「論學書」

|5-6| 「조趙 제학提學에게 답하다」

당신께서는 호胡 선생이 사람들에게 사례(四禮: 冠婚喪祭)를 익히도록 하지 않는 것에 대해서 절강浙江 사람들이 의심한다고 하였습니다. 그래서 제가 예문禮文은 읽어야 하지만 급히 여길 것도 아니라고 말하였는데, (이는) 바로 사례四禮를 가리켜 말한 것일 뿐, 예禮 전체에 대해 논한 것이 아닙니다. 예禮는 모든 것을 아우르지만 (그중에는) 잠시도 떨어져서는 안 되는 것이 있으니, 극기복례(克己復禮: 사사로운 자신을 이기고 예로 돌아간다)[36]가 이것입니다. 횡거橫渠

|5-6| 「復趙提學」

執事謂浙人以胡先生不敎人習四禮爲疑, 僕因謂禮文雖不可不講, 然非所急, 正指四禮言耳, 非統體❶禮也. 禮無所不統, 有不可須臾離者, 克己復禮是也. 若橫渠以禮敎人, 蓋亦由事❷推

35 공묘(孔廟)에 종사(從祀)하였는데: 『陳獻章集』 附錄4, 「從祀文廟疏議」, 927쪽 참조.

가 예禮로써 사람들을 가르친 일도 이로 말미암아 미루어 생각해 보면 일마다 도철(途轍: 정해진 법식)에 맞추도록 하여 의거하고 지킬 바가 있도록 한 것입니다. 사례四禮의 경우는 행함에 때가 있으므로 그 [행례(行禮)의] 설은 강습하여 알 수 있습니다. 배우는 사람이 덕을 진전시키고 일을 닦아 성인의 경지에 나아가는 데 있어 긴요한 것은 여기에 있지 않습니다.

之, 教事事入途轍去, 使有所據守耳. 若四禮則行之有時, 故其說可講而知之. 學者進德修業, 以造於聖人, 緊要却不在此也.

정자程子가 말하길, "우선 바깥일을 줄이고 다만 선善을 밝혀, 오직 참된 마음을 진전시킨다."[37]라고 하였습니다. 참된 마음과 상대하여 말한 바깥일은 바로 문위(文爲: 文物)와 도수度數를 가리킵니다. 만약 그 지극한 경우를 논한다면, 문위와 도수 역시 도道가 드러난 것으로 소홀히 할 수 있는 것이 아닙니다. 다만 도道를 구하는 경우, 선후 완급의 순서가 있기 때문에 "우선 줄이라[且省]."는 말을 한 것입니다. "생省"이라는 말은 생략한다는 뜻으로, (정자의 말은) 우선 생략하더라도 문제가 생기지 않는다는 것입니다. 이것은 초학자로서 아직 마음을 세울 줄 모르는 사람을 위해 말한 것입니다.

程子曰: "且省外事, 但明乎善, 惟進誠心." 外事與誠心對言, 正指文爲度數. 若以其至論之, 文爲度數, 亦道之形見, 非可少者. 但求道者, 有先後緩急之序, 故以且省爲辭, 省之言略也, 謂姑略去, 不爲害耳. 此蓋爲初學未知立心者言之, 非初學, 不言

36 극기복례(克己復禮): 『論語』「顏淵」 1장 참조.

❶ 體: 『陳獻章集』에는 '論'으로 되어 있다.

❷ 事: 『陳獻章集』에는 '是而'로 되어 있다.

37 우선 바깥일을 … 마음을 진전시킨다: 『程氏遺書』 권2上. "且省外事, 但明乎善, 惟進誠心. 其文章雖不中, 不遠矣. 所守不約, 泛濫無功."

초학자가 아니라면 "우선[且]"이라고 말하지 않았을 것입니다. 바깥일을 나를 얽어매는 외물로 여겼다면 이렇게 말하지 않았을 것이니, 당연히 끊어 버려야 한다고 하지 어찌 줄이라고만 하였겠습니까.

且也. 若以外事爲外物累己, 而非此之謂, 則當絶去, 豈直省之云乎.

[5-7] 내 나이 스물일곱에 비로소 발분하여 오빙군(吳聘君: 吳與弼)에게 가서 배웠는데, 옛 성현이 가르침을 남긴 책 중에 강론하지 않은 것이 거의 없었지만, 들어갈 곳을 알지 못했습니다. 백사白沙로 돌아와서는 두문불출하면서 오로지 힘쓸 방도를 찾았는데, 더 이상 지도하거나 이끌어 줄 사우師友가 없어서 날마다 서책에만 의지하여 찾아보며 자는 것도 잊고 먹는 것도 잊었었습니다. 이와 같이 몇 년을 하였지만 끝내 얻음이 없었습니다. 얻지 못했다는 것은, 나의 이 심心이 이 리理와 한데 모여 딱 들어맞는 곳이 없었다는 말입니다. 이에 저 책에서 구하는 번잡한 방법을 버리고 나에게서 구하는 간략한 방법을 택하여 오직 정좌靜坐만을 했습니다. 오랫동안 이렇게 한 뒤에 나의 이 심心의 체體가 은연히 드러나 언제나 무엇인가 있는 듯이 보였습니다. 일상생활의 갖가지 응수가 마치 재갈을 물려 말을 부리는 것처럼 내가 하고 싶은 대로 따라왔습니다. 물리物理에서 체인體認하고 성인의 가르침에 상고해 보니, 마치 물에 근원과 지류가 있는 것처럼 각각 두

[5-7] 僕年二十七, 始發憤從吳聘君學, 其於古聖賢垂訓之書, 蓋無所不講, 然未知入處. 比歸白沙, 杜門不出, 專求所以用力之方, 既無師友指引, 惟日靠書冊尋之, 忘寐忘食, 如是者亦累年, 而卒未得焉. 所謂未得, 謂吾此心與此理未有湊泊吻合處也. 於是舍彼之繁, 求吾之約, 惟在靜坐. 久之, 然後見吾此心之體, 隱然呈露, 常若有物, 日用間種種應酬, 隨吾所欲, 如馬之御銜勒也. 體認物理, 稽諸

서頭緖와 내력來歷이 있었습니다. 이에 얼음이 녹듯 의심이 풀려서 자신하며 말하길, '성인이 되는 공부는 여기에 있다!'라고 했습니다. 나에게 배우려는 사람이 있으면 일단 정좌를 하게 하였는데, 대개 내가 경험한 것 가운데 거칠지만 실제로 효험을 본 것을 가지고 일러 준 것이지, 높고 공허한 데 힘을 써 사람들을 잘못 이끈 것은 아닙니다.[38]

聖訓, 各有頭緖來歷, 如水之有源委也. 於是渙然自信曰: "作聖之功, 其在玆乎!" 有學於僕者, 輒敎之靜坐, 蓋以吾所經歷, 粗有實效者告之, 非務爲高虛以誤人也.

| 5-8 | 보내온 글에서, 나를 헐뜯는 사람들이 있어 "스스로 문호門戶를 세웠다."라고 하는 경우가 있고 "이 사람은 선학禪學에 빠져들었다."라고 하는 경우가 있으며 심하게는 "망령된 자가 사람들을 거짓으로 몰고 간다."라고 하는 경우가 있다고 하였습니다.

| 5-8 | 承諭有爲毁僕者, 有曰"自立門戶"者, "是流於禪學"者, 甚者則曰"妄人率人於僞"者.

내가 어찌 감히 그들과 더불어 강변하겠습니까만, 일단 유사한 선례를 가지고 말해 보겠습니다. 공자孔子는 문文, 행行, 그리고 충忠과 신信으로 사람들을 가르쳤는데,[39] 후에 공씨孔氏를 배운 사람은 "'일(一: 하나로 함)이 요체가 된다. 일(一)이라는 것은 무욕(無欲: 욕심 없음)이고, 무욕無欲하면 고요할 때는 텅 비고 움직일 때는 곧게 된다.' 그러한 후에 성인을 배우고

僕安敢與之强辯, 姑以迹之近似者言之. 孔子敎人文行忠信, 後之學孔氏者, 則曰"'一爲要. 一者無欲也, 無欲則靜虛而動直', 然後聖可學而至矣". 所

38 내 나이 … 것은 아닙니다: 『陳獻章集』 권2, 「復趙提學僉憲」1.

39 공자(孔子)는 문(文) … 사람들을 가르쳤는데: 『論語』 「述而」 24장. "子以四敎, 文行忠信."

도달할 수 있다."[40]라고 하였습니다. "스스로 문호門戶를 세웠다."라고 하는 것은 이러한 종류 아니겠습니까?

謂"自立門戶"者, 非此類歟?

불씨佛氏는 사람들을 가르치면서 정좌靜坐를 말하는데 우리 역시 정좌靜坐를 말하고, (저들은) 깨어 있을 것을 말하는데 우리 역시 깨어 있을 것을 말합니다. (우리의) 조식調息[41]은 (저들의) 수식數息[42]에 가깝고 (우리의) 정력定力[43]은 (저들의) 선정禪定[44]과 비슷한 점이 있으니, "선학禪學에 빠져들었다."라고 하는 것은 이러한 종류 아니겠습니까?

佛氏教人曰"靜坐", 吾亦曰"靜坐"; 曰"惺惺", 吾亦曰"惺惺". 調息近於數息, 定力有似禪定. 所謂"流於禪學"者, 非此類歟?

내가 경사(京師:북경)에 있을 때는 마침 응괴(應魁: 나륜)가 병을 치료하기 시작한 시기였고, 이보다 먼저 극공(克恭: 하흠) 역시 병으로 (북경을) 떠났었습니다. 두 사람은 모두 진퇴에 밝은 사람이어서, 그들의 거취는 애초부터 나와 상관이 없었고, 또 내가 간여할 수 있는 바도 아니었습니다. 불행히도 그 행적이 우연히 함께

僕在京師, 適當應魁養病之初, 前此克恭亦以病去. 二公皆能審於進退者也, 其行止初無與於僕, 亦非僕所能與也. 不幸其迹偶與之同,

---

40 일(一)이 요체가 … 수 있다: 『通書』「20 · 聖學」. "或問 : '聖可學乎?' 濂溪先生曰: '可.' '有要乎?' 曰: '有.' '請問焉.' 曰: '一爲要. 一者無欲也. 無欲則靜虛動直. 靜虛則明, 明則通. 動直則公, 公則溥. 明通公溥庶矣乎.'"

41 조식(調息): 일종의 호흡법이다. 숨을 고르게 하여 몸에 和氣가 충만해지도록 하는 養生法을 설명한 朱熹의 「調息箴」이 있다.

42 수식(數息): 數息觀 혹은 持息念이라고도 한다. 停心觀의 하나로, 내쉬는 숨과 들이쉬는 숨을 세어 마음의 산란을 방지하는 관법이다.

43 정력(定力): 산란한 마음을 지양하고 어느 한곳에만 정신을 쏟는 힘을 말한다.

44 선정(禪定): 불교의 근본 수행방법 가운데 하나로, 般若의 지혜를 얻고 성불하기 위하여 마음을 닦는 수행이다.

같았고 북경을 떠난 시기도 같았기 때문에 세상에서 벼슬하지 않는 것을 비난할 때마다 번번이 나를 끌어들이고, 그 비난의 증거를 두 사람에게서 찾습니다. 그러나 나는 기축년(1469년)부터 병을 얻어 5-6년 동안 자한(自汗: 저절로 식은땀이 나는 증상)이 수시로 나타났고, 모친은 연로하였습니다. 이 때문에 문밖으로 나올 수 없었을 뿐입니다. 무릇 나에게 벼슬하지 않는다는 이유로 질책하는 것은 끝내 해명할 수 없습니다. "망령된 자가 사람들을 거짓으로 몰고 간다."라고 하는 것은 또 이러한 종류 아니겠습니까?[45]

出京之時又同, 是以天下之責不仕者, 輒涉於僕, 其責取證於二公. 而僕自己丑得病, 五六年間, 自汗時發, 母氏年老, 是以不能出門耳. 凡責僕以不仕者, 遂不可解. 所謂"妄人率人於僞"者, 又非此類歟?

| 5-9 | 「임林 태수太守에게 답하다」

제가 송별의 글을 그간 한두 번 작성하였지만, 당대 권력자에게 그런 글을 쓰지 않았던 것은, 하나는 윗사람과 교분을 맺으려 한다는 말을 들을까 염려했기 때문이고, 다른 하나는 (그 일을) 계속하기 어려울 것 같아서입니다. 이것을 지키며 경계해 온 것이 30여 년입니다. 자신에 대해 헤아리지 않고 선뜻 부탁을 받아들였다가 훗날 청해 오는 사람이 있으면 무슨 말로 거절하겠습니까?[46]

| 5-9 | 「復林太守」

僕於送行之文, 間嘗一二爲之, 而不以施於當道者, 一則嫌於上交, 一則恐其難繼, 守此戒來三十餘年. 苟不自量, 勇於承命, 後有求者, 將何辭以拒之?

---

45 보내온 글에서 … 종류 아니겠습니까: 『陳獻章集』 권2, 「復趙提學僉憲」3.

46 제가 송별의 … 말로 거절하겠습니까: 『陳獻章集』 권2, 「復林府尊」1. 東山 劉大夏(1436-1516)에게 송별의 글을 써 달라는 부탁을 받은 후 작성한 서간이다.

|5-10| 「순덕順德 오吳 명부明府에게 주다」

출처出處와 어묵語默은 모두 자연스러움에 따르고 세속의 영향을 받아 변하지 않아야 합니다.[47]

|5-10| 「與順德吳明府」

出處語默, 咸率乎自然, 不受變於俗, 斯可矣.

|5-11| 「장동백張東白[48]에게 답하다」

학문에는 축적을 통해서 이르게 되는 것이 있고, 축적을 통하지 않고 이르게 되는 것이 있으며, 말로 전할 수 있는 것이 있고, 말로 전할 수 없는 것이 있습니다. 도道는 지극한 없음이면서도 움직이고, 지극히 비근하면서도 신령합니다. 그러므로 간직된 뒤에 드러나고, 형체를 이루었으면 이는 보존된 것입니다. 대저 축적을 통해서 이르게 되는 것은 말로 전할 수 있고, 축적을 통하지 않고 이르게 되는 것은 말로 전할 수 없습니다.

지자知者는 지극히 비근한 것에서 지극한 없음을 알 수 있으니, 움직임에 신령하지 않은 것이 없습니다. 간직된 뒤에 드러나니 그 기미를 알고, 형체를 이루었으면 이는 보존된 것이니 도道가 나에게 있습니다. 이 때문에 도道를 제대로 구하는 사람은 쉬운 데서 구하고, 제대

|5-11| 「復張東白」

夫學有由積累而至者, 有不由積累而至者; 有可以言傳者, 有不可以言傳者. 夫道至無而動, 至近而神, 故藏而後發, 形而斯存. 大抵由積累而至者, 可以言傳也; 不由積累而至者, 不可以言傳也.

知者能知至無於至近, 則無動而非神. 藏而後發, 明其幾矣; 形而斯存, 道在我矣. 是故善求道者, 求之易; 不善

---

47 출처(出處)와 어묵(語默)은 … 않아야 합니다: 『陳獻章集』 권2, 「與順德吳明府」3.

48 장동백(張東白): 1437-1506. 張元禎, 동백은 호. 권45, 「諸儒學案上」3에 보인다.

로 구하지 못하는 사람은 어려운 데서 구합니다.

(말씀하신) "의리(義理)와 완전히 하나가 된 상태"는 쉽게 말할 수 있는 것이 아니고, "조존操存의 쇄락(灑落:상쾌하고 깨끗한 상태)"도 쉽게 말할 수 있는 것이 아닙니다. 대저 움직임이란 이미 밖으로 드러난 것이고, 밖으로 드러났으면 실實합니다. 그 아직 밖으로 드러나지 않은 것은 허虛할 뿐입니다. 허虛가 근본이니, 지극히 텅 비게 만드는 것이 근본을 세우는 방법입니다. 경계하고 조심하며 두려워함은 막는 방법이지 해롭다고 여기는 것이 아닙니다. 그러나 세상의 학자들은 그 의미를 터득하지 못하고 마음을 쓰는 데서 실수하는 경우가 많습니다.

이러한 이치는 송대宋代 유학자들이 상세하게 말했습니다. 그러나 나는, 그들의 말이 지나치게 엄격하여 견문見聞에 집착하는 사람들이 참된 것은 보지 못하면서 쓸데없이 시끄럽게 나를 비판하게 만드는 것을 싫어하였습니다. 이 때문에 도道라는 것은 나로부터 터득하고, 나로부터 말해야 합니다. 그렇게 하지 않으면 말을 하면 할수록 도가 더욱 막혀서, 다른 사람들을 혼란스럽게 할 뿐입니다. 군자가 어찌 그것을 취하겠습니까?[49]

求道者, 求之難.

義理之融液, 未易言也, 操存之灑落, 未易言也. 夫動, 已形者也, 形斯實矣; 其未形者, 虛而已. 虛其本也, 致虛之所以立本也. 戒愼恐懼所以閑之, 而非以爲害也. 然而世之學者, 不得其說, 而以用心失之者多矣.

斯理也, 宋儒言之備矣, 吾嘗惡其太嚴也, 使著於見聞者, 不睹其眞, 而徒與我曉曉也. 是故道也者, 自我得之, 自我言之可也. 不然辭愈多而道愈窒, 徒以亂人也. 君子奚取焉?

49 학문에는 축적을 … 그것을 취하겠습니까: 이 서간은 『陳獻章集』 권2, 「復張東白內翰」의 일부이다. 『陳獻章集』 권4, 「復張內翰廷祥書, 括而成詩, 呈胡希仁提學.」; 附錄1, 『白沙子古詩敎解』, 卷上, 「復張內翰廷祥書, 括而成詩, 呈胡希仁提學.」 참고.

|5-12| 「나일봉羅一峰[50]에게 주다」

성인과 현인의 일처리에는 조금도 한쪽으로만 치우쳐 주장하는 일이 없고, 오직 의리상 어떠한지를 보아 상황에 따라 응하기에 어떠한 경우에도 들어맞지 않는 경우가 없습니다. 우리는 학문이 옛 사람들의 경지에 도달하지 못하여 언제나 일이 있으면 헤아리는 것이 편안하지 못하므로 잘못하는 경우가 많습니다. 기질氣質에 따라 강한 사람은 강함에 치우치고 유한 사람은 유함에 치우쳐, 매사 다른 사람보다 한 수 더 낫고자 하지만 일을 한 것은 결국 바르지 않습니다. 생각건대 의리에서 발원하지 않고 단지 남보다 낫기만을 바랄 뿐이기 때문에 잘못하는 것입니다. 세속의 기준에서 보면 하늘과 땅처럼 차이가 나지만, 만약 도道로써 헤아린다면 똑같이 미진합니다.[51]

|5-12| 「與羅一峰」

聖賢處事, 毫無偏主,❸ 惟視❹義何如, 隨而應之, 無往不中. 吾人學不到古人處, 每有一事來, 斟酌不安, 便多差卻. 隨其氣質, 剛者偏於剛, 柔者偏於柔, 每事要高人一著, 做來畢竟未是. 蓋緣不是義理發源來, 只要高去, 故差. 自常俗觀之, 故❺相雲泥, 若律以道, 均爲未盡.

|5-13| 군자는 다른 사람이 선善에 들어가기를 바라지 않는 경우가 없습니다. 만약 나에게 (조언을) 구하는 사람이 있는 경우 나의 입장에

|5-13| 君子未嘗不欲人入於善, 苟有求於我者, 吾以告

---

50 나일봉(羅一峰): 1431-1478. 羅倫, 일봉은 호. 『명유학안』 권45, 「諸儒學案上」3에 보인다.

51 성인과 현인의 … 똑같이 미진합니다: 이 서간은 『陳獻章集』 권2, 「與羅一峰」3의 일부이다.

❸ 主: 『陳獻章集』에는 '任'으로 되어 있다.

❹ 視: 『陳獻章集』에는 '親'으로 되어 있다.

❺ 故: 『陳獻章集』에는 '雖'로 되어 있다.

서 알려 주면 됩니다. 강압적으로 말한다면 반드시 받아들이지 못할 것입니다. 그렇다면 이는 내 말을 쓸모없는 곳에 버리는 것입니다. 다시 어떻게 취하겠습니까? 또한 일반 사람의 정서상 이미 다른 사람의 말을 받아들이지 않았다면, 반드시 별도로 문제를 만들어서 대들 것입니다. 그런데도 내가 내버려 두지 않고 더욱 심하게 질책한다면 그것은 원망을 사는 방법입니다.[52]

之, 可也. 強而語之, 必不能入, 則棄吾言於無用, 又安取之? 且衆人之情, 既不受人之言, 又必別生枝節以相矛盾. 吾猶不舍而責之益深, 取怨之道也.

|5-14| 이천(伊川: 程頤, 1033-1107) 선생은 사람들이 정좌靜坐하는 것을 볼 때마다 잘 배운다고 칭찬하였습니다.[53] 이 "정靜"이라는 한 글자는 염계(濂溪: 周敦頤, 1017-1073) 선생의 "주정(主靜: 고요함을 위주로 함)"[54]에서 발원하였습니다. 이후로는 정자程子 문하의 여러 사람들이 서로 번갈아 전수하였으며, 예장(豫章: 羅從彦, 1072-1135)과 연평(延平: 李侗, 1093-1163)에 이르러서는 더욱 이것만으로 사람들을 가르쳤고, 학자들 역시 이것을 통해 힘을 얻었습니다. 회옹(晦翁: 朱熹, 1130-1200)은 사람들이 잘못하여 선禪으로 들어갈 것을 염려하여 이천伊川의 만년

|5-14| 伊川先生每見人靜坐, 便歎其善學. 此一'靜'字, 自濂溪先生主靜發源, 後來程門諸公遞相傳授, 至于豫章·延平尤專提此教人, 學者亦以此得力. 晦翁恐人差入禪去, 故少說靜, 只說敬, 如伊川晚年之訓, 此是防微慮遠之道.

---

52 군자는 다른 … 사는 방법입니다: 이 서간은 『陳獻章集』 권2, 「與羅一峰」6이다.

53 이천(伊川) 선생은 … 배운다고 칭찬하였습니다: 『二程外書』 권12에 나오며 『近思錄』 권4에도 나온다.

54 염계(濂溪) 선생의 "주정(主靜)": 「太極圖說」에 나온다.

가르침처럼 정靜을 드물게 말하고 단지 경敬을 말하였습니다. 이것은 (선에 빠져들) 기미를 방비하며 먼 데까지 고려한 것입니다. 그러나 학자는 자신이 어떠한지 헤아려 봐야 합니다. 만약 선禪에 유혹되는 데 이르지 않는다면, 정(靜: 고요한 상태, 정좌)에 많이 있어야 비로소 들어갈 곳이 있게 됩니다. 평소 바쁜 사람들에게는 이것이 더욱 대증적 처방일 것입니다.[55]

然在學者須自度量如何,❻ 若不至爲禪所誘, 仍多著靜, 方有入處. 若平生忙者, 此尤爲對症之藥.

|5-15| "배우는 사람은 우선 모름지기 기상氣象을 이해해야 하니, 기상이 좋을 때는 모든 일이 저절로 온당해집니다."[56] 이 말은 가장 완미할 만합니다. 말과 행동거지가 바로 기상을 이해하는 자리입니다. 성급함을 변화시켜 느긋하게 하고 격렬함을 변화시켜 화평하게 한다면, 큰 공효가 있을 것이고 또 그것이 화禍를 멀리하는 방법이니 기상이 좋아질 뿐만이 아닙니다.[57]

|5-15| 學者先須理會氣象, 氣象好時, 百事自當. 此言最可玩味. 言語動靜, 便是理會氣象地頭. 變急爲緩, 變激烈爲和平, 則有大功, 亦遠禍之道也, 非但氣象好而已.

|5-16| 「장여필(張汝弼)[58]에게 답하다」

강재康齋께서는 포의布衣의 신분으로 석형石

|5-16| 「答張汝弼」

康齋以布衣爲石

---

55 이천(伊川) 선생은 … 처방일 것입니다: 이 서간은 『陳獻章集』 권2, 「與羅一峰」2이다.

56 배우는 사람은 … 저절로 온당해집니다: 『小學』 「嘉言 第五 廣敬身」에 보이는 呂滎公(이름은 希哲)의 말이다.

57 배우는 사람은 … 뿐만이 아닙니다: 이 서간은 『陳獻章集』 권2, 「與羅一峰」7이다.

58 장여필(張汝弼): 1425-1487. 張弼, 여필은 자.

❻ 度量如何: 『陳獻章集』에는 '量度何如'로 되어 있다.

亨에게 천거되었는데, 관직을 받지 않고 비서祕書를 만나고자 하였던 것은 군주를 깨우칠 수 있기 바란 것입니다. 안타깝게도 재상宰相은 (강재의 뜻을) 알아차리지 못하고 실제로 그러고자 하는 것이라고 여겼습니다. 군주에게 (그대로) 아뢰자, (군주는 강재가) 관직에 나온 후에 비서를 만나도록 하였습니다. 이는 완전히 강재의 뜻과는 다른 것이어서 (강재는) 결국 떠나 버렸습니다. 저는 발령을 기다리는 감생監生으로 천거 받았고, 또 소疏를 통해 진달하여 항상 벼슬할 것을 원하였기 때문에 감히 거짓으로 사양하면서 헛된 명예를 취하지 못했습니다. (제가 관직을) 받은 것이나 (강재가 관직을) 받지 않았던 것에는 각기 합당한 바가 있습니다.[59]

亨所薦, 所以不受職而求觀祕書者, 冀得開悟人主也. 惜宰相不悟, 以爲實然, 言之上, 令就職, 然後觀書, 殊戾康齋意, 遂決去. 某以聽選監生薦, 又疏陳, 始終願仕, 故不敢僞辭, 以釣虛名, 或受或不受, 各有攸宜爾.

|5-17| 「임군林君[60]에게 주다」

공부하는 것이 수고롭고 바쁘면 도道를 볼 방도가 없습니다. 그러므로 글을 보아 널리 아는 것이 정좌靜坐만 못합니다.[61]

|5-17| 「與林君」

學勞擾則無由見道, 故觀書博識, 不如靜坐.

|5-18| 「임집희林緝熙[62]에게 주다」

|5-18| 「與林緝熙」

---

59 강재(康齋)께서는 포의(布衣)의 … 바가 있습니다: 『陳獻章集』 附錄2, 「白沙先生行狀」(871쪽, 張詡 作), 「白沙先生應召錄」(887쪽, 黃淳 作) 등에 이 서간과 유사한 내용이 보인다.

60 임군(林君): 1430-1510. 林章.

61 공부하는 것이 … 정좌(靜坐)만 못합니다: 이 서간은 『陳獻章集』 권3, 「與林友」 2이다.

62 임집희(林緝熙): 1439-1519. 林光, 집희는 호. 권6, 「白沙學案下」에 보인다.

"종일토록 노력하고 노력한다."[63]라는 것은 이 리理를 거두어들이는 것일 뿐입니다. 이 리理가 관여하는 것은 지극히 커서 안과 밖이 없고 끝과 시작이 없으며, 어느 곳에도 이르지 않는 곳이 없고 운행하지 않는 때가 없습니다. 이것을 이해하면 하늘과 땅이 나에게서 서고 온갖 조화가 나로부터 나오며 우주宇宙가 나에게 있습니다. 이 칼자루를 손에 넣게 되면 더 무슨 할 일이 있겠습니까? 고금 왕래, 사방 상하가 모두 일제히 꿰어져 하나로 묶이고 일제히 수습되어, 만나는 때마다 가는 곳마다 이것으로 가득 채워지지 않음이 없습니다. 모든 것에서 그것의 본모습을 따르는데, 무엇 때문에 당신의 다리와 손이 수고롭고 바쁩니까? 무우舞雩에서의 삼삼양양三三兩兩[64]은 바로 물망물조勿忘勿助[65] 사이에 있습니다. 증점曾點의 이 작은 활발발한 생각은 맹자孟子에 의해 명료해졌으니, 곧 모두 연비어약鳶飛魚躍[66]의 의미입니다. 만약 맹자의 공부가 없는데 갑자기 증점의 식

終日乾乾, 只是收拾此理而已. 此理干涉至大, 無內外, 無終始, 無一處不到, 無一息不運, 會此則天地我立, 萬化我出, 而宇宙在我矣. 得此欛柄入手, 更有何事? 往古來今, 四方上下, 都一齊穿紐, 一齊收拾, 隨時隨處無不是這個充塞. 色色信他本來, 何用爾腳勞手攘? 舞雩三三兩兩, 正在勿忘勿助之間, 曾點些兒活計, 被孟子打併出來, 便都是鳶飛魚躍. 若無孟

63 종일토록 노력하고 노력한다: 『周易』「乾」九三 爻辭.

64 무우(舞雩)에서의 삼삼양양(三三兩兩): 무우에서 삼삼오오 모여 다닐 것을 바란 증점의 기상을 말하는데, 『論語』「先進」25장에 나온다. "莫春者, 春服旣成, 冠者五六人, 童子六七人, 浴乎沂, 風乎舞雩, 詠而歸."

65 물망물조(勿忘勿助): 마음에 잊지도 말며 조장하지도 말라는 뜻으로, 『孟子』「公孫丑上」2장에 나온다. "必有事焉而勿正, 心勿忘, 勿助長也, 無若宋人然."

66 연비어약(鳶飛魚躍): 솔개는 날아 하늘에 이르는데 물고기는 연못에 뛰논다는 뜻으로, 『詩經』「大雅 · 旱麓」에 나오며 『中庸章句』12장에 인용되어 있다.

견과 홍취를 말해 준다면 모두 꿈을 말하는 것과 같겠지만, 이를 이해하게 되면 비록 요순堯舜의 사업일지라도 한 점의 뜬구름이 눈앞을 지나가는 것과 같을 뿐이니 어찌 일삼아서 추구하겠습니까? 이 리理가 상하上下를 포괄하고 종시終始를 꿰뚫으며 한 덩어리로 뭉쳐 있어 전혀 분별이 없고 다함이 없기 때문입니다. 이 깨달음 이후 다시 분수처分殊處에서 인증하고 터득함이 있으면, 하나하나 세세히 분석하는 것들에 의미가 모두 무궁하고 공부도 모두 무궁합니다. 서간에서 말씀한 것은 곧 통체가 포괄하는 측면일 뿐입니다.[67]

子工夫, 驟而語之以曾點見趣, 一似說夢; 會得, 雖堯舜事業, 只如一點浮雲過目, 安事推乎? 此理包羅上下, 貫徹終始, 滾作一片, 都無分別, 無盡藏故也. 自茲已往, 更有分殊處合要理會, 毫分縷析, 義理儘無窮, 工夫儘無窮. 書中所云, 乃其統體該括耳.

| 5-19 | 대저 집착함이 없는 마음으로 천하에 시행한다면 또한 어디를 가더라도 어찌 얻지 못하겠습니까![68]

| 5-19 | 夫以無所著之心行於天下, 亦焉往而不得哉![❼]

| 5-20 | 「하극공(賀克恭: 賀欽)에게 주다」

사람이 성현聖賢을 배우고자 한다면 반드시 그에게서 배워야 합니다. 만약 그저 성현이 되기를 바라고 그들을 사모하는 마음만 있다면,

| 5-20 | 「與賀克恭」

人要學聖賢, 畢竟要去學他. 若道只是箇希慕之心, 卻恐

---

67 종일토록 노력하고 … 측면일 뿐입니다: 이 서간은 『陳獻章集』 권2, 「與林郡博【先生門人. 七則】」7이다.

68 대저 집착함이 없는 … 얻지 못하겠습니까: 이 서간은 『陳獻章集』 권2, 「與林郡博【先生門人. 七則】」6이다.

❼ 夫以無所著之心行於天下, 亦焉往而不得哉: 이 부분은 『陳獻章集』에 따르면 앞의 글과 다른 편지이므로 별도의 항목으로 표기한다.

결국에는 한곳으로 모여들기가 쉽지 않아서 끝내 (배움을) 그만두거나 해이해질 것입니다. 성현이 되기를 바라거나 그들을 사모하는 정도로 끝나지 않는다고 말한다면, 내가 오히려 기꺼이 이와 같이 배우려고 하지 않겠습니까? 생각이 이에 이르면 그만둘 수 없는 곳[不容已處]을 보게 됩니다. 설령 의지하고 따를 옛날의 성현이 없더라도 나 또한 (배움을) 멈출 수가 없을 것입니다. 이와 같아야 비로소 자득自得의 학문입니다.[69]

末梢未易湊泊, 卒至廢弛. 若道不希慕聖賢, 我還肯如此學否? 思量到此, 見得個不容已處, 雖使古無聖賢爲之依歸, 我亦住不得, 如此方是自得之學.

|5-21| 마음 바탕은 너그럽고 평온해야 하고, 식견은 높고 탁월해야 하며, 규모規模는 광활하고 원대해야 하고, 실천은 독실篤實해야 합니다. 이 네 가지를 할 수 있으면 학문을 한다고 말할 수 있습니다.[70]

|5-21| 心地要寬平, 識見要超卓, 規模要闊遠, 踐履要篤實. 能此四者, 可以言學矣.

|5-22| 사람을 만나고 외물을 접하는 데 너무 심하게 가려서는 안 됩니다. 현명함과 어리석음, 선함과 악함에 대해서 전부 그것을 포용하여, 외물과 나를 둘 다 잊고 혼연한 천지天地의 기상氣象에 이르러야, 비로소 성취가 있는 곳입니다.[71]

|5-22| 接人接物不可揀擇殊甚, 賢愚善惡一切要包他, 到得物我兩忘, 渾然天地氣象, 方始是成就處.

---

69 사람이 성현(聖賢)을 … 자득(自得)의 학문입니다: 이 서간은 『陳獻章集』 권2, 「與賀克恭黃門」3이다.

70 마음 바탕은 … 수 있습니다: 이 서간은 『陳獻章集』 권2, 「與賀克恭黃門」8이다.

|5-23| 공부를 할 때는 정좌靜坐를 하는 가운데 단서를 길러내야만 비로소 생각할 곳이 있게 됩니다.[72]

|5-23| 爲學須從靜坐中養出個端倪來, 方有商量處.

|5-24| 「사원길謝元吉[73]에게 주다」

사람의 마음에는 어떤 것도 남겨 두어서는 안 되니, 하나에라도 집착하면 막힘이 있게 됩니다. 예를 들어 공업功業을 쌓고자 하는 것은 참으로 아름다운 일이지만, 만약 마음과 생각이 온통 공업에만 있으면 이 마음은 광대하지 못하고 얽매임이 있는 마음이 되어 버립니다. 이 때문에 성현의 마음은 아무것도 없는 것처럼 탁 트여서 자극이 있은 후에 반응하며 자극이 있지 않으면 반응하지 않습니다. 또한 성현만 이러한 것이 아니고, 사람 마음의 본 모습은 모두 마찬가지이니, 단지 고요함으로 기르기만 한다면 곧 절로 열리고 커질 것입니다.

|5-24| 「與謝元吉」

人心上容留一物不得, 才著一物, 則有礙. 且如功業要做, 固是美事, 若心心念念只在功業上, 此心便不廣大, 便是有累之心. 是以聖賢之心, 廓然若無, 感而後應, 不感則不應. 又不特聖賢如此, 人心本來體段皆一般, 只要養之以靜, 便自開大.

|5-25| 「하시구何時矩[74]에게 주다」

|5-25| 「與何❽

---

71 사람을 만나고 … 있는 곳입니다: 이 서간은『陳獻章集』권2,「與賀克恭黃門」10이다.

72 공부를 할 … 있게 됩니다: 이 서간은『陳獻章集』권2,「與賀克恭黃門」2이다.

73 사원길(謝元吉): 1433-?. 謝文祥, 원길은 자.

74 하시구(何時矩): 朱鴻林,「≪明儒學案 · 白沙學案≫的文本問題」(『≪明儒學案≫研究及論學雜著』, 生活 · 讀書 · 新知三聯書店, 2016)에 따르면 何廷矩다. 何廷矩(자는 時振)는 권6,「白沙學案下」에 실려 있다.『陳獻章集』에는 "先生門人"이라는 설명과 함께 "林時矩"라고 되어 있다.

❽ 何:『陳獻章集』에는 '林'으로 되어 있다.

時矩」

우주宇宙 안에 더 무슨 할 일이 있겠습니까? 하늘은 스스로 하늘을 따르고, 땅은 스스로 땅을 따르며, 나는 스스로 나를 따릅니다. 스스로 움직이고 스스로 고요하며, 스스로 닫히고 스스로 열리며, 스스로 펼쳐지고 스스로 말리며, 갑은 을이 바칠 것을 묻지 않고 을은 갑이 내려 줄 것을 기다리지 않습니다. 소는 자체로 소이고, 말은 자체로 말입니다. 여기에서 자극을 받으면 저기에서 반응하며 가까이에서 드러나면 멀리서 나타납니다. 이 때문에 그것을 터득한 사람은 천지天地와 순조로움을 함께하며 일월日月과 밝음을 함께하며 귀신鬼神과 복을 함께하며 온 백성과 진실함을 함께하며 백세百世와 이름을 함께하는데, 어떤 것도 그 사이에서 혼란스럽게 하지 않습니다. 아! 위대합니다. 앞선 사람이, "수레와 면류관을 아주 사소하게 보고, 금과 옥을 먼지와 같이 본다."[75] 라고 하였습니다. 이것은 아마도 간략하게 말하여 처음 배우는 사람들에게 넌지시 알려 준 것입니다. 사람은 깨닫느냐, 깨닫지 못하느냐에 따라 달라지는데, 깨닫기만 하면 나는 크고 외물은 작으며, 외물은 다 없어져도 나는 다함이 없습니다. 무릇 다함이 없는 상태에 있는

宇宙內更有何事? 天自信天, 地自信地, 吾自信吾. 自動自靜, 自闔自闢, 自舒自卷, 甲不問乙供, 乙不待甲賜. 牛自爲牛, 馬自爲馬. 感於此, 應於彼, 發乎邇, 見乎遠. 故得之者天地與順, 日月與明, 鬼神與福, 萬民與誠, 百世與名, 而無一物奸於其間. 嗚呼! 大哉. 前輩云: "銖視軒冕, 塵視金玉." 此蓋略言之以諷始學者耳. 人爭一箇覺, 纔覺便我大而物小, 物盡而我無盡. 夫無盡者, 微塵六合, 瞬息千古, 生不知愛, 死不知惡, 尙奚暇銖軒冕而塵

75 수레와 면류관을 … 같이 본다: 주돈이, 『通書』「33 · 富貴」에 나오는 말이다.

사람은 육합六合도 작은 먼지로 여기고 천고(千古)도 순식간으로 여기며, 삶을 좋아할 줄 모르고 죽음을 싫어할 줄 모르는데, 어느 겨를에 수레와 면류관을 사소하게 보고 금과 옥을 먼지로 보겠습니까![76]

金玉耶!

|5-26| 선가禪家의 말은 처음 보면 매우 좋아할 만하지만, 사실 두루뭉술하여 우리 유가儒家와 같은 듯하나 다릅니다. 아주 작은 차이에서 하늘과 땅으로 나뉘니, 이것이 옛사람들이 정밀하게 선택하는 것을 귀하게 여겼던 이유입니다. 이와 같은 (禪家의) 말들이 대체大體를 본 것이 이처럼 선명하니, 듣는 사람들이 어찌 마음을 움직이지 않을 수 있겠습니까? 다만 첫걸음을 잘못 떼기만 해도 금방 그 앞(선가의 설)에 도달하여 돌아갈 곳도 없고 표준으로 삼을 것도 없을 것이니, 일상생활에서 만나는 온갖 일에서 간파하지 않으면 안 됩니다.[77]

|5-26| 禪家語, 初看亦甚可喜, 然實是儱侗, 與吾儒似同而異, 毫釐間便分霄壤, 此古人所以貴擇之精也. 如此辭所見大體處, 了了如此, 聞者安能不爲之動? 但起腳一差, 立到前面, 無歸宿, 無準的, 便日用間種種各別, 不可不勘破也.

|5-27| 「장정실張廷實[78]에게 주다」

시구(時矩: 何廷矩)는 도道를 말하면서 일을 빠트렸고, 병상秉常[79]은 일을 논하면서 도를 언

|5-27| 「與張廷實」

時矩語道而遺事, 秉常論事而不及道;

---

76 우주(宇宙) 안에 … 먼지로 보겠습니까: 이 서간은 『陳獻章集』 권3, 「與林時矩」1이다.
77 선가(禪家)의 말은 … 안 됩니다: 이 서간은 『陳獻章集』 권3, 「與林時矩」3이다.
78 장정실(張廷實): 張詡, 정실은 자. 권6, 「白沙學案下」에 보인다.
79 병상(秉常): 陳獻章이 陳秉常에게 준 편지(「與陳秉常」)가 보이며, 『陳獻章集』에는 이

급하지 않았습니다. 시구는 사(師: 子張)처럼 지나치고, 병상은 상(商: 子夏)처럼 미치지 못합니다.[80] 모두 잘못입니다. 도道는 어디든 없는 곳이 없고, 인仁은 잠시도 그치는 경우가 없으니, "천하가 무슨 생각을 하고 무슨 사려를 하겠습니까?"[81] 이와 같이 해야 지당한 의론입니다. 성인은 대중(大中: 대본)을 세워 만세에 가르침을 내려 주었습니다. 우리가 시대의 도리를 주장하면서 높은 데 치우쳐서 사람들을 망가트려서는 안 됩니다.[82]

時矩如師也過, 秉常如商也不及, 胥失之矣. 道無往而不在, 仁無時而或息, 天下何思何慮, 如此乃至當之論也. 聖人立大中以敎萬世, 吾儕主張世道, 不可偏高, 壞了人也.

|5-28| 시詩와 문文을 논함. "시는 참으로 짓기 어렵습니다. 그 사이 기복起伏, 왕래往來, 맥락脈絡, 완급緩急, 부침浮沉 등 응당 이해해야 할 것들에 대해 하나하나 주도면밀해야 합니다. 그저 본심을 있는 그대로 말한다고 되는 것이 아닙니다. 문자文字도 그러합니다. 옛 문자 가운데 좋은 것은 모두 안배安排의 흔적을 보이지 않고, 한결같이 입에서 나오는 대로 말한 듯하

|5-28| 論詩文. "詩直是難作, 其間起伏往來脈絡緩急浮沉, 當理會處一一要到, 非但直說出本意而已. 文字亦然, 古文字好者都不見安排之跡, 一似信口

서간에 "先生門人"이라는 설명을 덧붙여 있다. 진병상의 이름은 陳庸이며, 병상은 자이다. 권6, 「白沙學案下」에 보인다.

80 시구는 사(師)처럼 … 미치지 못합니다: 『論語』「先進」15장. "子貢問, '師與商也孰賢?' 子曰, '師也過, 商也不及.' 曰, '然則師愈與?' 子曰, '過猶不及.'" 주희의 주석에 다음과 같은 설명이 있다. "子張才高意廣而好爲苟難, 故常過中. 子夏篤信謹守而規模狹隘, 故常不及."

81 천하에 무슨 … 사려를 하겠습니까: 『周易』「繫辭下」5장에 나오는 말이다.

82 시구(時矩)는 도(道)를 … 안 됩니다: 이 서간은 『陳獻章集』 권2, 「與張廷實主事」11이다.

니, 자연스러움의 묘미입니다. 그 체제는 하나가 아니지만, 자연스러움에 근본을 하면서 안배하지 않은 것이 좋습니다. 유자후柳子厚[83]가 한퇴지韓退之[84]만 못한 것은 지나치게 안배하기 때문입니다."[85]

說出, 自然妙也. 其間體製非一, 然本於自然不安排者便覺好. 柳子厚比韓退之不及, 只爲太安排也."

|5-29| 앞선 사람이 이르길, "배움은 의심할 줄 아는 것을 귀하게 여기니, 조금 의심하면 조금 나아가고, 크게 의심하면 많이 나아간다."[86]라고 하였습니다. 의심하는 것은 깨우칠 기회입니다. 한번 깨우치면 한번 크게 나아가는데, 달리 특별한 방법은 없습니다. 이렇게 하는 것이 바로 단계대로 하는 것입니다. 배우는 사람들은 모름지기 차례를 따라 나아가 점차 지극한 곳에 도달할 뿐입니다.[87]

|5-29| 前輩謂學貴知疑, 小疑則小進, 大疑則大進. 疑者, 覺悟之機也. 一番覺悟, 一番長進, 更無別法也. 即此便是科級, 學者須循次而進, 漸到至處耳.

|5-30| 옛날의 작자들은 뜻이 은근하면서도 글은 번잡하지 않았고, 말이 복잡하면서도 이치는 자연스럽게 빈틈이 없었습니다.[88]

|5-30| 古之作者, 意鄭重而文不煩, 語曲折而理自到.

---

83 유자후(柳子厚): 773-819. 柳宗元으로 자후는 자이다. 唐宋八大家 중 한 명이다.

84 한퇴지(韓退之): 768-824. 韓愈로 퇴지는 자이다. 唐宋八大家 중 한 명이다.

85 시는 참으로 … 안배하기 때문입니다: 이 서간은『陳獻章集』권2,「與張廷實主事」9이다.

86 배움은 의심할 … 많이 나아간다:『西山讀書記』권20,「學」. "呂氏曰, 學者不欲進則已, 欲進則不可以有成心. 有成心則不可與進於道矣. 故成心存則自處以不疑, 成心亡則知所疑矣. 小疑則必小進, 大疑則必大進. 蓋疑者不安於故, 而進於新者也.【與叔】" 이에 따르면 여기서의 前輩는 呂大臨(1046-1092)이다.

87 앞선 사람이 … 도달할 뿐입니다: 이 서간은『陳獻章集』권2,「與張廷實主事」13이다.

|5-31| 자장子長[89]이 정산定山 선생[90]에게 부친 시를 보면, 경솔하였다고 하겠습니다. 정산이 어찌 쉽게 시를 부칠 만한 사람이겠습니까![91]

|5-31| 見子長寄定山先生詩, 可是率爾, 定山豈可輒寄以詩耶!

|5-32| 「이세경李世卿[92]에게 답하다」

군자는 도道로써 교제하는 사람입니다. "같은 빛은 서로 비추고 같은 무리는 서로 구합니다. '구름은 용을 좇고 바람은 호랑이를 따르니, 성인이 나오면 만물이 바라봅니다.'"[93] 자신이 도를 따르지 않으면서 다른 사람과 사귀는 것을 좋아한다면 그가 제대로 교제할 수 있음이 어디에 있겠습니까?

|5-32| 「復李世卿」

君子以道交者也. "同明相照, 同類相求, '雲從龍, 風從虎, 聖人作而萬物覩.'" 己不遵道而好與人交, 惡在其能交也?

|5-33| 「최즙崔楫[94]에게 주다」

|5-33| 「與崔楫」

---

88 옛날의 작자들은 … 빈틈이 없었습니다: 이 서간은 『陳獻章集』 권2, 「與張廷實主事」 20이다.

89 자장(子長): 권6, 「白沙學案下」에 실린 李孔修의 자가 자장이다.

90 정산(定山) 선생: 1432-1498. 莊昶, 권45, 「諸儒學案上」3에 보인다.

91 자장(子長)이 정산(定山) … 만한 사람이겠습니까: 이 서간은 『陳獻章集』 권2, 「與張廷實主事」28이다.

92 이세경(李世卿): 李承箕, 세경은 자. 권5, 「白沙學案上」에 보인다.

93 같은 빛은 … 만물이 바라봅니다: 『周易』 「乾 · 文言」. "九五曰, '飛龍在天利見大人', 何謂也? 子曰, '同聲相應, 同氣相求, 水流濕, 火就燥, 雲從龍, 風從虎, 聖人作而萬物覩, 本乎天者, 親上, 本乎地者, 親下, 則各從其類也.'" 『史記』 권61, 「伯夷列傳」 참조. "同明相照, 同類相求. 雲從龍, 風從虎, 聖人作而萬物覩. 伯夷 · 叔齊雖賢, 得夫子而名益彰."

94 최즙(崔楫): 『陳獻章集』에는 최즙에게 준 서간에 "先生門人"이라는 설명이 덧붙여져 있다.

예禮를 버리고 시속時俗을 따르며 명교名敎를 무너뜨리는 일을 현자賢者는 하지 않습니다. 다시 이 마음을 미루고 넓혀서 모든 일에서 잘못되지 않기를 바랍니다. 명분과 절도는 도道의 울타리입니다. 울타리를 지키지 않는데 그 안에 홀로 보존될 수 있는 것은 없습니다.[95]

棄禮從俗, 壞名敎事, 賢者不爲. 願更推廣此心, 於一切事不令放倒. 名節, 道之藩籬, 藩籬不守, 其中未有能獨存者也.

|5-34| 「이덕부李德孚에게 주다」

|5-34| 「與李德孚」

대저 우리가 배우는 학문은 일마다 점검하고자 합니다. 지금 집에 머물면서 높은 사람과 낮은 사람, 나이가 많은 사람과 적은 사람이 모두 있는 상황에서 점검을 하였더니 나를 따르지 않는 사람이 있어 의로써 억누르면 화목한 분위기를 해칩니다. 이러한 상황에 처했을 때 사리事理가 지당하면서도 남을 거스르는 바가 없기를 바라는 것은 또한 매우 어려운 일입니다. 이와 같은 것이 조금씩 쌓여 날이 오래되면 별도로 어긋나는 일이 생길까 걱정입니다. 이는 작은 일이 아닙니다. 장차 병근이 있는 곳을 찾아서 제거하려 한다면 단지 일상생활에서 필요한 것을 공급하지 못하게 될 뿐입니다. 자식들의 혼사가 눈앞에 있어서 서로 요구하거나 기대하지 않을 수 없는 상황인데, 자

大抵吾人所學, 正欲事事點簡.❾ 今處一家之中, 尊卑老幼咸在, 才點簡❿著, 便有不由己者, 抑之以義, 則咈和好之情. 於此處之, 必欲事理至當, 而又無所忤逆, 亦甚難矣. 如此積漸日久, 恐別生乖戾, 非細事也. 將求其病根所在而去之, 祇是無以供給其日用, 諸兒女婚嫁在眼, 不能不相責

---

95 예(禮)를 버리고 … 것은 없습니다: 이 서간은 『陳獻章集』 권2, 「與崔楫」2이다.

❾ 簡: 『陳獻章集』에는 '檢'으로 되어 있다.

❿ 簡: 『陳獻章集』에는 '檢'으로 되어 있다.

기는 보태 줄 수도 없으면서 또 모든 것을 의로써 재단하여 함부로 구하지 못하게 한다면, 이는 인지상정 상 감당하지 못할 바이며, 또 어긋나는 일도 당연히 있을 것입니다.

望, 在己既無可增益, 又一切裁之以義, 俾不得妄求, 此常情有所不堪, 亦乖戾所宜有也.

옛날 나羅 선생이 저에게 글을 팔아 생활할 것을 권했었습니다. 당시 그 말을 매우 비루하게 여겼었는데 지금의 형세가 이와 같은 것을 보면 말했던 것을 되돌릴 수밖에 없겠습니다. 다만 눈앞의 급선무를 해결하고자 하더라도 그만한 글 가운데 지금은 팔 만한 것이 없는 듯하니, 어떻게 하여야 좋을지 모르겠습니다.[96]

昔者羅先生勸僕賣文以自活, 當時甚卑其說, 據今時勢如此, 亦且不免食言, 但恐欲紓目前之急, 而此貨此時則未有可售者, 不知何如可耳.

|5-35| 「담민택湛民澤[97]에게 주다」

보내 주신 것을 보니 근래에 지은 글에서 자못 생각을 보였더군요. 그러나 많이 짓기를 바라지 않는 것은, 거기에 막힘이 있을까 걱정이어서입니다. 사람은 천지天地와 한 몸이니, 사시四時가 그로써 운행하며, 모든 것들이 그로써 생겨납니다. 만약 한 곳에서 막힌다면 어떻게 조화造化의 주인이 될 수 있겠습니까? 옛날 학문을 잘 하였던 사람은 항상 이 마음이 아무것

|5-35| 「與湛民澤」

承示近作, 頗見意思, 然不欲多作, 恐其滯也. 人與天地同體, 四時以行, 百物以生, 若滯在一處, 安能爲造化之主耶? 古之善學者, 常令此心在無物處, 便

96 대저 우리가 … 좋을지 모르겠습니다: 이 서간은 『陳獻章集』 권3, 「與李德孚」 2이다.
97 담민택(湛民澤): 1466-1560. 湛若水, 민택은 자. 권37, 「甘泉學案」에 보인다.

도 없는 곳에 있도록 하여, 바로 두루 운용을 할 수 있었습니다. 공부하는 사람은 자연스러움을 근본으로 삼으니, 그러한 점을 유념해서 이해하지 않으면 안 됩니다.[98]

運用得轉耳. 學者以自然爲宗, 不可不著意理會.

|5-36| 자연스러움의 즐거움이 곧 참된 즐거움입니다. 우주 사이에 다시 무슨 일이 있겠습니까![99]

|5-36| 自然之樂, 乃眞樂也, 宇宙間復有何事!

|5-37| 비운飛雲의 높이는 수천 인仞이지만, 이 산과 나란하게 허공에 근본을 세우는 것만 못합니다. 그 꼭대기에 발을 두면 마치 평지를 밟는 듯하고, 사방을 돌아보면 상쾌하여 더욱 절경입니다. 이러한 그 사람은 안으로는 자신의 마음을 잊고 밖으로는 자신의 형체를 잊으며 그 기운이 호연하여 외물이 간여할 수 없으니 [도가(道家)에서 말하는] 신神이 팔극八極에서 노닌다는 것[100]은 말할 것도 못 됩니다.[101]

|5-37| 飛雲之高幾千仞, 未若立木⓫於空中, 與此山平. 置足其巔,⓬ 若履平地, 四顧脫然, 尤爲奇絕. 此其人內忘其心, 外忘其形, 其氣浩然, 物莫能干, 神遊八極, 未足

---

98 보내 주신 … 안 됩니다: 이 서간은 『陳獻章集』 권2, 「與湛民澤」7이다. "承示教, 近作頗見意思. 然不欲多作, 恐其滯也. 人與天地同體, 四時以行, 百物以生, 若滯在一處, 安能爲造化之主耶?古之善學者, 常令此心在無物處, 便運用得轉耳. 學者以自然爲宗, 不可不著意理會."

99 자연스러움의 즐거움이 … 일이 있겠습니까: 이 서간은 『陳獻章集』 권2, 「與湛民澤」9이다. "此學以自然爲宗者也. 承諭近日來頗有湊泊處, 譬之適千里者, 起腳不差, 將來必有至處. 自然之樂, 乃眞樂也. 宇宙間復有何事? 故曰: '雖之夷狄, 不可棄也.'"

100 신(神)이 팔극(八極)에서 노닌다는 것: 李白, 「大鵬賦 · 序」. "余昔於江陵見天台司馬子微, 謂余有仙風道骨, 可與神遊八極之表, 因著'大鵬遇希有鳥賦'以自廣."

101 비운(飛雲)의 높이는 … 못 됩니다: 이 서간은 『陳獻章集』 권2, 「與湛民澤」4이다.

言也.

|5-38| 제가 세상사에 얽히기 쉬운 위태로운 곳에 오랫동안 머물렀던 것은 노모가 집에 계셔 마음대로 할 수 없었기 때문입니다. 요사이 사람을 형산衡山에 보내 그 마을의 풍속을 묻고 호치당胡致堂[102]이 머물렀던 곳을 찾았습니다. 옛 사람들이 거처를 정할 때는 반드시 본 바가 있었을 것입니다. 만일 지금의 계획이 이루어질 수 있어서 늙은 다리로 축융봉祝融峰에 한번 올라가게 되면 다시는 내려오지 않을 것입니다. 이것은 장차 거기서 내 생을 마치려는 것이지 놀러 다니려는 것이 아닙니다.[103]

|5-38| 某久處危地, 以老母在堂, 不自由耳. 近遣人往衡山, 問彼田里風俗, 尋胡致堂住處. 古人託居, 必有所見, 倘今日之圖可遂, 老脚一登祝融峰, 不復下矣. 是將託以畢吾生, 非事遊觀也.

삼년상은 사람의 정에서 나온 것이지, 어찌 밖으로부터 말미암겠습니까? 지금 사람들은 대체로 식견이 없으면 비루하고 용렬함이 심하여 다른 사람이 좋다고 하는 것을 좋아하고 다른 사람이 싫다고 하는 것을 두려워합니다. 세상일을 해내지 못하는 것은 바로 이 때문입니다. 우리들의 심사心事는 귀신에게 물어봐도 (의심이 없을 것이니), 어디를 간들 태연하지 않겠습니까![104]

三年之喪, 在人之情, 豈由外哉? 今之人大抵無識見, 便卑闒得甚, 愛人道好, 怕人道惡, 做出世事不得, 正坐此耳. 吾輩心事, 質諸鬼神, 焉往而不泰然也耶!

⓫ 木: 『陳獻章集』에는 '本'으로 되어 있다.

⓬ 巔: 『陳獻章集』에는 '顚'으로 되어 있다.

102 호치당(胡致堂): 1098-1156. 胡寅, 치당은 호. 胡安國의 조카이며 양자이다.

103 제가 세상사에 … 것이 아닙니다: 이 서간은 『陳獻章集』 권2, 「與湛民澤」10이다.

104 삼년상은 사람의 … 태연하지 않겠습니까: 이 서간은 『陳獻章集』 권2, 「與湛民澤」10이다. 앞의 글과 동일한 편지이므로 같은 조목 5-38에 포함한다.

|5-39| 학문은 어렵고 쉬움에 상관없이 사람이 스스로 깨닫는 것에 달려 있습니다. 퇴보함을 깨닫기만 하면 바로 진보하게 되고, 병을 깨닫기만 하면 바로 약이 됩니다.[105]

|5-39| 學無難易, 在人自覺耳. 才覺退便是進也, 才覺病便是藥也.

|5-40| "일상생활 가운데 모든 만나는 곳에서 천리天理를 체인體認한다."라고 하니, 여기에서 한번 채찍질을 한다면 어찌 옛 사람들 아름다웠던 면에 도달하지 못할까 걱정하겠습니까.[106]

|5-40| "日用間隨處體認天理", 著此一鞭, 何患不得到古人佳處也.

|5-41| 「학생들에게 보이는 첩帖」

제군들은 혹 외부 사람들이 다른 이론異論을 고집하면서 비방하는 말을 듣더라도 부탁하건대 알아보지 말라. 만약 사정이 어쩔 수 없어서 말하게 되더라도 반드시 (비방한 사람의) 이름은 숨겨야 할 것이다. 사람은 기질과 습성이 같지 않고 호오好惡도 그에 따라 차이가 난다. 옳은 것은 옳다 하고 그른 것은 그르다 하며 옳은 점을 보았다면 절대로 옳은 점을 그르다고 하면서 그 사람을 비방하는 데 이르러서는 안 된다. 이로 인한 득실은 항상 다른 이를 비

|5-41| 「示學者帖」

諸君或聞外人執異論非毀之言, 請勿相聞. 若事不得已, 言之亦須隱其姓名可也. 人稟氣⑬習尙不同, 好惡亦隨而異. 是其是, 非其非, 使其見得是處, 決不至以是爲非而毀他人. 此得失恒在毀

---

105 학문은 어렵고 … 약이 됩니다: 이 서간은 『陳獻章集』 권2, 「與湛民澤」5이다.

106 일상생활 가운데 … 못할까 걱정하겠습니까: 이 서간은 『陳獻章集』 권2, 「與湛民澤」11이다.

⑬ 稟氣: 『陳獻章集』에는 '氣品'이라고 되어 있다.

방한 사람에게 있지, 비방을 당한 사람에게 있지 않으니, 말한들 무슨 도움이 있겠느냐! 또한 내가 옳다고 고집하는 것이 치우친 기질과 습성에서 나온 것은 아닌지, 또는 저 사람이 [이론(異論)을] 고집하면서 나를 평가하는 것과 같은 것은 아닌지 어찌 알겠느냐? 만약에 안자顏子의 무아無我[107]와 같을 수 없으면서 자기를 옳다 여기고 다른 사람을 그르다 하는 것을 면치 못한다면, 그 잘못은 똑같은 것이다. 하물며 예부터 비방이 없을 수 없는 것은 덕을 갖춘 사람도 면치 못했던 것이다. 지금 내가 완전치 못한 행실로 과도한 명예를 얻었으니, 비방은 참으로 있을 법하다. 이는 마땅히 스스로 닦는 것을 열심히 하여 비방받지 않는 실질을 갖추기를 구해야지, 괴이하게 여겨서 알아보려고 할 필요는 없다.[108]

人者之身, 而不在所毁之人, 言之何益! 且安知己之所執以爲是者, 非出於氣稟習尙之偏, 亦如彼之所執以議我者乎? 苟未能如顏子之無我, 未免是己而非人, 則其失均矣. 況自古不能無毁, 盛德者猶不免焉. 今區區以不完之行, 而冒過情之譽, 毁者固其所也.⑭ 此宜篤於自修, 以求無毁之實, 不必以爲異而欲聞之也.

「어록」

「語錄」

|5-42| 삼대三代 이후로 성현聖賢은 그 수가

|5-42| 三代以降,

---

107 안자(顏子)의 무아(無我): 『論語』 「泰伯」 5장에 나온다.

108 제군들은 혹 … 필요는 없다: 『陳獻章集』 권1, 「雜著 · 示學者帖」. "… 昔呂蒙正拜副相, 一朝士指之曰, '此子亦參政乎?' 同列欲詢其名, 遽止之, 曰, '知當終身不忘, 不如勿聞.' 賢者所存, 固異於人也. 諸君亦宜念之." 呂蒙正(944-1011)은 宋의 정승이다.

⑭ 冒過情之譽, 毁者固其所也: 『陳獻章集』에는 '冒過情之譽毁, 固其所也'로 되어 있다.

적어지고 사설邪說이 나란히 일어나자 도道는 비로소 그 때문에 밝지 않게 되었다. 칠정七情이 번갈아 타오르고 인욕人欲이 멋대로 흐르자 도는 비로소 그 때문에 행해지지 않았다. 도가 밝혀지지 않으면 비록 수많은 말을 매일 암송하고 많은 책을 두루 읽더라도 학문을 하지 않은 것에 지나지 않는다. 도가 행해지지 않으면 비록 여러 백성을 두루 구제하고 천하를 한번 바로잡더라도 사욕에 지나지 않는다.

聖賢乏人, 邪說並興, 道始爲之不明; 七情交熾, 人欲橫流, 道始爲之不行. 道不明, 雖日誦萬言, 博極群書, 不害爲未學; 道不行, 雖普濟群生, 一匡天下, 不害爲私意.

|5-43| 공부함에 위기爲己와 위인爲人의 구별[109]보다 앞서는 것은 없다. 이것이 발을 들어 내딛는 첫걸음이다.

|5-43| 爲學莫先於爲己·爲人之辨, 此是擧足第一步.

|5-44| 의문을 가진 후에 묻게 되고 물은 후에 알게 되니, 앎이 참되면 신실하게 된다. 그러므로 의문이라는 것은 도道에 나아가는 맹아萌芽이니, 신실하면 자기에게 있게 된다.[110] 『논어』에서 "옛 학자들은 위기爲己를 하였다."[111]라고 하였다.

|5-44| 疑而後問, 問而後知, 知之眞則信矣. 故疑者進道之萌芽也, 信則有諸己矣. 『論語』曰: "古之學者爲己."

|5-45| 대저 도道에는 동정(動靜: 움직임과 고요

|5-45| 夫道無動

109 위기(爲己)와 위인(爲人)의 구별: 『論語』「憲問」25장. "子曰, 古之學者爲己, 今之學者爲人."

110 신실하면 자기에게 있게 된다: 『孟子』「盡心下」25장. "有諸己之謂信."

111 옛 학자들은 위기(爲己)를 하였다: 『論語』「憲問」25장.

함)이 없다. 그것을 얻은 사람은 동(動: 움직일 때)에도 안정적이고 정(靜: 고요할 때)에도 안정적이며 보냄과 맞이함도 없고 내외도 없다.[112] 만일 정(靜: 고요함)을 바란다면 곧 정靜이 아니다. 그러므로 동정動靜에 따라 노력을 해야 한다.

靜也, 得之者, 動亦定, 靜亦定, 無將迎, 無內外, 苟欲靜即非靜矣. 故當隨動靜以施其功也.

|5-46| 학문을 제대로 하는 사람은 정(靜: 고요함)을 위주로 하여 동(動: 움직임)이 근본을 둔 곳을 보며, 용(用: 쓰임)을 살펴 체體가 보존된 곳을 본다.

|5-46| 善學者主於靜, 以觀動之所本; 察於用, 以觀體之所存.

|5-47| 마음을 다스리는 공부는 너무 긴박하게 다잡으면 안 되니, 본래의 처음 모습을 잃어버리면 더욱 도리道理를 체인해 내지 못한다. 또 너무 방만해도 안 되니, 방만하면 넘쳐흐르는 데까지 이르러 귀착할 바가 없어진다.

|5-47| 治心之學, 不可把捉太緊, 失了元初體段, 愈認道理不出. 又不可太漫, 漫則流於汎濫而無所歸.

|5-48| "다만 마음이 보존될 수 있으면 이것이 경敬이구나. 보존하는 것 말고 달리 공을 들이지 말라."[113] 대저 학자의 병통은 조장助長하는 것이 대부분이다. 회옹晦翁의 이 시는 그것

|5-48| "但得心存斯是敬, 莫於存外更加功". 大抵學者之病, 助長爲多, 晦翁

112 동(動)에도 안정적이고 … 내외도 없다: 『二程文集』 권2, 「答橫渠先生定性書」. 程顥의 글이다.

113 다만 마음이 … 들이지 말라: 『朱子全書』26, 「訓蒙絶句」, 「居敬」(1). "但得心存斯是敬, 莫於存外更加功. 殷勤夫子明斯意, 約禮之時已在中."

을 구제하는 약이겠구나!

此詩, 其求藥者歟!

「제문과 발문」

「題跋」

| 5-49 | 「만필漫筆 뒤에 쓰다」[114]

문장文章, 공업功業, 기절氣節은 모두 나의 함양에서 나오니, 세 가지 모두 실질이 있는 학문이다. 대본大本이 세워지지 않은 채 한갓 세 가지로 이름을 내려고 하면 힘쓰는 바는 작고 잃는 바는 커서 비록 세상에 알려지게 되더라도 재주가 남들보다 뛰어난 것일 뿐, 그 뜻은 거론할 만한 것이 못 된다. 공부하는 사람들이 이를 잘 변별하고 마음이 항상 안에 있도록 하여 이치를 분명하게 보게 된다면, 그런 뒤에는 자연히 크게 성취할 수 있다.[115]

| 5-49 | 「書漫筆後」

文章功業氣節, 果皆自吾涵養中來, 三者皆實學也. 惟大本不立, 徒以三者自名, 所務者小, 所喪者大, 雖有聞於世, 亦其才之過人耳, 其志不足稱也. 學者能辨乎此, 使心常在內, 到見理明後, 自然成就得大.

| 5-50 | 「왕반산王半山[116]의 시의 각운자를 써서 지은 시에 대한 발문」[117]

| 5-50 | 「次王半山韻跋」

---

114 만필(漫筆) 뒤에 쓰다: 『陳獻章集』 권1, 「雜著 · 漫筆示李世卿湛民澤」. "昨夕樓上聞雨聲澎湃, 睡不能著枕, 因檢會鄉里平時還往人, 十亡七 · 八, 中間年及七十者才一二, 餘皆六十而下, 四十早晚死者恒多. 嗚虖, 人所得光陰能幾, 生不知愛惜, 漫浪虛擲, 卒之與物無異. 造物所賦於人, 豈徒具形骸, 喘息天地間, 與蟲蟻並活而已耶? 浮屠氏雖異學, 亦必以到彼岸爲標準. 學者以聖人爲師, 其道何如? 彼文章 · 功業 · 氣節, 世未嘗乏人, 在人立志大小. 歲月固不待人也." *李世卿은 문인 李承箕이고, 세경은 자이다. 권5 「白沙學案上」에 수록되어 있다.

115 문장(文章), 공업(功業) … 수 있다: 『陳獻章集』 권1, 「題跋 · 書漫筆後」.

116 왕반산(王半山): 1021-1086. 왕안석, 반산은 호.

117 왕반산(王半山)의 시의 … 대한 발문: 현재 『陳獻章集』에는 왕반산의 시를 차운한 진

시를 지을 때는 도리가 자기 자신의 성정에서 나오도록 해야지, 의론議論을 세워서 주장해서는 안 되니, 시의 본체本體에서 벗어나면, 이는 송宋의 두건(頭巾: 독서인)[118]입니다.[119]

作詩, 須將道理就自己性情上發出來, 不可作議論說去, 離了詩之本體, 便是宋頭巾也.

|5-51| 「팽혜안彭惠安[120]에게 이별하면서 준 말」

|5-51| 「贈彭惠安別言」

나를 잊으면 나는 커지고, 외물을 이기려고 하지 않으면 외물이 (나를) 흔들 수 없습니다. 맹자孟子께서 이르길, "나는 (나의) 호연지기浩然之氣를 기르는 것을 잘한다."[121]라고 하였습니다. 산림山林과 조정에서 한결같고, 사생死生과 상변常變에 대해서 한결같으며, 부귀富貴와 빈천貧賤과 위무威武에 대해서[122] 한결같으면서

忘我而我大, 不求勝物而物莫能撓. 孟子云: "我善養吾浩然之氣." 山林朝市一也, 死生常變一也, 富貴貧賤威武一也, 而無以動其心,

---

헌장의 시가 두 수 수록되어 있다. 「歲晩江上追次王半山韻」. "山寒煙錯寞, 江曉日荒涼. 水際風巾動, 梅邊蠟屐香. 低頭挈小榼, 拍手笑輕航. 何但供遊走, 而須此日光."; 「懷古次韻王半山」. "三徑五株柳, 孤村獨板門. 先生正高臥, 衆鳥莫交喧. 晉宋當時改, 乾坤此老存. 手中一把菊, 秋色滿邱園. 相逢疏柳下, 賓主兩忘言. 處士乃無履, 江州初到門. 低頭入茅宇, 散髮對金樽. 長楫朱轓別, 狂歌向小園."

118 송(宋)의 두건(頭巾): 『漢語大詞典』에 따르면 시대에 뒤떨어진 채 변화에 적응하지 못하는 宋代 儒者의 어리석음을 비유할 때 사용한 말이다.

119 시를 지을 … 송(宋)의 두건(頭巾)입니다: 『陳獻章集』 권1, 「次王半山韻詩跋」. "一日忽興動, 和得半山詩一十八首, 稿寄時矩收閱. 作詩當雅健第一, 忌俗與弱. 予嘗愛看子美·后山等詩, 蓋喜其雅健也. 若論道理, 隨人深淺, 但須筆下發得精神, 可一唱三歎, 聞者便自鼓舞, 方是到也. 須將道理就自己性情上發出, 不可作議論說去, 離了詩之本體, 便是宋頭巾也. 大概如此. 中間句格聲律, 更一一洗滌平日習氣, 渙然一新, 所謂濯去舊見, 以來新意, 作詩亦正用得著也. 批判去改定, 乞再錄來見示爲幸. 稿中有工拙, 請下一轉語, 以觀識趣高下, 可乎?" *子美는 杜甫(712-770), 后山은 陳師道(1053-1102)이다.

120 팽혜안(彭惠安): 1430-1495. 彭韶, 혜안은 시호. 1482년 조정에 진헌장을 추천했다.

121 나는 (나의) … 것을 잘한다: 『孟子』 「公孫丑上」 2장.

자신의 마음을 움직이게 함이 없는 것, 이것을 이름하여 "자득自得"이라고 합니다. 자기 자신에게서 얻은 사람은 외물에 얽매이지 않고 이목에 얽매이지 않고 급작스럽거나 위험한 상황에 얽매이지 않으니, 솔개가 날고 물고기가 뛰어노는[123] 저 기틀은 나에게 있습니다. 이를 알면 공부를 잘 배운다고 할 수 있지만, 이를 알지 못하면 아무리 배우더라도 보탬이 없을 것입니다.

是名曰"自得". 自得者, 不累於外物, 不累於耳目, 不累於造次顚沛, 鳶飛魚躍, 其機在我. 知此者謂之善學, 不知此者雖學無益也.

|5-52| 「채방원기采芳園記의 뒤 에 제題하다」

천하에 자연스러움에 근본을 두지 않고 한갓 지식을 가지고서 당대의 명성을 모으고, 정광(精光: 현란한 빛)으로 후세를 비추는 경우는 없습니다. 『역』에서 이르길 "천지가 변화함에 초목이 번성한다."[124]라고 하였으니, 중요한 것은 상황[時]입니다. 상황에 따라 굴신屈伸하면서 도道와 함께 노니는 것이 본디 우리 유학이 일삼는 것입니다.[125]

|5-52| 「題采芳園記後」

天下未有不本於自然, 而徒以其智收顯名於當年, 精光射來世者也. 『易』曰: "天地變化, 草木蕃", 時也. 隨時詘信, 與道翺翔, 固吾儒事也.

---

122 부귀(富貴)와 빈천(貧賤)과 위무(威武)에 대해서: 『孟子』 「滕文公下」 2장. "居天下之廣居, 立天下之正位, 行天下之大道, 得志, 與民由之, 不得志, 獨行其道, 富貴不能淫, 貧賤不能移, 威武不能屈, 此之謂大丈夫."

123 솔개가 날고 물고기가 뛰어노는: 『中庸』, 12장.

124 천지가 변화함에 초목이 번성한다: 『周易』 「坤 · 文言」. "天地變化, 草木蕃, 天地閉, 賢人隱, 易曰括囊无咎无譽, 蓋言謹也." '括囊无咎无譽'는 「坤」卦의 六四 爻辭이다.

125 천하에 자연스러움에 … 일삼는 것입니다: 『陳獻章集』 권1, 「題吳瑞卿采芳園記後」.

「저작」

|5-53| 「인술론(仁術論: 인을 행하는 법에 대해 논함)」[126]

천도天道는 지극히 무심無心하여 천지에 드러난 것은 천태만상인지라 이루 형용할 수 없으니, 지극히 정교하다. 그러나 이는 모두 일원一元이 하는 바이다. 성도(聖道: 성인의 도)는 지극히 무의無意하여 공업에 나타난 것은 신묘하고 헤아릴 수 없는지라 더 덧붙일 것이 없으니, 역시 지극히 정교하다. 그러나 이는 모두 일심一心이 이루는 바이다. 심心이여, 이 일원一元이 머무는 곳이도다!

예전에 주공周公은 주 왕실을 도왔고, 제齊 환공桓公과 진晉 문공文公 역시 주 왕실을 도왔다. 그러나 주공은 몸소 태평을 이룩하고 그것이 이어져 후세에 그 은택을 입혔지만, 제 환공과 진 문공의 경우는 전쟁이 종식되지 않고 그들 자신에게 화란의 씨앗이 간직되었던 것은 제 환공과 진 문공은 의意를 썼지만 주공은 심心을 사용했기 때문이다. 그렇다면 의意보

「著撰」

|5-53| 「仁術論」

天道至無心, 比其著於兩間者, 千怪萬狀, 不復有可及, 至巧矣, 然皆一元之所爲. 聖道至無意, 比其形於功業者, 神妙莫測, 不復有可加, 亦至巧矣, 然皆一心之所致. 心乎, 其此一元之所舍乎!

昔周公扶王室者也, 桓・文亦扶王室者也, 然周公身致太平, 延被後世, 桓・文戰爭不息, 禍藏於身者, 桓・文用意, 周公用心也. 是則至拙莫如意. 而至

126 「인술론(仁術論)」: 『孟子』 「梁惠王上」 7장. "曰, '王無異於百姓之以王爲愛也. 以小易大, 彼惡知之. 王若隱其無罪而就死地, 則牛羊何擇焉?' 王笑曰, '是誠何心哉! 我非愛其財而易之以羊也, 宜乎百姓之謂我受也.' 曰, '無傷也, 是乃仁術也, 見牛, 未見羊也. 君子之於禽獸也, 見其生, 不忍見其死, 聞其聲, 不忍食其肉, 是以君子遠庖廚也.'"

다 더 졸렬한 것은 없고, 심心보다 더 교묘한 것은 없다.[127]

巧者莫踰於心矣.

|5-54| 「안토돈호인론[安土敦乎仁論: 자리에 편안하여 인(仁)을 돈독하게 하는 것에 대해 논함]」[128]

여기에서 머물고, 여기에서 즐거워하며, 여기에 몸을 두고, 여기에서 정신을 모아 조금도 소홀함을 용납지 않는 것을 군자가 "자리에 편안하여 인仁을 돈독하게 한다."라고 한다. 「태泰」괘에 대한 「서괘전序卦傳」을 보면, "행하여 형통한 후에 편안하다."라고 하였고, 또 "행함이 제자리를 얻으면 느긋해지고 느긋해지면 편안하다."[129]라고 하였다. 무릇 태는 형통함이다. "형통한 뒤에 편안하다."라는 것은 여기에 형통한 후 여기에 편안하다는 것이다. 그러나 구이九二 효사에서 "거친 것을 포용해 주고, 황하黃河를 맨몸으로 건너는 용맹을 쓴다."라고 하였으니, 어찌 바야흐로 형통한데 걱정이 바로 생기는가? 구삼九三 효사에서 "어렵게 여기고 정도正道를 지키면 허물이 없다."라고 하였으니, 군자는 이때에 마치 화란이 이를 것처럼 더욱 두려워한다. 그렇다면 군자가 자기 자

|5-54| 「安土敦乎仁論」

寓於此, 樂於此, 身於此, 聚精會神於此, 而不容或忽, 是之謂君子"安土敦乎仁"也. 比觀「泰」之「序卦」曰: "履而泰, 然後安." 又曰: "履得其所則舒泰, 泰則安矣." 夫泰, 通也. 泰然後安者, 通於此, 然後安於此也. 然九二曰"包荒用馮河", 是何方泰而憂念即興也? 九三曰"艱貞, 无咎", 則君子於是時愈益恐恐然, 如禍之至矣. 是

---

127 천도(天道)는 지극히 … 것은 없다: 『陳獻章集』 권1, 「論 · 仁術論」의 앞부분이다.

128 「안토돈호인론(安土敦乎仁論)」: 『周易』 「繫辭上」 4장. "與天地相似, 故不違, 知周乎萬物而道濟天下, 故不過, 旁行而不流, 樂天知命, 故不憂, 安土, 敦乎仁, 故能愛."

129 행함이 제자리를 … 느긋해지면 편안하다: 『伊川易傳』 「泰」卦에 나온다.

리를 편안히 여김이 어찌 그저 태연하게 아무 일도 안 하는 것이겠는가! 대개 조심하고 삼가면서 오직 한 순간이라도 틈이 있을까, 한 생각이라도 어긋날까 걱정하며 감히 스스로를 한가하게 두지 않는다.[130]

則君子之安於其所, 豈直泰然而無所事哉! 蓋將兢兢業業, 惟恐一息之或間, 一念之或差, 而不敢以自暇矣.

|5-55| 「무후론(無後論: 후손이 없을 것임에 대해 논함)」[131]

|5-55| 「無後論」

군자는 마음이 하나인데 만세萬世를 열기에 충분하고 소인은 의혹이 많은데 나라와 집안을 망가트리기 충분하다. 어째서인가? 심心의 보존됨과 보존되지 않음 때문이다. 대저 이 심心이 보존되면 한결같고 한결같으면 진실하며, 보존되지 않으면 미혹되고 미혹되면 거짓되다. 그러므로 만세를 열고 방가를 망가트리는 것은 많은 데 있는 것이 아니라 진실함과 거짓됨 사이면 충분하다.

君子一心, 足以開萬世, 小人百惑, 足以喪邦家. 何者?心存與不存也. 夫此心存則一, 一則誠; 不存則惑, 惑則僞. 所以開萬世・喪邦家者, 不在多, 誠僞之間而足矣.

대저 천지의 큼과 만물의 풍부함은 어째서 그렇게 되는가? 하나의 진실함이 하는 바이다.

夫天地之大, 萬物之富, 何以爲之也?

---

130 여기에서 머물고 … 두지 않는다: 『陳獻章集』 권1, 「論・安土敦乎仁論」의 앞부분이다. 인용되지 않은 뒷부분은 다음과 같다. "有於予心符. 或曰: '君子不已勞乎?' 應曰: '乾之象曰天行健, 天之循環不息者, 健而已. 君子執虛如執盈, 入虛如有人, 未嘗少懈者, 剛而已. 天豈勞哉? 君子何爲不暇乎?'"

131 「무후론(無後論)」: 『孟子』 「梁惠王上」 4장. "梁惠王曰, '寡人願安承敎.' 孟子對曰, '殺人以梃與刃, 有以異乎?' 曰, '無以異也.' '以刃與政, 有以異乎?' 曰, '無以異也.' 曰, '庖有肥肉, 廐有肥馬, 民有飢色, 野有餓莩, 此率獸而食人也. 獸相食, 且人惡之. 爲民父母, 行政不免於率獸而食人. 惡在其爲民父母也? 仲尼曰, 始作俑者, 其無後乎! 爲其象人而用之也. 如之何其使斯民飢而死也?'"

생각건대 이 진실함이 있어서 이에 이 물物이 있으니, 이 물物이 있다면 반드시 이 진실함이 있는 것이다. 진실함은 사람 어디에 있는가? 하나의 심心에 갖추어져 있다. 심心이 갖춘 바는 이 진실함이고, 천지를 이루는 것은 이 진실함이다. 천지의 큼도 이 진실함이 이룰 수 있으니, 군자가 그것을 보존한다면 어찌 만세를 열기에 부족하겠는가! 용俑을 만든 사람은 이미 미혹되어 그 진실함을 잃은 것인데, 이미 그 진실함이 없다면 어떻게 후손이 있겠는가![132]

一誠所爲也. 蓋有此誠, 斯有此物, 則有此物, 必有此誠. 誠在人何所? 具於一心耳. 心之所有者此誠, 而爲天地者此誠也. 天地之大, 此誠且可爲, 而君子存之, 則何萬世之不足開哉! 作俑之人, 既惑而喪其誠矣, 夫既無其誠, 而何以有後耶!

|5-56| 「논수시헌면진시금옥(論銖視軒冕塵視金玉: 수레와 면류관을 아주 사소한 것으로 보고, 금과 옥을 먼지와 같은 것으로 보는 것[133]에 대해 논하다)」

|5-56| 「論銖視軒冕塵視金玉」

천하의 사물事物이 뒤섞여 앞에 펼쳐져 있지만, 나로부터 나오지 않은 일[事]이나 내가 원래 가지고 있지 않던 것[物]이 갑자기 나에게 맡겨지는 것을 탐탁하지 않게 여길 사람이라면 애초부터 자신과 상관이 없는 듯이 볼 것이니, 그러면 싫어하고 천시하는 마음이 생겨날 것이다. 그러나 일에는 그만둘 수 없는 것이

天下事物雜然前陳, 事之非我所自出, 物之非我所素有, 卒然擧而加諸我, 不屑者視之, 初若與我不相涉, 則厭薄之心生矣. 然事必有所不

132 군자는 마음이 … 후손이 있겠는가: 『陳獻章集』 권1, 「論 · 無後論」.
133 수레와 면류관을 … 보는 것: 周敦頤, 『通書』 「33 · 富貴」에 나오는 말이다.

있기 마련이고, 물物에는 없을 수 없는 것이 있기 마련이다. 내 앞에 와 있는데 나와 상관이 없다고 말할 수 있겠는가?

군자의 하나의 심心에는 모든 리理가 완전하게 갖추어져 있어 사물이 많더라도 나에게 있지 않은 것이 없다. 이 몸이 어떤 곳에 이르면 정신이 모두 따르니, 내가 얻은 것을 얻어도 얻은 것일 뿐이고, 내가 얻은 것을 잃어도 잃은 것일 뿐인데, 싫어하고 천시하는 마음이 어떻게 생겨나겠는가!

만약에 "물物"이라고 말했으면 내가 그것이 물物임을 아는 것이고, "사事"라고 말했으면 내가 그것이 사事임을 아는 것이다. 억지로 나의 몸을 들어 따르면서 처음부터 나와 상관이 없다고 한다면, 비유컨대 의가醫家에서 말하는 불인(不仁: 마비)이다.[134]

能已, 物必有所不能無, 來於吾前矣, 得謂與我不相涉耶?

君子一心, 萬理完具, 事物雖多, 莫非在我, 此身一到, 精神具隨, 得吾得而得之耳, 失吾得而失之耳, 厭薄之心胡自而生哉!

若曰"物", 吾知其爲物耳, "事", 吾知其爲事耳, 勉焉擧吾之身以從之, 初若與我不相涉, 比之醫家謂之不仁.

|5-57| 누군가 말했다. "도는 설명될 수 있는가?" 말했다. "그럴 수 없다. 이 리理의 묘함은 말할 수 없다. 도를 말할 수 있는 데에 이르렀으면 이미 거친 것과 관계된 것이다." "어떻게 그런 줄을 아는가?" 말했다. "나로써 안다. 내가 혹 얻은 것이 있다면 심心에 보존할 수 있지

|5-57| 或曰: "道可狀乎?" 曰: "不可. 此理之妙不容言. 道至於可言, 則已涉乎粗矣." "何以知之?" 曰: "以吾知之.

134 천하의 사물(事物)이 … 말하는 불인(不仁)이다: 『陳獻章集』 권1, 「論 · 論前輩言銖視軒冕塵視金玉【三則】 · 中」.

만, 입으로는 그것을 말할 수 없다. 말해 보는 데까지 이르게 되면 그것은 이미 내가 보존하고 있는 것이 아니다. 그러므로 무릇 얻은 것이 있는데 그것을 말로 표현할 수 있는 경우라면 모두 얻었다고 하기에 부족하다."

吾或有得焉, 心得而存之, 口不可得而言之, 比試言之, 則已非吾所存矣. 故凡有得而可言, 皆不足以得言."

말했다. "도가 언어로 설명될 수 없다면 또한 물건으로는 설명 가능한가?" 말했다. "불가하다. 물건은 형체에 갇히지만 도는 물건에 통한다. 눈이 있어도 볼 수 없다." "왜 그렇게 말하는가?" 말했다. "하늘은 도를 얻어 하늘이 되고 땅은 도를 얻어 땅이 되며 사람은 도를 얻어 사람이 된다. 하늘로 도를 설명하면 땅을 빠트리고 땅으로 설명하면 사람을 빠트리니, 물物로는 도를 표현하기에 부족하다."

曰: "道不可以言狀, 亦可以物乎?" 曰: "不可. 物囿於形, 道通於物, 有目者不得見也." "何以言之?" 曰: "天得之爲天, 地得之爲地, 人得之爲人, 狀之以天則遺地, 狀之以地則遺人, 物不足狀也."

말했다. "도는 끝내 설명할 수 없는가?" 말했다. "방법이 갖춰지면 가능하다. 한 귀퉁이를 들어서 나머지 세 귀퉁이를 총괄하는 것[135]이 도를 설명하는 방법이다. 한 귀퉁이에 의거하여 세 귀퉁이를 헤아리는 것은 설명을 위해 유추하는 방법이다. 그러나 도를 설명하는 방법은 어렵지 않지만, 설명을 위해 유추하는 방법

曰: "道終不可狀歟?" 曰: "有其方則可. 擧一隅而括其三隅, 狀道之方也; 據一隅而反其三隅, 按狀之術也. 然狀道之方非難, 按狀之

135 한 귀퉁이를 … 총괄하는 것: 『論語』「述而」 8장 참조. "擧一隅, 不以三隅反, 則不復也."

은 실로 어렵다. 탄彈을 모르는 사람이 있어 일러 주기를, '현弦의 모양이 궁弓과 같은데 대나무로 만들었다.'라고 하였다. 만일 그가 궁弓을 안다면 그에 따라 유추할 수 있다. 이 도의 큼을 알지 못하는데, 일러 주기를 '도는 크고, 하늘은 작고, 수레와 면류관 그리고 금과 옥 역시 작다.'라고 한다면, 그에 따라 유추하면서 의혹하지 않는 경우는 드물 것이다! 그러므로 '도는 설명할 수 없다.'라고 하는 것은 그런 사람을 얻기 어렵기 때문이다."[136]

術實難. 人有不知彈, 告之曰: '弦之形如弓, 而以竹爲之.' 使其知弓, 則可按也. 不知此道之大, 告之曰: '道大也, 天小也, 軒冕金玉又小', 則能按而不惑者鮮矣! 故曰'道不可狀', 爲難其人也."

|5-58| 「금수설(禽獸說: 사람을 금수라고 부르는 것에 관한 설명)」

사람은 일곱 척의 몸을 갖고 있는데, 이 심心과 이 리理를 제외하면 귀할 것이 없다. 혼연히 한 포대의 농혈膿血이 한 덩어리의 뼈를 싸고 있어, 배고프면 먹을 수 있고 목마르면 마실 수 있으며 의복을 입을 수 있고 음욕을 행할 수 있으며, 빈천하면 부귀를 생각하고 부귀하면 권세를 탐하며 화나면 싸우고 근심이 있으면 슬퍼하며 궁하면 넘치고 즐거우면 과하여 모든 하는 바가 한결같이 혈기를 따르다가 늙어 죽어서야 멈춘다. 그렇다면 금수禽獸라고

|5-58| 「禽獸說」

人具七尺之軀, 除了此心此理, 便無可貴. 渾是一包膿血裹一大塊骨頭, 饑能食, 渴能飮, 能著衣服, 能行淫欲, 貧賤而思富貴, 富貴而貪權勢, 忿而爭, 憂而悲, 窮則濫, 樂則淫, 凡百所爲, 一信血

136 누군가 말했다 … 어렵기 때문이다: 『陳獻章集』 권1, 「論 · 論前輩言銖視軒冕塵視金玉【三則】 · 下」.

불러도 된다.[137]

氣, 老死而後已, 則命之曰禽獸可也.

|5-59| 「도학전서(道學傳序: 『송사(宋史)』「도학전」의 서문)」

배우는 사람이 책에서만 구하지 않고 자신의 마음에서 구하여, 동정動靜과 유무有無의 기틀에서 살펴 나에게 있는 것을 지극하게 길러 내면서도 듣고 본 것으로 어지럽히지 않으며, 귀로 듣고 눈으로 본 지리한 작용들을 없애고, 텅 비고 원만하며 예측할 수 없는 신묘함을 온전히 한다면, 책을 한번 펴기만 해도 모두 얻을 것이다. 책에서 얻는 것이 아니고 나로부터 얻는 것이다.[138]

|5-59| 「道學傳序」

學者不但求之書, 而求之吾心, 察於動靜有無之機, 致養其在我者, 而勿以聞見亂之, 去耳目支離之用, 全虛圓不測之神, 一開卷盡得之矣. 非得之書也, 得自我者也.

|5-60| 「증용일지서(贈容一之序: 용일지에게 드리는 글)」

(그대는) 마음을 노닐게 하는 곳이 너무나 높고, 흔적을 남기는 곳이 너무나 기이하니 아마도 장래에 성취하고 열매를 맺는 바가 보통 사람의 생각이 미칠 수 있는 바가 아닐 것입니다. 나는 평소 느리고 둔한데 어찌 달리는 수레를 쫓아갈 수 있겠습니까? 하늘 저 높은 곳

|5-60| 「贈容一之序」

恐游心太高, 著蹟太奇, 將來成就結果處, 旣非尋常意料所及, 而予素蹇鈍, 胡能追攀逸駕? 仰視九霄之上, 何其茫

---

137 사람은 일곱 … 불러도 된다: 『陳獻章集』 권1.

138 배우는 사람이 … 얻는 것이다: 『陳獻章集』 권1. 1485년 작.

을 우러러 바라보면 얼마나 아득하겠습니까만, 그대는 바야흐로 뜻을 바짝 세워 자득(自得)을 구하니, 역시 나 같은 사람에게 오는 것을 달가워하지 않을 것인데, 평지에 발을 붙이고 있는 사람이 과연 어떠할지를 어찌 알겠습니까?[139]

茫, 生方銳意以求自得, 亦將不屑就予, 又安知足履平地, 結⑮果爲何如也?

|5-61| 「증장정실서(贈張廷實序: 장정실에게 드리는 글)」

정실의 학문은 자연(自然: 저절로 그러함)을 근본으로 삼고 망기(忘己: 나를 잊음)를 위대한 상태로 여기며 무욕(無欲: 욕심이 없음)을 지극한 경지로 여기는데, 마음자리에 나아가 신묘함을 보아서, 그것으로 성인의 묘용을 엿본다. 그는 천지에서 해와 달의 어둠과 밝음, 산과 내의 흐름과 높음, 사계절이 운행하는 바, 만물이 화생化生하는 바가 나에게 있는 지극함[極]이 아님이 없음을 보고, 그 추기(樞機: 핵심처)를 손에 쥐고 함수(銜綏: 재갈과 수레 끈)를 추려 단정히 하여 일상의 일을 처리하고 다른 사람과 응대하는 가운데 행하여 그것과 더불어 무궁할 것을 생각하였다.[140]

|5-61| 「贈張廷實序」

廷實之學, 以自然爲宗, 以忘己爲大, 以無欲爲至, 即心觀妙, 以揆聖人之用. 其觀於天地, 日月晦明, 山川流峙, 四時所以運行, 萬物所以化生, 無非在我之極, 而思握其樞機, 端其銜綏, 行乎日用事物之中, 以與之無窮.

---

139 (그대는) 마음을 … 어찌 알겠습니까: 『陳獻章集』 권1.
140 정실의 학문은 … 것을 생각하였다: 『陳獻章集』 권1. 1489년 작.
⑮ 結: 『陳獻章集』에는 '者'로 되어 있다.

| 5-62 | 「성황묘기(城隍廟記: 성황묘에 대한 기문)」

신(神: 귀신)이 천하 사이에서 지극히 드러난 것이라고 칭해지는 이유는 그것의 권(權: 권한) 때문이 아니겠는가! 대저 총명하고 정직한 것을 일러 신神이라고 하며, 겁을 주거나 복을 내리며 주거나 빼앗는 것을 권權이라고 한다. 사람도 신神이니 권權이 사람에 있는 것은 마치 그 권權이 신神에 있는 것과 같다. 이 두 가지(사람과 神)에는 한쪽이 사라지면 다른 쪽이 자라나고, 한쪽이 성하면 다른 쪽이 쇠하는 이치가 있다. 사람은 한 고을의 화합을 이룰 수 있어서, 아래로 기강을 허무는 백성이 없으면 권權을 사용할 일이 없을 것이다. 그렇지만 혹여 잇달아 일어나고 그 사이에 역병이 돌아서 민심이 날로 흉흉하여 귀신鬼神의 견책과 분노를 불러일으킨다면, 권權의 쓰임이 비로소 끝이 없게 될 것이다. 대저 천하에 권權에 의지하지 않고서 다스릴 수 있는 경우는 없다. 신神은 화복을 두고 사람은 상벌을 둔다. 여기(사람)에서 잃어버린다면 저기[신(神)]에서 얻을 것이니, 신神이 장차 화복으로 상벌을 대신하지 않겠는가! 귀신의 도가 드러나고 사람의 도가 어두워지는 것은 고금의 유식자들이 걱정하는 바이다.[141]

| 5-62 | 「城隍廟記」

神之在天下, 其間以至顯稱者, 非以其權歟? 夫聰明正直之謂神, 威福予奪之謂權, 人亦神也, 權之在人, 猶其在神也. 此二者有相消長盛衰之理焉, 人能致一郡之和, 下無干紀之民, 無所用權; 如或水旱相仍, 疫癘間作, 民日洶洶, 以干鬼神之譴怒, 權之用始不窮矣. 夫天下未有不須權以治者也, 神有禍福, 人有賞罰, 失於此, 得於彼, 神其無以禍福代賞罰哉! 鬼道顯, 人道晦, 古今有識所憂也.

---

141 신(神)이 천하 … 걱정하는 바이다: 『陳獻章集』 권1. 1494년 작.

|5-63| 「운담기(雲潭記: 구름과 못에 대한 기문)」

천지 사이는 하나의 기氣일 뿐인데, 굽히는 것과 펼치는 것이 서로 감응하여 그 변화가 무궁합니다. 사람은 어려서부터 장성해 가고 장성해서는 늙어 가는데, 그 기쁨과 슬픔, 얻음과 잃음, 출처와 어묵語默의 변화 역시 이와 같을 뿐입니다. 누가 오랫동안 변하지 않을 수 있겠습니까? 변화가 아직 밖으로 드러나지 않은 것을 불변이라 여기고, 이미 밖으로 드러난 것을 변화라고 말한다면, (이는) 변화를 아는 사람이 아닙니다. 무릇 변화라고 하는 것은 밤낮으로 끊임없이 앞에서 서로 교대하는 것입니다. 한 번 숨을 쉬는 동안도 변하는데 겨울과 여름에는 어떠하겠습니까? (변화란) 한 번 숨을 쉬는 순간에서 생겨나서 겨울과 여름에서 이루어집니다. 대저 기는 위로 증발하여 구름이 되고 아래로 흘러들어 못이 되는데, 기는 물이 아직 변하지 않은 것입니다. 어떤 경우는 구름이 되고 어떤 경우는 못이 되니, 변화는 한 가지가 아니면서 밖으로 드러납니다. 확실히 그러할 것이지만 밖으로 드러나지 않는 것이 있는 것입니까? 묵묵히 안다면 함께 『역』을 논할 수 있을 것입니다.[142]

|5-63| 「雲潭記」

天地間一氣而已, 詘信相感, 其變無窮. 人自少而壯, 自壯而老, 其歡悲得喪出處語默之變, 亦若是而已. 孰能久而不變哉? 變之未形也, 以爲不變, 既形也, 而謂之變, 非知變者也. 夫氣⑯也者, 日夜相代乎前, 雖一息, 變也, 況於冬夏乎? 生於一息, 成於冬夏者也. 夫氣上烝爲雲, 下注爲潭, 氣水之未變者也. 一爲雲, 一爲潭, 變之不一而成形也. 其必有將然而未形者乎? 默而識之, 可與論『易』矣.

---

142 천지 사이는 … 있을 것입니다: 『陳獻章集』 권1. 1477년 작.

⑯ 氣: 『陳獻章集』에는 '變'으로 되어 있다.

거인 대애 이승기 선생

擧人李大厓先生承箕

|5-64| 이승기(1452-1505)는 자가 세경世卿, 호가 대애이며, 초楚의 가어嘉魚 사람이다. 성화成化 병오(丙午: 1486)에 거인擧人이 되었다. 그 글은 경전과 역사서를 드나들었으며, 종횡으로 자유롭게 구애받지 않았다. 백사의 학문을 듣고는 존모하게 되어 홍치弘治 무신(戊申: 1488)에 남해南海로 들어가 스승으로 섬겼다. 백사는 그와 더불어 명승지를 유람하고 고적지古蹟地를 찾아가서 조문하며 시를 짓고 글을 쓰며 투호를 하고 술을 마시면서, 무릇 천지 사이에서 눈과 귀로 보고 들은 것, 예부터 지금까지의 전적에 실린 것에 대해서 이야기하지 않은 것이 없었다. 다만 이야기하지 않은 것은 이 마음의 통하고 막히며 왕래하는 기틀과 생겨나고 변화하는 신묘함이었다. 이는 선생이 깊이 생각하여 스스로 얻기를 바란 것인데, 견문으로 감당할 수 없기 때문이다.

|5-64| 李承箕字世卿, 號大厓, 楚之嘉魚人. 成化丙午擧人. 其文出入經史, 跌宕縱橫. 聞白沙之學而慕之, 弘治戊申, 入南海而師焉. 白沙與之登臨弔古, 賦詩染翰, 投壺飮酒, 凡天地間耳目所聞見, 古今上下載籍所存, 無所不語. 所未語者, 此心通塞往來之機, 生生化化之妙, 欲先生深思而自得之, 不可以見聞承當也.

|5-65| 시간이 흘러 선생에게 깨달은 바가 있자, 돌아가 황공산黃公山에 조대釣臺를 짓고, 그 안에서 독서와 정좌를 하며 다시는 벼슬길에 나가지 않았다. 가어嘉魚에서 신회新會까지 강을 건너고 바다를 지나는 것이 수륙으로 만 리인데, 선생이 가서 (백사를) 뵌 것이 네 번이었다. 백사가 서로 그리워했던 시는 다음과 같다. "작년 그대를 만나 한번 웃었는데, 한 해가 지나도록 웃던 입 더는 열린 적이 없었네. 산중에서 웃게 하는 사람 없는 것 아니지만, 진정으로 회포를 풀 수 있는 것은 아니라네." 또, "형악衡岳은 천 길이고 구름은 만 길인데, 붉은 물감 푸른 물감으로도 꿈속 마음을 그리기 어렵네. 사람 세상에는 쇠피리 불 곳 없어, 또 가을바람에 이 소리를 실어 보내네."라고 하였다. 참으로 서로 만나면 막역하였다. 생각건대 선생의 마음은 쇄락하였으니, 백사의 문하에서 그보다 더 흉금이 쇄락한 사람은 없었다.

|5-65| 久之而先生有所悟入, 歸築釣臺於黃公山, 讀書靜坐其中, 不復仕進. 自嘉魚至新會, 涉江浮海, 水陸萬里, 先生往見者四. 而白沙相憶之詩: "去歲逢君笑一回, 經年笑口不曾開. 山中莫謂無人笑, 不是眞情懶放懷." 又"衡岳千尋雲萬尋, 丹青難寫夢中心. 人間鐵笛無吹處, 又向秋風寄此音." 眞有相視而莫逆者. 蓋先生胸懷灑落, 白沙之門更無過之.

|5-66| 을축(1505) 2월에 졸하였으니 나이 54세였다. 당백원(唐伯元, 1540-1598)[1]이 그의 만년 절개는 크게 잘못되었다고 하였는데, 무엇을 가리키는 건지 잘 모르겠으니 나중에 자세히 상고해 보아야 할 것이다.

|5-66| 乙丑二月卒, 年五十四. 唐伯元謂其晩節大敗, 不知何指, 當俟細考.

---

1 당백원(唐伯元): 권42, 「甘泉學案」6에 보인다.

「문집」

|5-67| 『시』에서 “「아」와 「송」이 각각 제 자리를 얻게” 되자, 악樂의 근본이 바르게 되었고,[2] (『시』를 통해) “일으킬 수 있으며, 살펴볼 수 있으며, 무리를 지을 수 있으며, 원망할 수 있게”[3] 되자, 『시』의 가르침이 명확해졌다. 공자의 뜻을 여기에서 볼 수 있다! 선생(진헌장)의 시에서, “예전부터 안배安排하는 장애를 없애고자 하였네, 만고의 사문斯文에서 일성日星을 보네.”[4]라고 하였으니 그의 근본이다! “공명功名을 한 번 웃어넘기고 관중管仲과 안영晏嬰을 보잘것없이 여기니, 육경의 인의仁義가 강하江河에 넘실대네.”[5]라고 하였으니 그의 쓰임이다! “나아갈 때인데 어찌 나를 필요로 하겠는가, 도는 헛되이 행해지지 않고 사람에게 달려 있네.”[6]라고 하였으니, 그의 출처다! (이것이) 이른바 성정性情을 노래하되 성정에 얽매이지 않는 사람이다!

|5-68| 선생은 글을 짓지 않았는데, 일찍이

「文集」

|5-67| 『詩』「雅」「頌」各得其所，而樂之本正，可以興，可以觀，可以群，可以怨，而『詩』之教明. 孔子之志，其見於是乎! 先生詩曰: “從前欲洗安排障，萬古斯文看日星”，其本乎! “一笑功名卑管·晏，六經仁義沛江河”，其用乎! “時當可出寧須我，道不虛行只在人”，其出處乎! 所謂吟詠性情，而不累於性情者乎!

|5-68| 先生不著

2 「아」와 「송」이 … 바르게 되었고: 『論語』「子罕」 14장. “子曰. 吾自衛反魯，然後樂正，雅頌各得其所.”

3 일으킬 수 … 수 있게: 『論語』「陽貨」 9장.

4 예전부터 안배(安排)하는 … 일성(日星)을 보네: 『陳獻章集』 권5, 「偶成」.

5 공명(功名)을 한 … 강하(江河)에 넘실대네: 『陳獻章集』 권5, 「飮酒」.

6 나아갈 때인데 … 달려 있네: 『陳獻章集』 권6, 「弄筆」.

"육경 외에 제자백가에 흩어져 있는 것은 모두 쓸데없는 말이다."라고 하였다. 그래서 시에서 다음과 같이 말했다. "훗날 한가하게 보낼 계획이 이루어지게 된다면, 그저 청산靑山을 대하며 글을 짓지 않겠네."[7] 또 말했다. "노인네가 저술이 없다 비웃지 마세. 참된 유자는 정강성(鄭康成: 鄭玄, 127-200)이 아니라오."[8]

書, 嘗曰: "六經而外, 散之諸子百家, 皆剩語也." 故其詩曰: "他年得遂投閒計, 只對靑山不著書." 又曰: "莫笑老慵無著述, 眞儒不是鄭康成."

7 훗날 한가하게 … 짓지 않겠네: 『陳獻章集』 권5, 「留別諸友」.

8 노인네가 저술이 … 정강성(鄭康成)이 아니라오: 『陳獻章集』 권5, 「再和示子長」.

명유학안 권6,
백사학안하

明儒學案 卷六,
白沙學案下

통정 동소 장후 선생

通政張東所先生詡

|6-1| 장후(張詡, 1455-1514)는 자가 정실廷實, 호가 동소東所로 남해南海 사람이며 백사白沙의 제자이다. 성화成化 갑진년(1484)에 진사가 되었다. 병을 다스리기 위해 고향으로 돌아가 6년 동안 나오지 않다가, 관부에서 나오게 하여 호부주사戶部主事를 제수했다. 얼마 후 상을 당했다. 그 후 여러 번 천거되었지만 나서지 않았다. 정덕 갑술년(1514)에 남경통정사좌참의南京通政司左參議에 임명되었으나 다시 사양하고 효릉孝陵[1]에 한번 참배한 뒤 돌아와서는 졸卒하였는데, 나이는 육십이었다.

|6-1| 張詡字廷實, 號東所, 南海人, 白沙弟子. 登成化甲辰進士第. 養病歸, 六年不出, 部檄起之, 授戶部主事. 尋丁憂, 累薦不起. 正德甲戌, 拜南京通政司左參議, 又辭, 一謁孝陵而歸. 卒, 年六十.

|6-2| 백사는 다음과 같이 여겼다. "정실의 학문은 자연(自然: 저절로 그러함)을 근본으로 삼고 망기(忘己: 나를 잊음)를 위대한 상태로 여기

|6-2| 白沙以"廷實之學, 以自然爲宗, 以忘己爲大, 以

---

1 효릉(孝陵): 명 太祖의 능이다.

며 무욕(無欲: 욕심이 없음)을 지극한 경지로 여기는데, 마음자리에 나아가 신묘함을 보아서, 그것으로 성인의 묘용妙用을 엿본다. 그는 천지에서 해와 달의 어둠과 밝음, 산과 내의 흐름과 높음, 사계절이 운행하는 바, 만물이 화생化生하는 바가 나에게 있는 지극함[極]이 아님이 없음을 보고, 그 추기(樞機: 핵심처)를 손에 쥐고 함수(銜綏: 재갈과 수레 끈)를 추려 단정히 하여, 일상의 일을 처리하고 다른 사람과 응대하는 가운데 행하여 그것과 더불어 무궁할 것을 생각하였다."[2] 이를 보면 선생이 터득한 바는 깊었다. 백사가 도를 논함에 지극히 정미한 곳은 선禪과 매우 유사했다. 그러나 그가 (선과) 다른 것은 "추기(樞機: 핵심처)를 손에 쥐고 함수(銜綏: 재갈과 수레 끈)를 추려 단정히 함"에 있다. 선은 이것까지 제거하여 없앴다. 어찌하여 논하는 자들은 이를 살피지 않고서 같은 부류라고 하면서 똑같이 보는가!

「문집」

|6-3| 유학자 중에는 진실한 사람과 거짓된 사람이 있다. 그러므로 그들의 말에 순수한 것

無欲爲至, 即心觀妙, 以揆聖人之用. 其觀於天地, 日月晦明, 山川流峙, 四時所以運行, 萬物所以化生, 無非在我之極, 而思握其樞機, 端其銜綏, 行乎日用事物之中, 以與之無窮." 觀此則先生之所得深矣. 白沙論道, 至精微處極似禪. 其所以異者, 在"握其樞機, 端其銜綏"而已. 禪則幷此而無之也. 奈何論者不察, 同類並觀之乎!

「文集」

|6-3| 儒有眞僞, 故言有純駁. 六經·四書以眞聖賢而演

2 정실의 학문은 … 것을 생각하였다: 『陳獻章集』 권1, 「贈張廷實序」(1489)와 『명유학안』 권5, 「白沙學案上」에 나온다.

과 잡박한 것이 있다. 육경六經과 사서四書는 참된 성현이 지극한 도리를 풀어놓은 것이니, 말의 순수함에서 그보다 더 나은 것이 없다는 말은 이를 두고 한 말이다. 이를 이어서 나타난 염락(濂洛: 주돈이와 이정)의 여러 책에는 순수한 것도 있고 순수함에 가까운 것도 있으나 이 또한 모두 경서를 도와 만세의 어리석음을 깨우치기에 충분하니, 참으로 세상에 하루라도 없어서는 안 되는 것이다.

至道, 所謂言之純, 莫有尙焉者矣. 繼此若濂·洛諸書, 有純者, 有近純者, 亦皆足以羽翼乎經書, 而啟萬世之蒙, 世誠不可一日而缺也.

성인이 끊어지고 말씀이 사라지자 저술가들이 등장했는데, 대부분 춘추시기 오나라, 초나라 군주가 왕을 참칭하고 제 환공, 진 문공이 명분과 의리를 빌려 자신의 사사로움을 이루었던 것과 같은 부류이니, 단지 말이 잡박하여 취할 것이 없을 뿐만 아니라, 이보다 더 위대한 도리를 뒤덮어 버리고 성性과 천天을 어둡게 하여 어그러뜨리는 것은 없다. 이를 강물과 바닷물로 쓸어버리고 거센 바람으로 몰아내지 않는다면 도에 들어갈 수가 없다.

至於聖絕言湮, 著述家起, 類多春秋吳·楚之君, 僭稱王者耳, 齊桓·晉文, 假名義以濟其私者耳, 匪徒言之駁乎, 無足取也. 其蓁蕪大道, 晦蝕性天, 莫甚焉. 非蕩之以江海, 驅之以長風, 不可以入道也.

이 때문에 우리 백사 선생이 동남 지방에서 일어나 사십여 년 동안 도를 부르짖으면서 사람들에게 무언無言의 가르침을 보인 것은 참람하고 거짓된 폐단을 구제하며 참된 기풍을 길이 기르기 위함이었다. 선생은 항상 다음과 같이 말하였다. "공자는 큰 성인인데도 말이 없고자 하였다. 훗날의 유학자들은 성인에 한참

故我白沙先生起於東南, 倡道四十餘年, 多示人以無言之教, 所以救僭僞之弊, 而長養夫眞風也. 其恒言曰: "孔子, 大聖人也, 而欲

못 미치면서도 저술에 급급한 것은 유독 어째서인가! 비록 그러하지만 무언無言 두 글자도 저술이다. 뛰어나게 깨달아 자득自得할 수 있다면 사도斯道에 대해 거의 대부분 알 수 있을 것이다. 그렇게 되면 육경과 사서도 군더더기 말이 되니, 하물며 다른 글은 어떠하겠는가!" 세상에서 왕왕 선생에게 저술을 일삼으라고 권하면서 저술이 없는 것으로 선생을 흠잡는 자들은 생각이 짧은 것이다. 지금 시집이 나오기만 하면 사람들은 바로 시로써 구하고 문집이 나오기만 하면 바로 글로써 구하는데, 자신이 구방고九方皐의 안목[3]을 갖추고 있지 않으면서 검은 것과 노란 것, 암컷과 수컷의 구분을 벗어나 뛰어난 준마를 얻을 수 있는 사람은 적다.

나는 참으로 뒤에 배우는 사람이 다시 말이 없는 것을 도라고 여기는 데 빠질까 두렵다. 그러한 이유로 선생의 문집 안에서 글을 뽑아

無言. 後儒弗及聖人遠矣, 而汲汲乎著述, 亦獨何哉! 雖然無言二字亦著述也, 有能超悟自得, 則於斯道思過半矣. 然則六經・四書, 亦剩語耳, 矧其他乎!" 而世方往往勸先生以著述爲事, 而以缺著述爲先生少之者, 蓋未之思耳. 今則詩集出焉, 而人輒以詩求之, 文集出焉, 而人輒以文求之, 自非具九方皐之目, 而能得神駿於驪黃牝牡之外者, 或寡矣.

諗誠懼夫後修者, 復溺於無言以爲道也, 因摭先生文集中

---

3 구방고(九方皐)의 안목: 춘추 시대에 말을 잘 알아보는 九方皐가 秦나라 穆公을 위하여 좋은 말을 구했는데, '암컷이고 노란 말[牝而黃]'이라고 하였지만, 실은 '수컷이고 검은 말[牡而驪]'이었다. 목공이 구방고를 추천한 伯樂을 불러, "말의 색과 암수도 구분할 줄 모르는데, 어찌 말에 대해서 알 수 있겠는가."라고 하였다. 백락이 구방고는 말의 능력만을 보고 암수나 색은 중요하지 않기 때문에 잊은 것이라고 하였는데, 말은 과연 명마였다. 『열자』「說符」 참조.

남헌(南軒: 張栻, 1133-1180) 선생의 『전도수언傳道粹言』의 사례를 따라 열 가지 주제로 분류하고 그에 따라 나누어 수록하였다. 그 사이에는 미묘한 성명性命과 천도天道, 뚜렷한 문장文章과 공업功業, 수위修爲와 지치持治의 방법, 경륜經綸과 운영의 기틀이 찬연히 모두 갖추어졌다. 편집을 마무리하고 이름 붙이길 『백사선생유언찬요白沙先生遺言纂要』라고 하였으니 모두 열 권이다.

이 책을 읽는 사람은 선생이 평상시에 주고받는 글 속에도 다 지극한 도리가 깃들어 있고, 작은 행동거지나 발언과 침묵에 이르기까지 모든 것이 지극한 가르침임을 알 것이니, 대개 유사한 것을 만날 때마다 (그 의미를) 유추하여 이해할 수 있을 것이다. 이를 통해 본다면, 선생은 비록 말을 하지 않는 것을 가르침으로 보여 주었지만, 아무 말도 하지 않았던 것은 아니다. 이 때문에 말을 하면 들어맞지 않는 것이 없었고, 순수함만 있고 잡박함은 없었으니, 그 근본이 진실하기 때문이다. 이에 성인의 경經과 현인의 전傳을 보좌할 수 있는 것이다. (「『백사유언찬요』에 대한 서문」)

語, 倣南軒先生『傳道粹言』例, 分爲十類而散入之. 其間性命天道之微, 文章功業之著, 修爲持治之方, 經綸幹運之機, 靡不燦然畢具. 輯成, 名曰『白沙先生遺言纂要』, 凡十卷.

庶觀者知先生雖尋常應酬文字中, 無非至道之所寓, 至於一動一靜, 一語一默, 無非至教, 蓋可觸類而長焉. 由是觀之, 先生雖以無言示教, 而卒未嘗無言, 是以言焉而言無不中, 有純而無駁, 其本眞故也. 是可以佐聖經而補賢傳矣. (「『白沙遺言纂要』序」)

|6-4| 옛날에 여원명呂原明[4]은 "정숙(正叔: 程頤)은 사람들이 오로지 행실만 보고 지견知見을 따지지 않는 것을 비웃었다."라고 칭찬했다.

|6-4| 昔呂原明嘗稱: "正叔(取)[笑]❶人專取有行, 不論知

또 다음과 같이 말했다. "세상 사람들은 '어떤 사람은 (실천하지는 못하고) 단지 말만 한다.'라고 말하기 좋아했지만, (정숙은) '말할 수 있는 것도 매우 어려운 일이다.'라고 말했다."[5] 그러면서 이정의 학문이 일반 사람을 크게 넘어서는 것은 바로 여기에 있다고 여겼다.

見." 又說: "世人喜說'某人只是說得'. 又云: '說得亦大難'", 而以爲二程學遠過衆人在此.

대저 앎이 참되면 지키는 것이 확고해진다. 참되지 않으면서 확고한 것은 어두운 데서 다니는 것일 뿐이고, 꿈에서 이야기하는 것일 뿐이다. 내가 생각할 때, 그가 말하는 개介는 안배 아니면 집착인 듯하다. 그렇다면 어떻게 생각함이 없고 함이 없는 체(體: 본체)를 얻으며, 해가 지고 달이 뜨는 기틀을 잡으며, 양은 따뜻하게 펴 주고 음은 참혹하게 숙살肅殺하는 (사계절의) 변화에 통달하여 신묘한 마음과 오묘한 손길로 저 정미하면서도 광대한 도를 원성圓成할 수가 있겠는가! 【「개석기介石記」】

夫知之眞, 則守之固, 不眞而固, 冥行而已矣, 夢說而已矣. 吾恐其所謂介者, 非安排則執滯, 抑何以得乎無思無爲之體, 執乎日往月來之機, 通乎陽舒陰慘之變化, 神之心而妙之手, 以圓成夫精微廣大之道也哉! 【「介石記」】

|6-5| 내가 어렸을 적 돌아가신 아버지의 관직 생활을 따라 임천臨川에 머물렀을 때 연못

|6-5| 予少從先君宦遊臨川, 沿塘植

---

4 여원명(呂原明): 呂希哲(1039-1116). 壽州 사람으로 原明은 자이고, 滎陽先生으로 일컬었다. 呂公著의 아들이다.

❶ 取: 『伊洛淵源錄』에 근거하여 '笑'로 고쳤다.

5 옛날에 여원명(呂原明)은 … 라고 말했다: 『伊洛淵源錄』 권7, 呂侍講(呂希哲, 字原明), 「家傳略」. "然公取人, 先論知見, 次乃考其所爲. 嘗言'正叔先生自小說話過人, 嘗笑人專取有行, 不論知見者'; 又說'世人喜說某人只是說得, 正叔言只說得好話亦大難, 好話亦豈易說也?' 公以爲二程遠過衆人者, 學皆類此."

가에 심어진 버드나무가 아침 안개나 저녁 비 사이에서 흔들리고 나부끼는 모습이 천태만상이었는데 세어 보니 열 그루쯤 되었고, 연못의 작은 파도, 큰 물결이 바람의 세기에 따라 변화하였는데 헤아려 보니 열 길쯤 되었다. 꾀꼬리와 제비가 노래하며 지저귀고, 물고기와 새우가 물에 잠수했다가 뛰어오르며, 구름과 노을이 나타났다가 없어지곤 하였는데, 이러한 모습을 일일이 다 형용할 수 없었다. 경치가 나의 마음과 들어맞았지만 멍하니 그 즐거움의 이유를 알지 못했다.

柳, 偃仰披拂於朝烟暮雨之間, 千態萬狀, 可數十本. 塘之水微波巨浪, 隨風力強弱而變化, 可數十丈. 鶯燕之歌吟, 魚蝦之潛躍, 雲霞之出沒, 不可具狀. 則境與心得, 既塊然莫知其樂之所以.

조금 자라서 옛사람이 지은 시의 "버드나무 연못에 봄물이 찰랑거린다."[6]와 "버드나무에 부는 바람은 얼굴로 불어온다."[7]는 구절을 읊어 보니, 내 마음이 시구와 들어맞았지만 막연히 오묘함이 깃든 곳을 알지 못했다.

稍長, 讀昔人"柳塘春水漫"及"楊柳風來面上吹"之句, 則心與句得, 又茫然不知其妙之所寓.

요사이 요양하던 중에 오로지 정좌하는 일에 오랫동안 집중하였더니 리理가 마음과 회통하여 경치를 눈으로 볼 필요도 없었고, 정情이 신神과 융합하여 시를 입으로 읊조릴 필요도 없었다. 이른바 지극한 즐거움과 지극한 오묘

近歲養痾之餘, 專靜久之, 理與心會, 不必境之在目; 情與神融, 不必詩之出口. 所謂至樂與至

6 버드나무 연못에 봄물이 찰랑거린다: 唐나라 嚴維의 「酬劉員外見寄」에 "버드나무 연못에 봄물은 찰랑거리고, 꽃동산에 저녁 볕은 더디네.[柳塘春水漫, 花塢夕陽遲.]"라고 하였다.

7 버드나무에 부는 … 얼굴로 불어온다: 宋나라 邵雍의 「首尾吟」에 "오동나무에 뜬 달은 가슴속을 비추고 버드나무에 부는 바람은 얼굴로 불어온다[梧桐月向懷中照, 楊柳風來面上吹]."라고 하였다. 『擊壤集』 권20.

함이란 것을 모두 밖에서 구하지 않아도 얻었던 것이다. 【「유당기柳塘記」】

妙者, 皆不假外求而得矣. 【「柳塘記」】

|6-6| 자사子思가 말한 "지성(至誠: 지극한 성실함)은 무식(無息: 쉼이 없다)"[8]이라는 것은 곧 "가는 것이 이 물과 같구나. 밤낮을 그치지 않는다."[9]의 뜻으로, (마음의) 전체(全體: 완전한 본체)가 있는 그대로 드러나고 묘용(妙用: 오묘한 작용)이 뚜렷하게 운행하는 것입니다. 오직 공자라야 이에 해당할 수 있습니다. 공부하는 사람이라면 "하루 종일 힘써야 합니다."[10] "마음은 머무는 바가 없다[心無所住]."[11]는 것도 본체本體를 가리킵니다. 비유컨대, 대강(大江: 長江)이 동쪽으로 흘러가면 그 세찬 물결을 막을 것이 없으나, 자그만 냇물은 멈추곤 합니다. 멈추면 바로 죽은 물이어서 냄새가 나고 썩습니다. 지금 그 본체는 사람마다 다 갖추고 있으며, 성인이라고 풍부하거나 어리석은 사람이라고 적지 않습니다. 이것이 맹자孟子가 "성선性善을 말"[12]한 까닭입니다. 정자程子는 "성인은 배워서 이를 수 있다."[13]라고 하였습니다. 배우

|6-6| 子思所謂"至誠無息", 即"逝者如斯夫, 不舍晝夜"之意, 全體呈露, 妙用顯行, 惟孔子可以當之. 在學者則當終日乾乾也. 至於"心無所住", 亦指其本體. 譬如大江東下, 沛然莫之能禦, 小小溪流, 便有停止. 纔停止, 便是死水, 便生臭腐矣. 今以其本體人人皆具, 不以聖豐而愚嗇, 此孟子所以道性善, 而程子以爲聖人可學而至也, 學者不

---

8 지성(至誠)은 무식(無息): 『중용』 26장.

9 가는 것이 … 그치지 않는다: 『논어』 「子罕」 16장.

10 하루 종일 힘써야 합니다: 『주역』 「乾」 九三 爻辭.

11 마음은 머무는 바가 없다[心無所住]: 『金剛經』에 "어디에도 머무는 곳 없이 마음을 낸다[應無所住而生其心]."라는 말이 보인다.

12 성선(性善)을 말: 『맹자』 「滕文公上」 1장.

는 사람은 힘써 노력하지 않으면 안 됩니다. 범서(范書)에서 격물格物에 대해 말한 것은 참으로 음양이 한곳에 머물지 않는다는 것이고, 바로 공자가 말한 박문博文[14]과 같은 뜻이니, 일본一本이 아닌 [분수(分殊)의] 선善을 널리 구하여[15] 간략함을 지키는[守約] 발판으로 삼으려 한 것입니다. 그 뜻에는 각각 해당되는 바가 있습니다. 【「건형乾亨에게 답하다」】

可以不勉也. 范書格物, 眞陰陽不住之說, 正孔子博文之意, 欲其博求不一之善, 以爲守約之地也. 其意旨各有攸在. 【「復乾亨」】

|6-7| 사士의 지킴은 의로움과 이익의 털끝만큼의 차이를 변별하는 것에서부터 죽거나 사는 것, 취하거나 버리는 것과 같은 큰일에 이르기까지 실제로 뜻이 정해져 지킴이 확고한 데 달려 있으니, 견(堅: 굳건함)이라는 한 글자를 소홀히 할 수 없습니다. (그러나) 나아가고 물러나는 일의 경우에는 영원한 원칙이 없어 오직 의義에 따라 결정해야 합니다. 만약 출사하지 않겠다는 마음을 굳게 지키며 언제나 그러하겠다고 한다면, 이것은 공자가 말한 "과재(果哉: 세상을 잊어버리는 데 과감하도다)!"[16]라는

|6-7| 士之所守, 義利毫末之辨, 以至死生趨舍之大, 實在志定而守確, 堅之一字不可少也. 至於出處無常, 惟義所在, 若堅守不出之心以爲恒, 斯孔子所謂果哉也. 【「復曹梧丹」】

---

13 성인은 배워서 이를 수 있다: 『程氏文集』 권8, 「顔子所好何學論」.

14 박문(博文): 『논어』 「子罕」 10장. "博我以文, 約我以禮."

15 일본(一本)이 아닌 … 널리 구하여: 『書集傳』 「商書 咸有一德」 8장에 대한 주석. "德者, 善之總稱; 善者, 德之實行; 一者, 其本原統會者也. 德兼衆善, 不主於善, 則無以得一本萬殊之理; 善原於一, 不協于一, 則無以達萬殊一本之妙. 謂之克一者, 能一之謂也, 博而求之於不一之善, 約而會之於至一之理. 此聖學始終條理之序, 與夫子所謂一貫者幾矣." 참고.

것입니다. 【「조오단曹梧丹에게 답하다」】

|6-8| 하늘은 돌고 땅은 움직이니, 지금은 절(浙: 浙江)과 민(閩: 福建)이 천지의 중심입니다. 그렇다면 우리 백월百粵[17]이 추로(鄒魯: 孔孟의 지역)일 것입니다! 이 때문에 별이 임하고 눈이 내리자 천도天道가 빛났으며, 철인哲人이 태어나자 인사人事가 응하였습니다. 이에 공자의 끊어진 학문을 이어서 만세萬世의 도통道統의 전함을 열었으니, 이것이 어찌 사람의 힘으로 할 수 있는 일이겠습니까! 우리 스승 백사白沙 선생이 아마도 그러한 사람일 것입니다.

|6-8| 天旋地轉, 今浙・閩爲天地之中, 然則我百粵其鄒・魯與! 是故星臨雪應, 天道章矣, 哲人降生, 人事應矣, 於焉繼孔子絕學, 以開萬世道統之傳, 此豈人力也哉! 若吾師白沙先生, 蓋其人也.

선생이 도덕道德으로 천하에 드러나자, 천하 사람들이 존모하여 감히 이름이나 자를 부르지 못하고 모두들 "백사선생白沙先生"이라고 칭하였습니다.

先生以道德顯天下, 天下人向慕之, 不敢名字焉, 共稱之曰"白沙先生".

선생은 태어날 때부터 타고난 자질이 남보다 뛰어났습니다. 어려서는 경서經書를 보며 결연히 성현처럼 되는 데[18]에 뜻을 두었으며,

先生生而資稟絕人, 幼覽經書, 慨然有志於思齊, 間讀

---

16 과재(果哉): 『논어』「憲問」42장. "子擊磬於衛. 有荷蕢而過孔氏之門者, 曰, 有心哉! 擊磬乎! 既而曰, 鄙哉! 硜硜乎! 莫己知也, 斯已而已矣. 深則厲, 淺則揭. 子曰, 果哉! 末之難矣." *주희의 주석 "果哉, 歎其果於忘世也. 末, 無也. 聖人心同天地, 視天下猶一家, 中國猶一人, 不能一日忘也. 故聞荷蕢之言, 而歎其果於忘世. 且言人之出處, 若但如此, 則亦無所難矣."

17 백월(百粵): 종족 이름으로, 옛날 浙江, 閩越 지방에 월족이 살았다 하여 '백월'이라 한다. '백'은 여러 개의 작은 나라라는 뜻이다.

간혹 진한秦漢 이후 충신 열사의 여러 전기傳記를 읽다가 그때마다 감격하여 한탄하면서 눈물을 흘리곤 했습니다. 선생이 선善을 추구한 것은 아마도 타고난 성품일 것입니다.

秦·漢以來忠烈諸傳, 輒感激齎咨, 繼之以涕洟, 其向善蓋天性也.

장성해서 강우江右의 오빙군吳聘君 강재(康齋: 吳與弼)에게 가서 배웠는데 고무되어 분발하는 공부가 많았지만, 얻은 것은 없었습니다. (고향으로) 돌아와서는 두문불출하며 홀로 방 하나에서 청소하면서, 매일 그 안에서 정좌靜坐하였는데, 집안사람들도 얼굴을 보는 경우가 드물었습니다. 몇 년 동안 이렇게 하였지만 얻은 것이 없었습니다. 이에 그때까지 익혔던 것을 얼른 버리고, 혹 장대 숲에서 목 놓아 노래를 부르거나 혹 외딴섬에서 혼자 휘파람을 불거나 혹 시냇가나 바닷가에 배를 띄우고 낚시를 하면서, 형해(形骸: 육체)를 잊고 이목(耳目: 감각기능)을 버려두며 심지心智를 없앴는데, 오랫동안 이렇게 한 뒤에 얻은 것이 있었습니다. 이에 스스로 믿으며 스스로 즐거워하였습니다.

壯從江右吳聘君康齋遊, 激勵奮起之功多矣, 未之有得也. 暨歸, 杜門獨掃一室, 日靜坐其中, 雖家人罕見其面. 如是者數年, 未之有得也. 於是迅掃夙習, 或浩歌長林, 或孤嘯絕島, 或弄艇投竿於溪涯海曲, 忘形骸, 捐耳目, 去心智, 久之然後有得焉. 於是自信自樂.

그 도(道)가 정(靜: 마음의 고요한 상태)을 위주로 하여 대체大體를 아는 것은 염락濂洛의 학문입니다. 이러한 방법으로 노력을 기울여 차근차근 20여 년이라는 오랜 시간이 흐르자 (도리

其爲道也, 主靜而見大, 蓋濂·洛之學也. 由斯致力, 遲遲至於二十餘年之久,

18 성현처럼 되는 데: 원문은 "思齊"이다. 『논어』「里仁」17장. "子曰, '見賢思齊焉, 見不賢而內自省也.'"

의) 광대廣大함과 고명高明함이 일상을 벗어나지 않으며, 하나가 참되면 만사가 참되고, 본래 자체로 원성(圓成: 원만하게 완성되어)하여 사람의 힘을 빌리지 않는다는 것을 크게 깨달았습니다.

그 도가 동정動靜과 내외內外, 대소大小와 정조精粗의 구분이 없는 것은 공자(孔子)의 학문입니다. 염락濂洛의 학문은 공자의 학문과 다르지 않습니다. 『중용中庸』에서 "성(誠: 진실)한 것은 하늘의 도道이고, 성誠하고자 하는 것은 사람의 도이다."[19]라고 하였습니다. 진실한 것과 진실하고자 하는 것은 그 이치에 다름이 없지만, 하늘과 사람 사이의 거리는 멉니다. 이로 말미암아 생각함이 없고 작위함이 없는 마음을 펼쳐서 의(意: 사사로운 뜻), 필(必: 반드시 하고자 함), 고(固: 집착함), 아(我: 사사로움)가 없는 작용으로 삼았으니,[20] 행하지 않을지언정 행하면 반드시 얻는 바가 있었고 감(感: 받아들임)하지 않을지언정 받아들이면 반드시 반응하였으며 말하지 않아도 사람들이 믿고 화내지 않아도 위엄이 있었습니다. 그 때문에 병이 위독하여 돌아가실 무렵에는 눈으로 보지 않아도 글을 지을 수 있었고, 마음으로 생각하지 않아도 시

乃大悟廣大高明, 不離乎日用, 一眞萬事眞, 本自圓成, 不假人力.

其爲道也, 無動靜・內外・大小・精粗, 蓋孔子之學也. 濂・洛之學, 非與孔子異也. 『中庸』曰: "誠者天之道也, 誠之者, 人之道也." 誠者誠之, 其理無二, 而天人相去則遠矣. 由是以無思無爲之心, 舒而爲無意・必・固・我之用, 有弗行, 行無弗獲, 有弗感, 感無弗應, 不言而信, 不怒而威, 故病亟垂絶, 不以目而能書, 不以心而能詩, 章雲漢而

19 성(誠)한 것은 … 사람의 도이다: 『중용』 20장.
20 의(意), 필(必) … 작용으로 삼았으니: 『논어』「子罕」 4장.

를 지을 수 있었는데, 글은 은하수처럼 빛났고, 시는 악기金石의 소리와 조화를 이루었습니다. 어찌하여 그렇게 되었던 것일까요? 생각건대 선생의 학문이 성학聖學이고, 그 공효가 너무나도 뛰어났기 때문이니, 그렇게 된 것은 참으로 당연합니다.

어떤 사람은 선생이 세상에 크게 쓰이지 않았던 것이 안타깝다고 하는데, 이는 하늘을 모르는 것입니다. 하늘이 성현을 낼 적에는 본래 사람들의 마음을 구제하라고 명령을 내립니다. 사람들의 마음을 구제하는 것은 성인의 노력이 아니면 해낼 수 없습니다. 성인의 노력은 헤아릴 수 없으니, 곤궁과 영달을 가지고 한정할 수가 있겠습니까? 또 다스림은 삶을 안정시키기 위한 것입니다. 생명이 있는 존재로 태어났더라도 마음이 죽었다면 살아 있지 않은 것과 마찬가지입니다. 저는 여기에서 사람의 마음을 구제하는 노력이 위대하다는 것을 압니다! 맹자孟子가 "우왕禹王과 후직后稷, 안회顔回는 도道가 같다."[21]라고 하고, 한자(韓子: 韓愈)가 "맹자의 공은 우왕보다 아래에 있지 않다."라고 한 것은 이것을 이른 것입니다.

선생은 비록 곤궁한 필부匹夫였지만, (그의) 도덕道德의 기풍은 천하에 울려 퍼져 천하 사람

諧金石. 胡爲其然也? 蓋其學聖學也, 其功效絕倫也, 固宜.

或者以其不大用於世爲可恨者, 是未知天也. 天生聖賢, 固命之以救人心也, 救人心非聖功莫能也. 聖功叵測, 其可以窮達限耶? 且治所以安生也, 生生而心死焉, 若弗生也, 吾於是乎知救人心之功大矣哉! 孟子曰: "禹·稷·顔回同道." 韓子曰: "孟子之功不在禹下." 此之謂也.

先生雖窮爲匹夫, 道德之風響天下, 天

21 우왕(禹王)과 후직(后稷) … 도(道)가 같다: 『맹자』「離婁下」 29장.

들의 마음이 조용히 변화하는 경우가 많았습니다. 초목에 비유하자면, 한번 비가 내리면 싹이 튼다는 점에서는 모두 같은데 초목은 대개 (그 공을) 알지 못합니다. 선생이 세상에 베푼 공이 어찌 홍수를 막고 맹수를 몰아낸 것[22]보다 못하겠습니까! 이와 같은 것은 하늘의 뜻이지 인간의 힘으로 어떻게 할 수 있는 것이 아닙니다.

下人心, 潛移默轉者衆矣. 譬如草木, 一雨而萌芽者皆是, 草木蓋不知也. 其有功於世, 豈下於抑洪水驅猛獸哉! 若此者, 天也, 非人力也.

선생은 휘諱가 헌장獻章이고, 자字는 공보公甫이며, 별호別號는 석재石齋인데, 늙어서는 석옹石翁이라 하였습니다. 우리 백월百粵의 고강古岡 출신입니다. 조상은 신회新會에 거주하였고 선생이 백사白沙로 옮겨와 살기 시작하였습니다. 백사는 마을 이름인데, 세상 사람들이 그 마을 이름을 가지고 선생을 불렀습니다. 그의 세계世系와 출처出處는 문인門人 이승기李承箕가 쓴 묘지명墓誌銘[23]과 담우湛雨[24]가 쓴 행장行狀[25]을 보면 자세합니다. 저 후詡가 하늘이 드러내고 사람이 응한 것 가운데 커다란 것만을 가지고 묘표墓表를 지어서 우리 천하 후세 사람들에게 분명하게 알려 도통道統의 끊어지지 않음과 하

先生諱獻章, 字公甫, 別號石齋, 既老, 曰石翁. 吾粵古岡產也. 祖居新會, 先生始徙居白沙. 白沙者, 村名也, 天下因稱之. 其世系出處, 見門人李承箕銘·湛雨狀者詳矣. 詡特以天人章應之大者表諸墓, 以明告我天下後世, 俾知道統之不絕, 天意之有

22 홍수를 막고 … 몰아낸 것: 『맹자』「滕文公下」9장. "昔者, 禹抑洪水而天下平, 周公兼夷狄驅猛獸而百姓寧, 孔子成春秋而亂臣賊子懼."

23 문인(門人) 이승기(李承箕)가 쓴 묘지명(墓誌銘): 『陳獻章集』 882쪽 참고.

24 담우(湛雨): 湛若水. 雨는 그의 初名이다.

25 담우(湛雨)가 쓴 행장(行狀): 『陳獻章集』 882쪽 참고.

늘의 뜻이 여기에 있음을 알게 한 것은 대개 이상에서 서술한 바와 같습니다. 【「백사선생묘표白沙先生墓表」】

在者, 蓋如此. 【「白沙先生墓表」】

급사 의려 하흠 선생

給事賀醫閭先生欽

|6-9| 하흠(賀欽, 1437-1510)은 자字가 극공克恭이고 별호別號는 의려醫閭이다. 대대로 정해定海 사람인데, 융적(戎籍: 軍籍)으로 요遼의 의주위義州衛에 소속되었다. 어려서 과거 공부를 익히다가, 갑자기 그것을 천하게 여기며, "학문하는 것이 이에 그치겠는가!"라고 하였다. 성화成化 병술(丙戌: 1466년)에 진사進士가 되어 호과급사중戶科給事中에 제수되었다. 극심한 가뭄이 들자 글을 올려 강력히 간언하길, "이런 때에 놀러 다니는 것은 근심을 즐기는 것입니다."라고 하였다. 다시 언관으로서 직무를 다하지 못해 재해를 불러들였다는 이유로 스스로 탄핵하였다. 얼마 후 바로 병을 이유로 사직하고 고향으로 돌아왔다.

백사白沙가 태학太學에 있을 때, 선생은 위기지학爲己之學과 단묵(端默: 靜坐)의 가르침을 듣고는 독실하게 믿으며 의심하지 않고, 따라다

|6-9| 賀欽字克恭, 別號醫閭. 世爲定海人, 以戎籍隸遼之義州衛. 少習擧子業, 輒鄙之曰: "爲學止於是耶!" 登成化丙戌進士第, 授戶科給事中, 因亢旱上章極諫, 謂"此時遊樂, 是爲樂憂." 復以言官曠職召災自劾. 尋即告病歸.

白沙在太學, 先生聞其爲己端默之旨, 篤信不疑, 從而稟

니며 수학受學하여, 마침내 부귀에 초연해졌다. 이 때문에 세상 사람들은 백사가 사람들을 거짓으로 이끌어 서로서로 끌어당기며 벼슬하지 않게 만든다고 비난하였는데, 선생을 증거로 삼았다. 작은 서재를 지어 그곳에서 독서하였는데, 일마다 체험해 봐도 그 요령을 얻지 못하였다. 마음을 가라앉히고 완미하면서 십여 년 동안 두문불출하고 나서야 비로소 깨달았다. "실리實理는 틈이 없이 가득 차 있고, 화기(化機: 변화의 기틀)는 뚜렷하게 운행하고 있으니, 그 무엇도 도체道體가 아닌 것이 없다. 모든 사물이 각각 본연의 실리를 갖추고 있으니, 우리들의 학문은 고원한 데서 구할 필요가 없고, 주경主敬하여 흩어져 버린 마음을 거두어들이고 잊지도 말며 조장하지도 말면서, 이른바 본연本然이라는 것을 따를 뿐이다." 이러한 이유로 이것을 집안과 마을에 적용하여 관혼상제와 입고 먹고 생활하는 것을 반드시 본연의 리理에서 구하며 힘써 실행하였고, 오랫동안 실행하여 순수하게 되고 익숙하게 되자 생각과 행적이 서로 들어맞아 다른 사람에게 신뢰를 받으려고 애쓰지 않아도 사람들이 절로 믿었다.

學, 遂澹然於富貴. 故天下議白沙率人於僞, 牽連而不仕, 則以先生爲證. 構小齋讀書其中, 隨事體驗, 未得其要, 潛心玩味, 杜門不出者十餘年, 乃見"實理充塞無間, 化機顯行, 莫非道體. 事事物物各具本然實理, 吾人之學不必求之高遠, 在主敬以收放心, 勿忘勿助, 循其所謂本然者而已." 故推之家庭里閈間, 冠婚喪祭, 服食起居, 必求本然之理而力行之, 久久純熟, 心跡相應, 不期信於人而人自信.

변방의 장수 가운데 사람을 꾀어내어 죽이고서 진을 쳐 사로잡았다고 속인 자가 있었는데, 선생을 보고는 바로 실토하여 말하길, "차마 속이지 못하겠다."라고 하였다. 성안에서 난을 일으킨 병졸들이 불을 지르고 겁탈하였

有邊將詐誘殺爲陣獲者, 見先生即吐實曰: "不忍欺也." 城中亂卒焚劫, 不入其坊. 先生往諭之,

는데, 선생이 사는 구역에는 들어가지 않았다. 선생이 가서 타이르자 모두 바로 늘어서서 절을 하고는 울면서 말하길, "우리 아버지이십니다."라고 하고는 결국 흩어졌다. 그의 지성至誠이 다른 사람을 감동시키는 것이 이와 같았다. 정덕正德 경오(庚午: 1510년) 12월에 졸卒하였으니, 74세이다.

衆即羅拜而泣曰: "吾父也." 遂解散. 其至誠感人如此. 正德庚午十二月卒, 年七十四.

선생은 백사를 섬김에 그의 초상을 서실에 걸어놓고 나가면서 아뢰고 돌아오면 면대하였다. 백사는 선생이 독실하게 믿고 삼가 지키는 사람이니, 이별한 지 삼십 년이나 되었지만 지키는 바가 옛날과 (조금도) 다르지 않았다고 말했다. 아마도 언 것이 풀리고 얼음이 녹듯 모든 의혹을 해결한 사람이라고는 인정하지 않은 듯하다. 생각건대 선생과 백사의 관계는 아마도 마치 노나라 남자가 유하혜柳下惠를 배우는 것과 같지 않을까?[1]

先生之事白沙, 懸其像於書室, 出告反面. 而白沙謂先生篤信謹守人也, 別三十年, 其守如昨, 似猶未以凍解冰釋許之. 蓋先生之於白沙, 其如魯男子之學柳下惠與?

「언행록」

「言行錄」

|6-10| 문인이 길거리에서 예의에 어긋난 행

|6-10| 門人于衢

1 노나라 남자(男子)가 … 같지 않을까: 이는 『毛詩』「小雅 巷伯」毛傳에 보인다. 魯나라의 한 남자에게 폭우가 쏟아진 날 밤 이웃에 사는 과부가 집이 무너졌다면서 찾아왔다. 남자가 문을 열어 주지 않자 과부가 '어찌 유하혜처럼 하지 못하느냐.'고 다그쳤고, '유하혜는 진실로 가능하지만 나는 진실로 불가능하다. 나는 장차 나의 불가능으로 유하혜의 가능함을 배우려 한다[柳下惠固可, 吾固不可. 吾將以吾不可, 學柳下惠之可].'라고 하였다.

동을 하자 선생이 다음과 같이 말하였다. "학문을 하려면 몸소 실천해야 하며, 몸소 실천하려면 은미한 데서부터 삼가야 한다. 자잘한 예의禮儀도 지키지 못하는데 더 무슨 몸소 실천함을 말하겠는가. (길거리처럼) 드러난 데서도 이와 같다면 은미한 곳에서 (어떻게 할지는 보지 않아도) 알 수 있다."

路失儀, 先生曰: "爲學須躬行, 躬行須謹隱微. 小小禮儀尚守不得, 更說甚躬行, 於顯處尚如此, 則隱微可知矣."

|6-11| 문인 가운데 거상居喪 중에 장인이 돌아가신 사람이 있었다. 어떤 이가 말했다. "예에 삼년상을 지내는 중에는 조문을 가지 않는다고 합니다."[2] 선생이 말했다. "아, 어떻게 그러하겠는가! 삼년복을 입고 가서 곡을 하는 것이 예이다."

[황종희의 안어(按語)] 【삼년복을 바꾸지 않음을 말한 것이다.】

|6-11| 門人有居喪而外父死, 或曰: "禮, 三年之喪不弔." 先生曰: "惡, 是何可已! 服其服而往哭之, 禮也."

【言不易三年之服.】

|6-12| 선과 악은 아무리 작더라도 흑백을 보듯 변별해야 한다.

|6-12| 善惡雖小, 須辨別如睹黑白.

|6-13| 여러 딸들을 가르친 열두 조목은 다음과 같다. ① 찬찬하고 자상하며 공손하고 조심하라. ② 제사를 지낼 때는 엄숙하게 하라.

|6-13| 敎諸女十二條, 曰安詳恭謹, 曰承祭祀以嚴, 曰奉

2 예에 삼년상을 … 않는다고 합니다: 『예기』「雜記下」. "三年之喪, 雖功衰, 不弔, 自諸侯達諸士. 如有服而將往哭之, 則服其服而往."

③ 시부모를 모실 때는 효성스럽게 하라. ④ 남편을 섬길 때는 예禮로써 하라. ⑤ 동서들을 대할 때는 온화하게 하라. ⑥ 자녀를 가르칠 때는 바름으로써 하라. ⑦ 하인들을 대할 때는 은혜롭게 하라. ⑧ 친척을 만날 때는 공경하게 하라. ⑨ 좋은 말은 기쁜 마음으로 들어라. ⑩ 사악함과 거짓은 진실한 마음으로 경계하라. ⑪ 실을 뽑고 천을 짜는 일은 부지런히 하라. ⑫ 재물을 씀에 검소하게 하라.

舅姑以孝, 曰事丈夫以禮, 曰待娣姒以和, 曰教子女以正, 曰撫婢僕以恩, 曰接親戚以敬, 曰聽善言以喜, 曰戒邪妄以誠, 曰務紡織以勤, 曰用財物以儉.

|6-14| 배우려고 온 사람이 인사人事를 배우는 것도 괜찮다고 말하자 선생은 다음과 같이 말했다. "이 말은 옳지 않다. 사람이 배우는 바는 오직 인사人事에 있다. 인사를 버려 두고 다시 무엇을 배우겠는가?"

|6-14| 有來學者, 言學些人事也好. 先生曰: "此言便不是矣. 人之所學, 唯在人事, 舍人事更何所學?"

|6-15| 물었다. "(朱子는) '고요함이 지극해지면 움직인다는 것은 성인의 돌아옴이다.'라고 하였는데 어떻게 보통 사람의 마음에 움직임과 고요함이 없겠습니까?"[3] 말했다. "보통 사람은 비록 고요한 때를 당하더라도 고요할 수 없다."

|6-15| 問: "靜極而動者, 聖人之復, 豈常人之心無有動靜乎?" 曰: "常人雖當靜時亦不能靜."

3 (朱子는) 고요함이 … 고요함이 없겠습니까: 『朱子語類』 권71 64조목. 國秀問, "舊見蔡元思說, 先生說復卦處", 靜極而動, 聖人之復, 惡極而善, 常人之復. "是否?" 曰, "固是. 但常人也有靜極而動底時節, 聖人則不復有惡極而善之復矣."

6-16 이 리理는 없는 곳이 없고 그러하지 않은 때가 없으니, 사람이 사사로운 뜻으로 틈을 내거나 막지 않는다면, 유행流行할 것이다.

6-16 此理無處不有, 無時不然, 人惟無私意間隔之, 則流行矣.

6-17 학문을 하려면 무엇보다도 먼저 지향을 바르게 하여야 한다. 지향이 바른 후에 배움을 말할 수 있다. 만약 지향하는 바가 (이해) 득실에만 있다면, 소인일 뿐이다.

6-17 爲學先要正趨向, 趨向正, 然後可以言學. 若趨向專在得失, 即是小人而已矣.

6-18 정사政事와 학문學問은 원래 하나로 꿰어지는데, 지금 사람들에게는 학문은 학문이고 정사는 정사여서 판연히 둘이다. (그러므로) 학문하는 바가 단지 외워서 말하는 것일 뿐이어서 정사에까지 베풀어진 적이 없으며, 정사의 경우는 사사로운 뜻과 작은 지혜일 뿐이어서 학문에 근본한 적이 없다. 그러므로 정사를 잘 하고자 한다면 반드시 학문에 근본을 두어야 한다.

6-18 政事學問原自一貫, 今人學自學, 政自政, 判而爲二. 所學徒誦說而已, 未嘗施之政事, 政事則私意小智而已, 非本之學問也. 故欲政事之善, 必須本之學問.

6-19 백사께서 나중에 보내온 서간에서 "전날 강학했던 말들은 모두 태워 버려도 된다."라고 하였다. 아마도 스스로 만족스럽지 않은 점이 있었던 것 같다.

6-19 白沙後有書來, 謂其前時講學之言, 可盡焚之, 意有自不滿者.

6-20 성인의 법도는 섬세하고 엄밀하여 거칠거나 경솔하지 않다. 예를 들어 다른 사람이

6-20 ❶ 聖人之法, 細密而不粗率,

현명한지 아닌지에 대해 한번 보고서는 바로 내가 그의 사람됨을 이미 알았다고 말하지 않고, 반드시 자세하게 알아보고 확인하며 찾아보고 살펴본다. 요즘 사람들은 한번 보면 곧장 그의 본모습을 알았다고 말하니, 참으로 세상에서 말하는 가노랑假老郎이다.

如人賢否, 一見之, 便不言我已知其爲人, 必須仔細試驗考察之. 今人一見, 便謂已得其實, 眞俗語所謂假老郎也.

|6-21| 학문함의 핵심은 주정(主靜: 마음의 고요한 상태를 위주로 하는 것)에 있으니, 그렇게 하여 일을 처리하고 공을 세우는 근본으로 삼는다.[4]

|6-21| 爲學之要, 在乎主靜, 以爲應事建功之本.

|6-22| 책을 읽을 때는 대의大義를 구해야지, 자질구레한 주석에 얽매일 필요는 없다.

|6-22| 讀書須求大義, 不必纏繞於瑣碎傳註之間.

|6-23| 교만하거나 나태한 마음이 한번 생기면 즉시 절로 무너진다.

|6-23| 驕惰之心一生, 即自壞矣.

|6-24| 한 세상의 풍속이 있고, 한 지역의 풍속이 있으며, 한 주州와 한 읍邑의 풍속이 있고, 한 고을의 풍속이 있으며, 한 집안의 풍속이

|6-24| 有一世之俗, 有一方之俗, 有一州一邑之俗, 有一

---

❶ 『醫閭集』(四庫全書本)에 따라 6-19와 다른 조목으로 보았다.

4 학문함의 핵심은 … 근본으로 삼는다: 이는 원래 진헌장의 말이다. 『醫閭集』 권2, 「言行錄」. "先生讀白沙先生手書『爲學之方』, 嘆曰, '先生之資質高, 功夫深, 眞豪傑之士, 不爲流俗之所移者!' 又曰, '先生「潛軒賦」言爲學之道在乎主靜, 以爲應事建功之本, 學者宜深味之.'"

있다. 사士가 되어 이것을 바꾸고 싶다면, 당연히 하나의 집안에서부터 시작해야 할 것이다.

鄕之俗, 有一家之俗, 爲士者欲移易之, 固當自一家始.

|6-25| 요즘 사람들은 열심히 힘들여 다잡아 지키는 사람을 보면, "저 사람은 작위적이고 진실하지 않다."라며 비웃는다. 나는 일찍이 "우선은 저렇게 하는 것도 좋다."라고 하였다. 원래 색色을 좋아하는데 (그것을) 다잡아 지키면서 색을 좋아하지 않도록 하고, 원래 술을 좋아하는데 (그것을) 다잡아 지키면서 술을 좋아하지 않도록 한다면, 이것이 바로 바로잡고 고치려는 노력일 것이니 어찌하여 좋지 않겠는가. 만약 감정에 맡겨 함부로 행동하고 색이나 술을 좋아하면서 내 천성이 이와 같다고 말한다면, 이러한 인간을 진실하고 작위적이지 않다고 여겨도 되겠는가?

|6-25| 今人見人有勉強把捉者, 便笑曰: "某人造作, 不誠實." 我嘗曰: "且得肯如此亦好了." 如本好色, 把持不好色, 如本好酒, 把持不飮酒, 此正矯揉之功, 如何不好. 若任情胡行, 只管好色飮酒, 乃曰吾性如此, 此等之人, 以爲誠實不造作, 可乎?

|6-26| 세상의 가르침이 밝지 않아, 천리天理를 말하는 사람은 인사人事에 적용할 줄 모르고 인사를 말하는 사람은 천리에 근본을 둘 줄 모른다. 그래서 전자는 거칠고 얕은 데로 흘러가고 후자는 텅 비어 없는 곳[虛無]으로 들어간다.

|6-26| 世敎不明, 言天理者不知用之人事, 言人事者不知本乎天理, 所以一則流於粗淺, 一則入於虛無.

|6-27| 사사로이 부탁을 해 오는 사람이 있었는데 선생은 바른 이치로 깨우쳐 주었다. 그러한 일이 있고 나서 문인들에게 다음과 같이 말하였다. "그는 사적인 생각을 가지고 나에게 부탁을

|6-27| 有以私囑者, 先生正理喩之. 因謂門人曰: "渠以私意干我, 我卻以正

하였지만, 나는 바른 도리를 가지고 그를 권면하였다. 그는 사람을 끌고 물속으로 들어갔지만, 나는 사람을 구해 물가로 끌어올린 것이다."

道勸之; 渠是拖人下水, 我卻是救人上岸."

|6-28| 세상의 풍습이 선하지 않다면, 뛰어난 사람이 굳건하게 우뚝 서서 세속을 거슬러야 비로소 악을 없애고 선을 행할 수 있다.

|6-28| 世風不善, 豪傑之士, 挺然特立, 與俗違拗, 方能去惡爲善.

|6-29| 고요함은 움직임에 의지하는 바가 없고, 움직임은 고요함에 의지하는 바가 있다. 모든 이치가 다 그러하다. 예를 들어 풀, 나무, 흙, 돌은 고요한 것인데 모두 자급자족하지 움직이는 것들에 의존하지 않는다. 날짐승과 들짐승 같은 것들은 모름지기 풀을 먹고 나무에 집을 짓는다. 그러므로 무릇 고요한 것은 대부분 자급자족하지만 움직이는 것은 대부분 밖에서 찾아 취한다. 이러한 이유로 사람 가운데 욕심이 적은 자는 대부분 편안하고 고요한 데 근본을 두며, 바삐 움직이기를 끊임없이 하는 자는 반드시 대부분 탐을 내면서 구한다.

|6-29| 靜無資於動, 動有資於靜, 凡理皆如此. 如草木土石是靜物, 便皆自足, 不資於動物. 如鳥獸之類, 便須食草栖木矣. 故凡靜者多自給, 而動者多求取. 故人之寡欲者, 多本於安靜; 而躁動營營者, 必多貪求也.

|6-30| 부귀의 관문을 통과하지도 못하는 사람이 무슨 도리를 말하겠는가.

|6-30| 人於富貴之關過不得者, 說甚道理.

|6-31| 오늘날 책을 읽는 사람은 믿지 않기 때문에 조금도 얻는 바가 없다.

|6-31| 今之讀書者, 只是不信, 故一無所得.

|6-32| (程子가) "의로움에 해가 되지 않는 일이라면 세속을 따라도 괜찮다."라고 했는데,[5] 요즘 사람들은 이 말 때문에 많은 일을 망친다.

|6-32| "事之無害於義者, 從俗可也", 今人以此壞了多少事.

|6-33| 천지 사이는 본래 하나의 크고 지극한 중정中正의 도리이지만, 오직 너무 지나치거나 모자라기에 결국 악惡으로 흘러간다. 상장례의 경우 본래 적절한 제도가 있으니, 묵씨墨氏의 박함이나 후세의 사치스러움은 모두 악으로 흘러간 것이다. 그러므로 정자程子는 "무릇 선악을 말하는 경우 모두 선을 먼저하고 악을 나중으로 한다."[6]라고 하였다.

|6-33| 天地間本一大中至正之道, 惟太過不及, 遂流於惡. 如喪葬之禮, 自有中制, 若墨氏之薄, 後世之侈, 皆流於惡者也. 故程子曰: "凡言善惡, 皆先善而後惡."

---

5 의로움에 해가 … 라고 했는데: 『論語集註』 「子罕」 3장 주석에 나온다. "程子曰: '君子處世, 事之無害於義者, 從俗可也; 害於義, 則不可從也.'"

6 무릇 선악을 … 나중으로 한다: 『程氏遺書』 권22上-71. "… 性卽理也. 所謂理, 性是也. 天下之理, 原其所自, 未有不善. 喜怒哀樂未發, 何嘗不善? 發而中節, 則無往而不善. 故凡言善惡, 皆先善而後惡, 言吉凶, 皆先吉而後凶, 言是非, 皆先是而後非. …"

이목 입재 추지 선생

吏目鄒立齋先生智

|6-34| 추지(鄒智, 1466-1491)는 자字가 여우汝愚, 호號가 입재立齋이며 사천四川 합주合州 사람이다.

약관弱冠에 향시鄕試에서 수석을 하였고, 성화成化 정미년(1487년)에 진사시進士試에 합격하여 서길사庶吉士에 뽑혔다. (그해에) 효종孝宗이 등극하고 왕서王恕[1]가 이부상서吏部尙書가 되었다. 선생은 마성麻城의 이문상李文祥,[2] 수주壽州의 탕내湯鼐[3]와 함께 서로의 풍격風格을 인정하였다.

이해 겨울, 별의 이상 현상이 발생하자 선생이 상언上言하기를, "이는 모두 대신大臣들이 직

|6-34| 鄒智字汝愚, 號立齋, 四川合州人.

弱冠領解首, 成化丁未舉進士, 簡庶吉士. 孝宗登極, 王恕爲吏部尚書, 先生與麻城李文祥 · 壽州湯鼐, 以風期相許.

是冬值星變, 先生上言: "是皆大臣不

1 왕서(王恕): 1416-1508. 명나라 三原 사람으로 자는 宗貫, 호는 介菴, 石渠, 시호는 端毅이다. 『명유학안』 권9 「三原學案」 첫머리에 보인다.

2 이문상(李文祥): 字는 天瑞이다. 『명사』 권189, 「열전」77에 보인다.

3 탕내(湯鼐): 1444-?. 字는 用之이다. 『명사』 권180, 「열전」68에 보인다.

분을 다하지 못하고 환관들이 권력을 농단하여 생긴 일입니다. 청컨대 임금께서는 덕을 닦고 현명한 사람들을 등용하여 하늘의 재변災變을 사그라트리십시오."라고 하였지만, (임금은) 비답하지 않았다.

職, 奄宦弄權所致. 請上修德用賢, 以消天變." 不報.

또 이듬해 탕내가 각신閣臣 만안(萬安, 1419-1489)과 유길劉吉, 윤직(尹直, 1431-1511)[4]을 탄핵하였다. 중관(中官: 환관)이 소疏를 일단 보류할 것을 아뢰자, 탕내가 강하게 말하길, "소를 내지 않는다면 장차 중관을 함께 탄핵할 것이다."라고 하니, 중관은 피하여 숨었다.

又明年, 鼐劾閣臣萬安・劉吉・尹直. 中官語以疏且留中, 鼐大言: "疏不出, 將倂劾中官." 中官避匿.

얼마 후 유지有旨로 만안과 윤직이 모두 면직되었다. 선생은 이문상, 탕내와 함께 밤낮으로 노래 부르고 환호하면서, 군자가 나오고 소인이 물러났으니 유길은 비록 남아 있지만 신경쓰지 않아도 된다고 여겼다.

尋有旨, 安・直皆免. 先生與文祥・鼐日夜歌呼, 以爲君子進小人退, 劉吉雖在, 不足忌也.

유길은 몰래 문객 서붕徐鵬과 위장(魏璋, 1443-?)을 시켜 그들을 정탐하게 하였다. 마침 수주壽州의 지주知州 유개劉槩[5]가 탕내에게 편지를 부쳐 오길, "꿈에서 한 노인이 소를 끌고 물에 들어가자 공이 그를 끌어올렸습니다. 소 우牛는 이 나라 임금의 성(姓: 朱)과 비슷하니, 이것은 나라의 운세가 위태롭게 되었다가 그대

吉陰使門客徐鵬・魏璋伺之. 會壽州知州劉槩寓書於鼐, 言: "夢一叟牽牛入水, 公引之而上. 牛近國姓, 此國勢瀕危, 賴公復安之

4 만안(萬安)과 유길(劉吉), 윤직(尹直): 세 사람 모두 『명사』 권168, 「열전」 56에 보인다.

5 유개(劉槩): 『명사』 권180, 「열전」 68에 보인다.

에게 힘입어 다시 안정될 것이라는 조짐입니다."라고 하였다. 탕내가 크게 기뻐하며 서간을 꺼내 손님에게 보였다.

위장이 (이 일을 가지고) 마침내 탕내와 유개 및 선생을 탄핵하자, 함께 조옥詔獄에 내려보내졌다. 선생이 공사(供詞: 진술서)에서 다음과 같이 말하였다. "저희들이 서로 왕래하면서 모여 추위나 더위를 이유로 경연經筵의 강講을 그만두어서는 안 된다고 하기도 하였고, 한두 가지 일을 처리하는 것으로 오후 조회를 적당히 때워서는 안 된다고 하기도 하였으며, 혹은 기강紀綱의 해이에 대해 논하기도 하였고, 혹은 풍속이 들떠 가볍다고 논하기도 하였으며, 민생이 피폐한데 진제(賑濟: 賑恤)할 대책이 없음을 논하기도 하였고, 변경이 텅 비어 있는데 저장해 놓은 물품이 없음을 논하기도 하였습니다." (탄핵을) 논한 사람들은 사사賜死하는 것으로 처분하기를 바랐지만, 형부시랑刑部侍郎 팽소彭韶[6]가 서류를 처리하지 않아 면할 수 있었다. 광동廣東 석성石城의 이목吏目으로 좌천되었다. 관官에 이르자 바로 백사白沙를 좇아 학문을 배웠다. 순덕順德의 영令 오정거吳廷擧[7]가 고루촌古樓村에 정자를 지어 그를 머물게 하였는데 편액扁

兆也." 鼐大喜, 出書示客.

璋遂劾鼐·槩及先生, 俱下詔獄. 先生供詞: "某等往來相會, 或論經筵不宜以寒暑輟講; 或論午朝不宜以一事兩事塞責; 或論紀綱廢弛; 或論風俗浮薄; 或論民生憔悴, 無賑濟之策; 或論邊境空虛, 無儲蓄之具." 議者欲處以死, 刑部侍郎彭韶不判案, 獲免. 謫廣東石城吏目. 至官, 即從白沙問學, 順德令吳廷擧於古樓村建亭居之, 扁曰"謫仙". 其父來覘, 責以不能祿養, 箠之, 泣受.

6 팽소(彭韶): 1430-1495. 莆田 사람으로 자는 鳳儀이다. 『명사』 권183, 「열전」71에 보인다.

7 오정거(吳廷擧): 1465-?. 『명사』 권201, 「열전」89에 보인다.

額을 "적선(謫仙: 귀양 온 신선)"이라고 하였다. 그의 아버지가 보러 와서 관록으로 봉양하지 못한다면서 질책하며 채찍질을 하자 울며 받아들였다.

신해년(1491년) 10월에 졸하였는데, 나이는 26세였다. 오정거가 그의 상을 치러 주었다. 방백方伯 유대하劉大夏[8]가 읍에 이르러도 맞이하지 않았는데, 대하는 그를 훌륭하다고 여겼다.

辛亥十月卒, 年二十六. 廷擧治其喪. 方伯劉大夏至邑不迎, 大夏賢之.

|6-35| 처음에 왕삼원(王三原: 王恕)이 서울에 이르자 선생이 맞이하며 다음과 같이 말하였다. "삼대三代 이후로는 신하가 군주를 뵐 기회를 얻지 못하여 일마다 구차하였습니다. 공께서는 의당 만나 뵙기를 청하여 직접 시정時政의 잘못을 아뢰고, 임금께서 바로잡자고 허락을 하시면 그런 후에 관직을 받으셔야 합니다." 또 탕내에게는 다음과 같이 말하였다. "조종祖宗이 융성하였을 때에는 (조회에서) 어사御史가 백관을 규찰糾察하고서[糾儀] 대면하여 득실을 아뢰었었고, 아뢰면 바로 성지聖旨가 있었습니다. 최근에는 일이 있으면 오직 물러 나와 구신(具申: 보고)할 뿐이니, 이것이 군주와 신하 사이의 정의情誼에 간극이 생겨나게 되는 까닭입니다. 청컨대 옛일을 회복하는 것이 오늘날

|6-35| 初王三原至京, 先生迎謂曰: "三代而下, 人臣不獲見君, 所以事事苟且, 公宜請對, 面陳時政之失, 上許更張, 然後受職." 又謂湯鼐曰: "祖宗盛時, 御史糾儀得面陳得失, 言下取旨. 近年遇事惟退而具本, 此君臣情分所由間隔也. 請修復故事, 今日第一著也." 二公善其言而不能用,

8 유대하(劉大夏): 1436-1516. 『명사』 권182, 「열전」 70에 보인다.

제일 먼저 해야 할 일입니다." 두 분이 선생의 말을 좋게 여겼지만 수용할 수 없었다. 식자識者들은 이 일을 아쉬워했다.

識者憾之.

「백사께 올리는 편지」

「奉白沙書」

| 6-36 | 극수克修가 편지를 보내와, "동명(東溟: 동해)은 몇만 리나 되지만 강문江門은 한 자도 안 된다."라는 시구에 대해 물었습니다.[9] 저는 "도는 비었지만 쓰임은 다함이 없다."[10]라는 뜻으로 답하였습니다. 선생님의 뜻이 과연 그러한지요? 그러하지 않다면 지은 사람은 영郢 땅 사람의 편지를 쓴 것이고 풀이하는 사람은 연燕나라 재상의 해설을 한 격[11]입니다.[12]

서울의 일은 제가 원래 알고 있었습니다만, 선생께서 처하신 바는 진태구陳太丘[13]나 유사사

| 6-36 | 克修書來, 問"東溟幾萬里, 江門未盈尺", 妄以"道沖而用之不盈"之意答之, 未知先生之意果然耶? 不然, 則作者爲郢書, 解者爲燕說矣.

京師事, 智自知之, 但先生所處, 是

---

9 극수(克修)가 편지를 … 대해 물었습니다: 극수는 張吉(1450?-1518)이다. 『명유학안』 권46 「제유학안상」4에 이와 유사한 시구가 나온다. "先生在嶺外, 訪白沙問學, 白沙以詩示之. '滄溟幾萬里, 山泉未盈尺, 到海觀會同, 乾坤誰眼碧?' 先生不契也."

10 도는 비었지만 … 다함이 없다: 『노자』, 4장.

11 지은 사람은 … 한 격: 원래의 의도와는 다른 결과가 일어난 것을 말한다. 옛날 영 땅 사람이 燕나라 재상에게 보내는 편지를 쓸 때 촛불을 잡은 사람에게 "촛불을 들라.[擧燭]"라고 하자, 글씨 쓰는 사람이 '거촉(擧燭)' 두 자를 편지에 써넣었다. 연나라 재상이 이 편지를 받고서 "거촉은 곧 밝음을 숭상하는 뜻이다."라고 해석하였다. 『韓非子』 「外儲說」.

12 극수(克修)가 편지를 … 한 격입니다: 『입재유문』 권4, 「奉石齋先生」.

13 진태구(陳太丘): 太丘 지역의 장을 지낸 東漢의 陳寔(104-187)을 가리킨다. 자는 仲弓이다. 젊어서 현리가 되었는데 黨錮의 화가 일어나자 다들 재난을 피하기에 바빴지만 홀로 투옥을 자청하고 갇혔다.

柳士師[14] 이상의 규모여서 만생소자晩生小子인 저로서는 바탕이 아직 굳건하지 않아 감히 가져다가 선례로 삼을 수 없습니다. 그러하지만 또한 잘 처리하여야 계책이 규각圭角[15]을 드러내는 데까지 이르지 않을 것입니다. 주자가 진동보陳同父에게 답한 편지에서 말하길, "안로자顔魯子[16]가 납갑納甲[17]으로 (저의) 운명을 점쳤는데 바로 진震괘 구사九四 효[18]를 얻었습니다."[19]라고 하였습니다. 선생께서 점친 바가 그와 부합합니까? 만약 이 효라면 그것이 주자에 견주어 무엇에 해당합니까? 가르쳐 주시면 좋겠습니다.[20]

陳太丘・柳士師以上規模, 晩生小子脚根未定, 不敢援以爲例耳. 然亦當善處之, 計不至露圭角也. 朱子答陳同父書云: "顔魯子以納甲推其命, 正得「震」之九四." 先生所推與之合耶? 果若此爻, 其於朱子何所當耶? 幸敎!

「석옹(石翁: 진헌장)의 시를 읽고」

「讀石翁詩」

|6-37| 황왕제백皇王帝伯도 하나의 부들방석[蒲團]인데,

|6-37| 皇王帝伯一蒲團,

---

14 유사사(柳士師): 사사는 옥사를 다스리는 관원으로, 유사사는 춘추 시대 魯의 대부인 柳下惠를 가리킨다.

15 규각(圭角): 圭의 네모진 부분으로, 사람이 모가 남을 이른다.

16 안로자(顔魯子): 이름은 度이고, 노자는 그의 자이다. 호는 如山이다.

17 납갑(納甲): 漢나라 京房과 三國 虞翻이 『역』의 이치를 해설한 법인데, 八卦를 十干, 五行, 五方과 서로 배합하는 것이다.

18 진(震)괘 구사(九四) 효: ䷲. 구사효사는 "九四, 震, 遂泥."이다. 주희는 다음과 같이 풀이하였다. 『주역본의』. "以剛處柔, 不中不正, 陷於二陰之間, 不能自震也. 遂者, 无反之意. 泥, 滯溺也."

19 안로자(顔魯子)가 납갑(納甲)으로 … 효를 얻었습니다: 『주자대전』권36, 「答陳同甫」(1183).

20 서울의 일은 … 주시면 좋겠습니다: 『입재유문』 권4, 「奉石齋先生」.

송화松花가 다 지도록 단에서 내려오지 않는구나.
어찌 강산이 선생을 만드는 것이겠는가?
그저 선생이 강산을 만드는 것이로다.

落盡松花不下壇.
豈是江山制夫子?
祇緣夫子制江山.

|6-38| 천지 사이에 누가 중니仲尼의 권한을 잡겠는가 하면,
감히 기유년(1489)[21]부터 산정刪定하겠다네.
큰 삿갓으로 하늘을 가리고서 소 등에서 편안하다면,
무신년(1488) 이전 것을 살펴봐도 괜찮다네.
【내가 석옹의 시를 기록하였는데, 기유년에 지은 것을 얻었을 뿐이다.】

|6-38| 乾坤誰執仲尼權,
硬敢刪從己酉年.
大笠蔽天牛背穩,
不妨相過戊申前.
【某錄石翁詩, 止得己酉年所作.】

21 기유년(1489): 백사 나이 62세 때이다. 추지는 이해에 석성(石城)의 이목(吏目)으로 좌천되었다.

어사 시주 진무열 선생

御史陳時周先生茂烈

6-39 진무열(陳茂烈, 1459-1516)은 자가 시주時周, 복건성福建省 포전莆田 사람이다. 나이 열여덟이 되자 성현의 학문에 뜻을 두고 이르길, 안연의 극기克己[1]와 증삼의 일성日省[2]이 학문의 법도라 하고, 『성극록省克錄』을 지어 스스로 살폈다.

홍치弘治[3] 병진(1496)에 진사제進士第에 올랐다. 사명使命을 받아 광동廣東에 갔을 때 백사白沙의 문하에서 수업을 받았다. 백사가 학문함은 주정(主靜: 마음의 고요한 상태를 위주로 하는 것)

6-39 陳茂烈字時周, 福之莆田人. 年十八, 即有志聖賢之學, 謂顏之克己, 曾之日省, 學之法也, 作『省克錄』以自考.

登弘治丙辰進士第. 奉使廣東, 受業白沙之門. 白沙語以爲學主靜, 退而與

1 극기(克己): 『논어』「顏淵」1장. "顏淵問仁. 子曰, '克己復禮爲仁. 一日克己復禮, 天下歸仁焉. 爲仁由己, 而由人乎哉?' 顏淵曰, '請問其目.' 子曰, '非禮勿視, 非禮勿聽, 非禮勿言, 非禮勿動.' 顏淵曰, '回雖不敏, 請事斯語矣.'"

2 일성(日省): 『논어』「學而」4장. "曾子曰, '吾日三省吾身. 爲人謀而不忠乎? 與朋友交而不信乎? 傳不習乎?'"

3 홍치(弘治): 명나라 孝宗 때의 연호로 1488년부터 1505년까지 사용되었다.

에 있다고 말해 주자,[4] 물러나 장동소張東所[5]와 논의를 하고 『정사록(靜思錄)』을 지었다.

길안추관吉安推官을 제수받아 고적考績[6]을 하러 회淮를 지나가다, 추운데 솜옷도 천막도 없이 지내다 거의 얼어 죽을 뻔하였다. (길안에) 들어가 감찰어사監察御史가 되었는데, 소박하고 남루한 포복袍服을 입고, 절뚝거리는 암말 한 마리를 타고 다니면서 풍기風氣의 중대함이 자신에게 달려 있다고 여겼는데, 지나는 곳마다 바라보며 두려워하지 않는 사람이 없었다.

어머니가 연로하시다는 이유로 물러나 봉양하였는데, 모친에게 드리는 것 말고는 네모난 침상과 해진 자리만 있었을 뿐 덮을 것 하나 마련하지 않았다. 직접 노동을 하여 밭을 일구고 물을 댔다. 태수太守가 수고로움을 안타깝게 여겨 두 사람을 보내 돕게 하였다. 3일 만에 태수에게 가서 아뢰길, "이는 (저 같은) 시골 사람에게 일만 보태고 식구만 늘리는 것입니다."라고 하고, 돌려보냈다.

날마다 좁은 방에 앉아 신심身心을 체험하면서 터득할 때마다 매번 기록하였는데, "유자儒者에게는 위로 향하는 공부가 있으니, 시문은 그것의 찌꺼기일 뿐이다."라고 하였다.

張東所論難, 作『靜思錄』.

授吉安推官, 考績過淮, 寒無絮幕, 受凍幾殆. 入爲監察御史, 袍服樸陋, 蹩躠一牝馬, 而自係風紀之重, 所過無不目而畏之.

以母老終養, 給母之外, 匡牀敝席, 不辦一帷. 身自操作, 治畦汲水. 太守閔其勞, 遣二力助之. 閱三日, 往白守曰: "是使野人添事而溢口食也." 送之還.

日坐斗室, 體驗身心, 隨得隨錄, 曰: "儒者有向上工夫, 詩文其土苴耳."

---

4 백사가 학문함은 … 말해 주자: 『명유학안』 권6, 「백사학안하」 6-21 참조.
5 장동소(張東所): 張詡이다. 『명유학안』 권6, 「백사학안하」에 나온다.
6 고적(考績): 관리의 성적을 평가하는 인사행정을 말한다.

이부吏部에서는 그가 청빈하다고 해서 진강교유晉江敎諭로 봉록을 주려 했지만 받지 않았다. 다시 월미月米 지급을 아뢰자 (선생이) 상언上言하길, "신의 집안은 원래 가난하고 한미하여 음식이 본래 검소하고 소박하기 때문에 신의 모친은 신의 가난함에 편안해하시고, 신 또한 그 가난(에 대한 걱정)을 떨쳐 낼 수 있게 되었으니, 참으로 다른 사람만큼의 청렴함이나 자기 자신을 다하는 효심이 있는 것이 아닙니다. 옛 사람들이 품팔이를 하고 쌀가마니를 짊어졌던 것은 모두 부모를 봉양하기 위한 것인데, 신의 가난함은 아직 여기에 이르지 않았습니다. 그리고 신의 모친은 신을 기르며 힘들게 고생한 것이 유독 심하여, 신이 비록 심력心力을 다해 노력해도 조금도 갚지 못하였고, 또 (모친의 나이가) 여든여섯이라 남은 날이 많지 않아 신이 스스로 최선을 다하고자 하지만 여전히 미치지 못할 것을 염려하고 있는데, 임금께서 국고를 낭비하게 하시니 마음이 삼가 편치 않습니다."라고 하였다. 주문奏文을 올렸으나 윤허하지 않았다. 모친이 돌아가시고 (선생) 역시 죽었으니, 나이 58세였다.

吏部以其清苦, 祿以晉江敎諭, 不受. 又奏給月米, 上言: "臣家素貧寒, 食本儉薄, 故臣母自安於臣之貧, 而臣亦得以自遣其貧, 非誠有及人之廉, 盡己之孝也. 古人行傭負米, 皆以爲親, 臣之貧尚未至是. 而臣母鞠臣艱苦獨至, 臣雖勉心力, 未酬涓滴, 且八十有六, 來日無多, 臣欲自盡尚恐不及, 上煩官帑, 心竊未安." 奏上, 不允. 母卒亦卒, 年五十八.

|6-40| 백사가 이르길, "시주가 평생에 걸쳐 고생한 것은 나와 같은데 더 심하다. 옛 사람 중에 찾아본다면 서절효徐節孝[7] 같은 사람이니, 참으로 수없이 정련한 금과 같은 효자이다."[8]

|6-40| 白沙謂時周平生履歷之難, 與己同而又過之. 求之古人, 如徐節孝

라고 하였다. 선생이 제생諸生이었을 때, 한홍동韓洪洞[9]이 포莆 지역 출신 인물에 대해 임준林俊[10]에게 묻자, 임준이 "종오從吾입니다."라고 하였다. 종오는 팽소彭韶[11]의 자字이다. 다시 묻자, "시주입니다."라고 하였다. 한홍동이 말했다. "포 출신의 인물을 꼽으라고 했더니 두 번째로 가리키는 것이 일개 서생이구나!" 임준이 말했다. "시주와 이야기를 해보면 고질痼疾이 단번에 없어집니다." 당시에 신망 받던 바가 이와 같았다.

者, 眞百鍊金孝子也. 先生爲諸生時, 韓洪洞問莆人物于林俊, 俊曰: "從吾." 從吾者, 彭韶字也. 又問, 曰: "時周." 洪洞曰: "以莆再指一書生耶!" 俊曰: "與時周語, 沈疴頓去." 其爲時所信如此.

---

7 서절효(徐節孝): 북송의 徐積으로, 절효는 시호이다. 효성이 매우 지극하였다. 세 살 때에 아버지를 여의자, 아버지의 이름에 '石' 자가 있다 하면서 평생 石器를 쓰지 않았고, 길에 돌이 있으면 밟지 않았다. 천거를 받아 수령으로 부임하면서는 모친을 수레에 태워 모시고 갔고, 어머니가 돌아가시자 3년 동안 시묘살이를 하며 눈 내린 밤에도 곡을 하니, 그 정성에 甘露가 내렸다고 전한다. 『宋元學案』 권1 「安定學案」에 나오며 『宋史』에 本傳이 있다.

8 시주가 평생에 … 같은 효자이다: 『陳獻章集』 「與陳進士時周」.

9 한홍동(韓洪洞): 1441-1526. 명나라 때 산서성 洪洞 사람이다. 자는 貫道, 호는 質庵이다. 직언을 잘하였다. 武宗 때 太監 劉瑾(1451-1510)이 권력을 함부로 휘두르자 상소하여 탄핵했는데, 이 일 때문에 유근이 앙심을 품고 그에게 죄를 씌워 벼슬에서 물러나게 했다. 유근이 처단되고 나서 다시 복직되었다. 저서로는 『忠定公集』이 있다.

10 임준(林俊): 1452-1527. 명나라 莆田 사람으로 자는 待用, 호는 見素, 시호는 正肅이다. 벼슬은 刑部尙書에 이르렀다. 저서에는 『西征集』, 『見素文集』 등이 있다. 『明史』 권194에 나온다.

11 팽소(彭韶): 1430-1495. 명나라 莆田 사람으로 자는 鳳儀이다. 시호가 惠安, 이름이 韶이다. 벼슬은 刑部員外郎을 거쳐 刑部尙書에 이르고, 저서에 『政書』, 『彭惠安集』이 있다. 『明史』 권183에 나온다.

장사 집희 임광 선생

長史林緝熙先生光

|6-41| 임광(林光, 1439-1519)은 자가 집희緝熙이고, 동완東莞 사람이다. 성화成化[1] 을유년(1465)에 거인擧人이 되었다. 기축년(1469) 회시會試를 보러 서울에 들어갔다가, 백사를 신악관神樂觀에서 뵈었는데 말하는 것이 (자신의 생각과) 잘 들어맞자, 강문江門으로 따라 돌아와 깊은 산속에 집을 짓고 왕래하며 학문을 묻고 배운 것이 이십 년이었다. 백사가 그에 대해 "본 바가 아주 뛰어나고 매우 완전하다."라고 칭찬하였다. 생각건대 이대애李大厓[2] 외에는 그를 넘어서는 사람이 없었다. 일찍이 말하길, "이른바 도를 아는 것은 자득自得에 달려 있다. 세상의 모든 책을 읽고 세상의 모든 이치를 말하더라도 들어갈 곳을 자득하지 못한다면 결국

|6-41| 林光字緝熙, 東莞人. 成化乙酉舉人. 己丑會試入京, 見白沙於神樂觀, 語大契, 從歸江門, 築室深山, 往來問學者二十年. 白沙稱其"所見甚是超脫, 甚是完全". 蓋自李大厓而外, 無有過之者. 嘗言: "所謂聞道者, 在自得耳. 讀盡天下書, 說盡天下理, 無自得入

---

1 성화(成化): 명나라 憲宗 때의 연호로 1465년부터 1487년까지 사용되었다.
2 이대애(李大厓): 李承箕이다. 『명유학안』 권5, 「백사학안상」에 보인다.

한담閑談일 뿐이다."라고 하였다. 갑진년(1484) 다시 회시를 보러 나가서 을방乙榜에 합격하여 평호교유平湖教諭를 제수받았다. 연주부학교수兗州府學教授와 엄주부학교수嚴州府學教授, 국자박사國子博士, 양부좌장사襄府左長史를 역임하고 치사致仕하였다. 나이 81세에 죽었다.

頭處, 終是閒也." 甲辰復出會試, 中乙榜, 授平湖教諭. 歷兗州·嚴州府學教授, 國子博士, 襄府左長史. 致仕. 年八十一卒.

|6-42| 처음에 선생이 백사를 따라 벼슬을 하고자 하지 않았다. 늘그막에 가난함 때문에 평호교유平湖教諭에 나아갔다. 십 년 뒤 임기가 다 되어 돌아왔는데 모친에게 큰 문제는 없었다. 다시 경사京師에 가 가까운 곳에서 벼슬을 얻어 어머니를 봉양하고자 하였지만, 미처 사정을 다 아뢰지 못하여 결국 연주兗州로 보내졌다. 이에 지역을 바꿔 달라고 주청하였지만 총재冢宰가 허락하지 않았다. 일 년이 채 되지 않아 모친이 돌아가셨다. 백사가 "많지 않은 봉록 때문에 봉양하기에 편하고 어려움이 없는 자리를 찾다가, 다만 말하고 침묵하며 나아가고 물러나며 헤아리고 처리하며 서두르고 늦추는 데 있어서 스스로 합당하게 결정하지 못하여 결국 이와 같은 후회에 이르렀으니, 마음속이 깨끗하지 못하고 호방하지 못하다."[3]라고 하였다. 또 말하길, "정산定山[4]이 가난에 힘

|6-42| 初, 先生依白沙, 不欲仕. 晚以貧就平湖諭. 十年官滿來歸, 母氏無恙. 再如京師, 將求近地養親, 未及陳情, 遂轉兗州. 於是奏請改地, 冢宰不許. 未及一年, 而母氏卒. 白沙責其"因升斗之祿以求便養無難處者, 特於語默進退斟酌早晚之宜不能自決, 遂貽此悔, 胸中不皎潔磊落也". 又言: "定山爲窘所逼, 無如之何,

3 많지 않은 … 호방하지 못하다: 『陳獻章集』「與林郡博」.

들어 어찌할 방법이 없자, 평호平湖에 가서 며칠 동안 살길을 찾아 골몰하였지만 모두 그르치고 말았다."[5]라고 하였다. 그러하다면 (선생의) 평호平湖로의 출사 역시 백사가 허여하지 않은 것인데, 하물며 연주兗州에 가는 것을 허락했겠는가? 선생에 대한 백사의 인정이 너무 과했기 때문에 그에 대한 질책도 매우 절절하였다.

走去平湖, 商量幾日求活, 一齊誤了也." 然則平湖之出, 亦白沙之所不許, 況兗州乎? 其許之也太過, 故其責之也甚切耳.

「백사의 말을 기록하다」

「記白沙語」

|6-43| 선생[白沙]이 처음에 춘양대春陽臺를 짓고 날마다 그 안에서 앉아 있었는데, 노력하는 것이 지나치곤 하여 마음의 병이 생길 지경이었다. 훗날 그 잘못을 알아차리고는 말하길, "계신戒愼과 공구恐懼, 이 말은 치우침을 미처 말하지 않았으니.[6] 후대의 학인들이 일을 줄이지 못한 것은 미세한 차이에서 어긋난 것이네."[7]라고 하였다. 생각건대 그 폐단을 겪어 보

|6-43| 先生初築春陽臺, 日坐其中, 用功或過, 幾致心病. 後悟其非, 且曰: "戒愼與恐懼, 斯言未云偏. 後儒不省事, 差失毫釐間." 蓋驗其弊而發也.

---

4 정산(定山): 莊昶의 호이다. 『명유학안』 권45 「제유학안상」3에 보인다.

5 정산(定山)이 가난에 … 그르치고 말았다: 『陳獻章集』「與張廷實主事(1)」.

6 계신(戒愼)과 공구(恐懼) … 말하지 않았으니: 湛若水, 『白沙子古詩教解』 권상, 「答張內翰廷祥書 括而成詩, 呈胡希仁提學」. "若不先從靜虛中加存養, 更何有於省察? 故戒愼恐懼雖是存養, 而以此爲主, 以此爲本, 非偏於存養也. 『中庸』先戒懼而後愼獨, 先致中而後致和, 朱子謂體立而後用有以行, 周子謂不專一則不能直遂, 不翕聚則不能發散, 皆是此意."

7 계신(戒愼)과 공구(恐懼) … 어긋난 것이네: 『陳獻章集』「答張內翰廷祥書, 括而成詩, 呈胡希仁提學」.

고 말한 것이다.

6-44 일찍이 의론하길, 명도明道가 배움에 대해 논한 말은 정밀하고 긴요한데 예전의 학자들은 그것이 너무 넓어 들어가기 어렵게 한다고 하면서, "누가 원앙보鴛鴦譜를 수놓았는가, 금침金鍼은 다른 사람에게 넘겨주지 않았구나."[8]라고 탄식하였다.

6-44 曾論明道論學數語精要, 前儒謂其太廣難入, 歎曰: "誰家綉出鴛鴦譜, 不把金鍼度與人."

6-45 선생이 사람을 가르칠 때는 처음에 반드시 정좌靜坐를 하여 선善의 단서를 기르도록 하였다. 일찍이 다음과 같이 말하였다. "사람이 배우는 까닭은 도를 알고자 하는 것이니, 서적에서 찾아도 얻지 못한다면 나의 마음에서 구하면 될 것인데, 어찌하여 바깥에 얽매이는가! 이 일은 확실히 알아야 하는 것인데, 만약에 보아내지 못한다면 비록 날마다 학문에 종사하더라도 다른 사람을 위하는 것일 뿐이다. 이 리理를 알아 자기 자신을 위하는 사람이 그것을 믿게 된다면 시문과 같은 말단의 풍습과 저술 등의 길을 모두 막아 끊어 버리고 전

6-45 先生教人, 其初必令靜坐, 以養其善端. 嘗曰: "人所以學者, 欲聞道也, 求之書籍而弗得, 則求之吾心可也, 惡累於外哉! 此事定要覷破, 若覷不破, 雖日從事於學, 亦爲人耳. 斯理識得, 爲己者信之, 詩文末習, 著述等路

---

8 누가 원앙보(鴛鴦譜)를 … 넘겨주지 않았구나: 『陳獻章集』「讀近思錄」. "…大學西銘迤邐攤, 從前只假半年閒. 誰家繡得鴛鴦譜? 不惜金針度世間." *금나라 학자 元好問의 「論詩絶句」에 "원앙새는 수놓아 보여 줄 것이고, 금바늘은 남에게 넘겨주지 마라. 〔鴛鴦繡了從教看 莫把金針度與人〕"라고 하였다. 수놓은 솜씨는 남에게 보이지만 그 방법은 말해 주지 않음으로써 보는 자로 하여금 스스로 터득하도록 한다는 것이다.

부 제거하여 마음속에서 약간의 응어리도 없게 할 것이니, 그러한 후에야 선의 단서도 길러지고 (마음의) 고요함도 가능할 것이다. 늘 한결같이 조장하지도 말고 잊지도 않으면 기상氣象은 날로 아름다워지고 조예造詣는 매일 깊어질 것이니, 이른바 지극히 가까우면서도 신묘하다는 것[9]과 백성들이 날마다 쓰면서도 알지 못하는 것[10]은 여기에서부터 나오는 모습이다."

頭, 一齊塞斷, 一齊掃去, 毋令半點芥蔕於胸中, 然後善端可養, 靜可能也. 始終一境, 勿助勿忘, 氣象將日佳, 造詣將日深, 所謂至近而神, 百姓日用而不知者, 自此迸出面目來也."

9 지극히 가까우면서도 신묘하다는 것: 『陳獻章集』「復張東白內翰」. "…夫道至無而動, 至近而神, 故藏而後發, 形而斯存. …"

10 백성들이 날마다 … 못하는 것: 『주역』「繫辭上」5장. "仁者見之, 謂之仁, 知者見之, 謂之知, 百姓日用而不知, 故君子之道鮮矣."

주동 병상 진용 선생

州同陳秉常先生庸

|6-46| 진용陳庸은 자가 병상秉常이고 남해南海 사람이다. 성화成化 갑오(甲午: 1474) 향시에 합격했다. 백사의 문하에 가서 배웠는데, 백사가 자득(自得: 자신으로부터 터득함)의 학문에 대해 보여 주며 이르길, "내가 아니라고 하면 그대도 아니라고 하고, 내가 그렇다고 하면 그대도 그렇다고 하네. 그렇다고 하는 것과 아니라고 하는 것이 만약 나에게서 말미암는다면, 그대에게 무엇이 있는 것인가."라고 하니, 선생이 깊이 동의하였다. 장동소(張東所: 張詡)가 선생을 통해 백사를 뵈었는데, (선생이 백사에게) 동소는 어떠한지 물었었다. 백사가 말했다. "나는 그대를 알고, 그대는 후(詡: 장동소)를 아네."

|6-46| 陳庸字秉常, 南海人. 擧成化甲午科. 遊白沙之門, 白沙示以自得之學, 謂: "我否子亦否, 我然子亦然, 然否苟由我, 於子何有焉." 先生深契之. 張東所因先生以見白沙, 有問東所何如? 白沙曰: "余知庸, 庸知詡."

나이 50에 형문주동荊門州同으로 관직에 들었다. 부임한 지 5일에 숙이고 굽힐 수 없어서 바로 관직을 내놓고 두문불출하며 성내에 들지

年五十以荊門州同入仕. 蒞任五日, 不能屈曲, 即解官,

않았다. 독학督學 왕홍王弘이 만나고자 하였지만 그럴 수 없었다. 동문同門 사우謝祐가 죽었는데 가난하여 선생이 장사 지내 주었다. (자신의) 병이 위독하였을 때 백사의 상像을 설치하여 분향焚香하고 재배再拜하고서 세상을 떴으니 나이 86세였다.

杜門不入城郭. 督學王弘欲見之, 不可得. 同門謝祐卒而貧, 先生葬之. 病革, 設白沙像, 焚香再拜而逝, 年八十六.

포의 포진 이공수 선생

布衣李抱眞先生孔修

|6-47| 이공수李孔修는 자가 자장子長이고 호는 포진자抱眞子이다. 광주廣州의 고제가高第街에 살면서 저잣거리에서 섞여 지냈는데, 장동소가 그를 알아보고 백사 문하로 데리고 들어갔다. 선생은 일찍이 현에 양식을 실어 나른 적이 있었는데, 현령이 선생의 겉모습과 행동을 남다르게 여겨 성명을 물었지만 대답은 없고 그저 공수拱手하였다. 현령이 질책하며 이르길, "백성이 무어라고 상관上官에게 예를 행한단 말이냐."라고 하였는데, 다시 전과 같이 공수하였다. 현령이 노하여 태형笞刑 다섯 대의 벌을 내렸는데 끝내 말없이 나왔다. 백사의 시에서,

"나귀 등을 밀고 두드리면서 가는데 너는 내가 누구인지 아는가 하네.

어찌 양손을 맞잡고서 그저 장관에게 태형을 받는고."[1]

|6-47| 李孔修字子長, 號抱眞子. 居廣州之高第街, 混迹闤闠, 張東所識之, 引入白沙門下. 先生嘗輸糧於縣, 縣令异其容止, 問姓名不答, 第拱手. 令叱之曰: "何物小民, 乃與上官爲禮." 復拱手如前. 令怒, 笞五下, 竟無言而出. 白沙詩"驢背推敲去, 君知我是誰? 如何叉兩手, 剛被長官笞"所由作也.

라고 한 것은 (이 일을) 말미암아 지은 것이다.

부친이 돌아가시자 서모庶母가 출가하였는데, 선생이 자기 재산을 빼앗았다고 무고하였다. 현령이 신문하자 선생이 붓을 잡고 대답하기를, "어머님의 말씀이 맞습니다."라고 하니, 현령이 의심하였다. (현령이) 천천히 그 실정을 알고는 크게 예로 경대敬待하였다.

父歿, 庶母出嫁, 誣先生奪其產. 縣令鞫之, 先生操筆置對曰: "母言是也." 令疑焉. 徐得其情, 乃大禮敬.

시詩와 글씨는 앞선 사람들을 따르지 않았고 자신의 작풍作風을 만들었다. 백사가 그와 시를 논하고 안목을 갖추었다고 여겼다. 일찍이 시에서,

"달 밝은 바닷가엔 술자리 열리고,
꽃 그림자 드리운 뱃머리에 낚시 도롱이 떨구네."

라고 하였는데, 백사가 "후로 이십 년 동안 자장에게 이런 구절은 없을까 싶다."라고 하였다.

詩字不蹈前人, 自爲戶牖. 白沙與之論詩, 謂其具眼. 嘗有詩曰: "月明海上開樽酒, 花影船頭落釣簑." 白沙曰: "後廿年, 恐子長無此句."

천성이 산수를 좋아하여 바로 도화圖畫에 표현하니, 사람들이 다투어 응수應酬하였다. 평소 거처함에 관녕管寧의 모자를 쓰고 주자朱子의 심의深衣를 입고 밤이 되도록 어기지 않았다. 이십 년 동안 성내에 들어가지 않았는데, 아이들과 부녀자들이 모두 "자장선생"이라 칭하였다. 어쩌다 문을 나서면 먼 곳 가까운 곳 사람들이 빙 둘러 바라보며 기이한 인물로 여

性愛山水, 即見之圖畫, 人爭酬之. 平居, 管寧帽, 朱子深衣, 入夜不違. 二十年不入城, 兒童婦女皆稱曰"子長先生". 間出門, 則遠近圜視, 以爲奇物. 卒,

1 나귀 등을 … 태형을 받는고: 『陳獻章集』「題子長寓舍壁」.

졌다. 세상을 떠났을 때 자식이 없었고, 서초산西樵山에 묻혔다. 서초 사람들은 사社에 제사 지내며 선생을 배향했다. 선생은 성품이 다듬어지지 않아 현명하지 못했던 일이 전해지는데 세상에서는 많이들 거기에 덧붙였다. 어떤 사람이 묻길, "자장은 쓸모없는 사람이라고들 하는데, 그러한가?"라고 하자, 진용陳庸이 말했다. "자장이 정말로 쓸모없다면, 안자顏子도 참으로 어리석다.[2]" 곽도霍韜[3]가 말했다. "백사의 절개를 지키고 세상을 진작시킬 뜻은 오직 자장과 장후, 사우가 잃지 않았다."

無子, 葬於西樵山. 西樵人祭社, 以先生配. 先生性不鑿, 相傳不慧之事, 世多附益之. 或問: "子長廢人, 有諸?" 陳庸曰: "子長誠廢, 則顏子誠愚." 霍韜曰: "白沙抗節振世之志, 惟子長·張詡·謝祐不失."

2 자장이 정말로 … 참으로 어리석다: 『논어』「爲政」 9장 참조. "子曰, '吾與回言終日, 不違如愚, 退而省其私, 亦足以發, 回也不愚.'"

3 곽도(霍韜): 1487-1540. 『명유학안』 권53 「諸儒學案下」에 나온다.

천석 사우 선생

謝天錫先生祐

|6-48| 사우謝祐는 자가 천석天錫으로 남해南海 사람이다. 백사의 제자이다. 규산葵山 아래에 집을 지었는데, 이틀 동안 (하루치) 식사를 하고 버선이 정강이를 덮지 못할 정도로 가난하였지만, 명예와 이익이 달린 일이 조금도 (마음속에) 들어올 수 없었다. 일찍이 감천甘泉에게 부친 시는 다음과 같다.

"태어남은 어디에서 온 것인가? 죽음은 어디로 가는 것인가.

끊임없이 죽고 끊임없이 태어남이 바로 참으로 근본이 되는 곳이로다."

세상은 뜬 후 백사에 부사附祀하였다. 생각건대, 선생의 시는 끝내 선학禪學을 벗어나지 못하였으니 백사와는 약간의 차이가 있다.

|6-48| 謝祐字天錫, 南海人. 白沙弟子. 築室葵山之下, 幷日而食, 襪不掩脛, 名利之事, 纖毫不能入也. 嘗寄甘泉詩云: "生從何處來, 化從處去. 化化與生生, 便是眞元處." 卒後附祀於白沙. 按, 先生之詩, 未免竟是禪學, 與白沙有毫釐之差.

문학 시진 하정구 선생

文學何時振先生廷矩

|6-49| 하정구何廷矩는 자가 시진時振으로, 번우番禺 사람이다. 군학郡學의 학생이었는데, 백사를 스승으로 섬기게 되자 바로 과거 공부를 그만두었다. 학사學使 호영胡榮이 향시는 보라고 만류하였지만 기어코 못했다. 백사의 시에서 말했다.

“좋은 친구 나에게 편지 보내니,
편지 내용 과연 어떠한가?
앞에선 내 걱정 말하고,
아래선 그대 좇는 바 적었네.
봉함 열어 세 번 네 번 읽으니,
역시 괴로움과 어리석음 깨트리기 충분하네.
장부는 만 길 절벽처럼 의연히 서 있으니,
선뜻 아주 작은 얽매임 받아들이겠는가?
시상인(柴桑人: 陶潛)을 보지 못했는가,
밥을 구걸하면서도 즐거울 수 있었다네.
맹가孟軻가 사방으로 다닐 때는

|6-49| 何廷矩字時振，番禺人．爲郡諸生．及師白沙，即棄擧子業． 學使胡榮挽之秋試， 必不可． 白沙詩云:“良友惠我書，書中竟何如? 上言我所憂，下述君所趨． 開緘讀三四， 亦足破煩汚．丈夫立萬仞，肯受尋尺拘? 不見柴桑人，丐食能歡娛． 孟軻走四方， 從者數十車．出處固有間，誰能別賢愚? 鄙夫患得失， 較計於其初．

따르는 무리가 수십 수레였네.
출처에 참으로 차이가 있는데,
누가 현우賢愚를 변별할 수 있겠는가?
비천한 사람은 득실得失을 걱정하니,
그 처음부터 비교하고 계산한다네.
높은 하늘과 깊은 못,
현절懸絕함에 그저 탄식하네!"[1]

高天與深淵, 懸絕徒
嗟吁!"

1 좋은 친구 … 그저 탄식하네: 『陳獻章集』 권4, 「得何時矩書」.

운사 성당 사계방 선생

運使史惺堂先生桂芳

|6-50| 사계방(史桂芳, 1518-1598)은 자가 경실景實이고 호는 성당惺堂으로, 예豫의 번양番陽 사람이다. 가정嘉靖 계축(癸丑: 1553)에 진사進士가 되었다. 벼슬길에 나아가 흡현歙縣의 영(令)이었고, 부름을 받아 남경형부주사南京刑部主事와 진낭중晉郎中이 되었다. 지방관으로 나가서 연평지부延平知府가 되었는데, 상을 당해 돌아왔다. 다시 여녕汝寧에 보임補任되었고, 양절(兩浙: 浙東과 浙西) 염운사鹽運使로 옮겼다가 돌아왔다.

|6-50| 史桂芳字景實, 號惺堂, 豫之番陽人. 嘉靖癸丑進士. 起家歙縣令, 徵爲南京刑部主事, 晉郎中. 出知延平府, 以憂歸. 再補汝寧, 遷兩浙鹽運使以歸.

|6-51| 그보다 먼저, 영표(嶺表: 嶺南) 지역의 등덕창鄧德昌은 백사의 제자였고, 그 학문을 부명응傅明應에게 전수하였다. 선생이 백록동白鹿洞에서 글을 읽고 있었는데, 부명응이 한번 보고는 기특하게 여기며, "그대에게는 호방한 행동거지가 없지만 성인 문하에는 바른 학문이 있어 노력할 만하다네."라고 하고는 손수 옛

|6-51| 先是, 嶺表鄧德昌, 白沙弟子也, 以其學授傅明應. 先生讀書鹿洞, 傅一見奇之曰: "子無第❶豪擧爲, 聖門有正學可勉也." 手書

격언을 써서 독려하니, 선생은 깜짝 놀랐다. 학문을 향한 뜻은 이로부터 시작하였다.

古格言以勗, 先生惺然, 向學之意自此始.

그 후 근계近溪,[1] 천대天臺[2]와 교류하였다. 흡歙에 있으면서는 전동문錢同文[3]과 동료였고, 학자들에게 강론하는 것에 매일 힘썼다. 도성에 6년을 머물렀는데, 당시 논하는 사람들이 해오(解悟: 언어로 이해한 것)를 가지고 서로 높다 하였지만, 선생은 안 바를 실행하는 것만을 취하고는 그쳤고 쉽게 믿지 않았다. (선생의) 학문은 부끄러움을 아는 것을 시작으로 여기고, 개과천선改過遷善을 실질로 삼으며, 스승을 가까이하고 좋은 벗을 사귀는 것을 도움으로 삼았다. 무릇 숨겨진 것을 드러내고 세미한 것에 나아가는 경우에는 사람이 자득하기를 기다려 급급해하지 않았다. 천대가 이르길, "사성당은 고행苦行하면서 수양하고 지키는 사람이다."라고 하였다.

其後交于近溪·天臺. 在歙, 又與錢同文爲寮, 講於學者日力. 留都六載, 時譚者以解悟相高, 先生取行其所知而止, 不輕信也. 其學以知恥爲端, 以改過遷善爲實, 以親師取友爲佽助. 若夫抉隱造微, 則俟人之自得, 不數數然也. 天臺曰: "史惺堂苦行修持人也."

천대가 어사御史로 남기南畿에서 독학(督學: 學事를 살핌)의 일을 맡았는데, 선생이 지나가다가 갑자기 직접 만나 물어보았다. "그대는 무엇을 우선시하는가?" 천대가 말했다. "지금 세

天臺以御史督學南畿, 先生過之, 卒然面質曰: "子將何先?" 天臺曰: "方今

❶ 『明儒言行錄』에는 "第"가 "事"로 되어 있다.

1 근계(近溪): 나여방(羅汝芳). 『명유학안』 권34, 「泰州學案」3에 나온다. 근계는 그의 호이다.

2 천대(天臺): 경정향(耿定向). 『명유학안』 권35, 「泰州學案」4에 나온다. 천대는 그의 호이다.

3 전동문(錢同文): 『명유학안』 권32, 「泰州學案」1에 나온다.

상에서는 이 관직(督學)에 있는 사람이 우등한 학생을 많이 합격시키면[4] 능력이 있다고 말한다." 선생이 성난 소리로, "그대 역시 이런 비루한 말을 할지 몰랐다! 그대는 어떻게 하면 다른 사람의 마음을 바르게 하고, 사습士習을 바로잡아 이 관직을 잘 수행할지 생각하지 않는가?"라고 하고는 옷을 털며 일어났다.

為此官者, 優等多與賢書, 便稱良矣." 先生厲聲曰: "不圖子亦爲此陋語也! 子不思如何正人心·挽士習, 以稱此官耶?" 拂衣而起.

천대에게는 나이가 많은 학생이 있었다. 의당 내쫓아야 하는데 머무르게 하니, 선생이 다음과 같이 말했다. "이는 바로 밑동이 확고하게 서지 못한 것이다! 조정의 공적인 관원인데 그대는 체면도 없는 존재가 된 것인가? 천대가 관할 지방을 순행할 때 모친의 기일忌日을 만났는데 제사에 쓰이는 물품이 지나치게 화려하였다. 선생이 지나가다 이를 보고는 발끈하며 작별 인사를 하고 떠나면서 천대에게 다음과 같이 말했다. "부귀는 과연 사람을 바꿀 수 있구나. 형네 가풍은 소박했는데 (지금은) 집안에서 보이는 바가 확 달라졌다." (선생의) 곧음과 진실함이 이와 같았다. 천대가 또 말했다. "평소 세 가지 도움이 되는 벗을 얻는 것은 모두 좋은 약이다. 호려산胡廬山[5]은 정기산正氣散[6]이

天臺有年家子, 宜黜而留之, 先生曰: "此便是脚根站不定! 朝廷名器, 是爾作面皮物耶?" 天臺行部, 値母諱日, 供張過華, 先生過見之, 勃然辭去, 謂天臺曰: "富貴果能移人, 兄家風素朴, 舍中所見, 居然改觀矣." 其直諒如此. 天臺又曰: "平生得三益友, 皆良藥也. 胡廬山爲正氣散, 羅

4 우등한 학생을 많이 합격시키면: 원문의 賢書는 과거에 합격한 사람의 명부를 뜻한다.

5 호려산(胡廬山): 胡直으로, 廬山은 그의 호이다. 『명유학안』 권22, 「江右王門學案」7에 보인다.

6 정기산(正氣散): 胃氣를 바로잡고 음식이 체한 것을 치료하며 寒瘧, 食瘧, 瘴氣를 치

고, 나근계羅近溪는 월국환越鞠丸[7]이며, 사성당史惺堂은 배독산排毒散[8]이다."

近溪爲越鞠丸, 史惺堂爲排毒散."

|6-52| 선생이 여녕汝寧에서 학생들과 학문을 논할 때, 학생들이 작별 인사를 하면서 가르침을 청하면, 바로 보던 글을 거두고 대답하였는데 많은 말을 끊이지 않고 하다가 말을 마치고 진중하게 이르길, "삼가며 내 말을 허투루 여기지 말게."라고 하였다. 속리屬吏를 격발함에 언사가 강개하였으니, 수평遂平의 영令에게 탐욕스럽다는 소문이 있었는데, (그의 말을) 듣고는 눈물을 흘리며 신속히 행실을 고쳤다. 군에 효녀가 있어 결혼하지 않고 부친을 모셨는데, 선생이 그 집에 몸소 인사하자 민간의 풍속이 그로 인해 일변하였다. (선생이) 연평을 맡은 지 7일 만에 상을 당해 떠났지만 종전의 명목이 없던 비용을 다 뜯어고쳤다. 선생의 경우 입과 귀로만 강론을 하는 사람이 아니었다.

|6-52| 先生在汝寧與諸生論學, 諸生或謁歸請益, 即輟案牘對之, 刺刺不休, 談畢珍重, 曰: "愼無弁髦吾言也." 激發屬吏, 言辭慷慨, 遂平令故有貪名, 聞之流涕, 翻然改行. 郡有孝女, 不嫁養父, 先生躬拜其廬, 民俗爲之一變. 其守延平, 七日憂去, 而盡革從前無名之費. 若先生者, 不徒講之口耳矣.

료하는 처방이다.

7 월국환(越鞠丸): 여러 가지 원인으로 鬱證이 생겨 가슴이 그득하고 답답하며 소화가 안 되고 명치 밑이 단단하며 신물이 올라오거나 토하는 데 쓴다.

8 배독산(排毒散): 痘瘡이나 手痘의 毒과 癰을 치료하는 처방이다.

명유학안 권7,
하동학안상

明儒學案 卷七,
河東學案上

|7-1| 하동(河東: 薛瑄)[1]의 학문은 지극히 성실하여 허황됨이 없고, 송대 사람들[2]의 법도를 독실하게 지켰으므로 몇 대가 전해진 후에도 그 의론이 펼쳐지면, 묻지 않아도 그것이 하동에서 나왔음을 알 수 있다. 예컨대 양명(陽明: 王守仁) 문하에서 직접 배운 제자들이 이미 왕왕 자기 선생의 학설을 저버린 것도 선생의 말이 너무 고원했기 때문이다. 그러나 하동에 대해서는 아직 성을 깨닫지 못했다는 기롱이 있는데, 이른바 "이 마음 비로소 성性과 천天이 통함을 알게 되었네."[3]라고 한 것은 결코 다른 사

|7-1| 河東之學, 悃愊無華, 恪守宋人矩矱, 故數傳之後, 其議論設施, 不問而可知其出於河東也. 若陽明門下親炙弟子, 已往往背其師說, 亦以其言之過高也. 然河東有未見性之譏, 所謂"此心始覺性天通"者, 定

---

1 하동(河東: 薛瑄): 하동(河東)은 현재 산서성(山西省) 하진현(河津縣)을 가리킨다. 여기서 하동은 설선(薛瑄, 1389-1464)을 가리킨다.

2 송대 사람들: 주돈이(周敦頤, 1017-1073), 장재(張載, 1020-1077), 정호(程顥, 1032-1085), 정이(程頤, 1033- 1107), 주희(朱熹, 1130-1200)를 가리킨다.

3 이 마음 … 알게 되었네: 『敬軒文集』「臨終口號」: "土牀羊褥紙屏風, 睡覺東窓日影紅, 七十六年無一事, 此心惟覺性天通."

람을 속이는 말이 아니라 장황하게 설을 주장하는 데 일삼음이 없음을 알 수 있다.

非欺人語, 可見無事乎張皇耳.

문청 경헌 설선 선생

文淸薛敬軒先生瑄

【7-2】 설선(薛瑄, 1389-1464)의 자字는 덕온德溫이고, 호號는 경헌敬軒으로, 산서山西 하진河津 사람이다. 어머니가 자색 옷을 입은 사람이 들어와 알현하는 꿈을 꾸고 낳았는데, 피부 결이 마치 수정 같아 오장五臟이 모두 보여서 집안사람들이 괴이하게 여겼다. 할아버지가 그의 울음소리를 듣고서 "보통 아이가 아니다."라고 말씀하셨다. 어려서부터 경서經書와 사서史書를 보기만 하면 암송하였다. 아버지 설정(薛貞, 1355-1425)이 형양滎陽의 교유敎諭가 되어서 위순魏純과 범모范某 두 선생이 이학理學에 깊이가 있다고 듣고, 【위순은 자字가 희문希文이고 산동성山東省 고밀현高密縣 사람이다. 범모范某는 고증이 필요하다.】 선생으로 하여금 그들과 함께 공부하게 했고, 염락濂洛[1]의 여러 책을 강습하고는 탄

【7-2】 薛瑄字德溫, 號敬軒, 山西河津人. 母夢紫衣人入謁而生, 膚理如水晶, 五臟皆見, 家人怪之. 祖聞其啼聲, 曰: "非常兒也". 自幼書史過目成誦. 父貞爲滎陽教諭, 聞魏·范二先生深於理學,【魏純, 字希文, 山東高密人. 范, 俟考.】俾先生與之遊處. 講習濂·洛諸書, 歎曰: "此問學正

1 염락(濂洛): 염계(濂溪)의 주돈이(周敦頤), 낙양(洛陽)의 정호(程顥)·정이(程頤)와

식하며 말했다. "이것이 학문學問의 바른 길이다." 이로 인해서 그가 예전에 배웠던 것을 모두 버렸다. 아버지가 언능鄢陵 교유로 옮겨 가자 선생은 언능의 제생諸生으로 편입되었고, 하남성河南省 영락永樂에서 경자(庚子, 1420) 향시에 일등했다. 이듬해(1421) 진사進仕에 급제했다. 선덕(宣德, 1426-1435) 초에 감찰어사監察御史로 제수되었다. 삼양三楊[2]이 그를 만나고자 하여 사람들을 시켜서 찾아오도록 하자 선생이 사양하면서 말했다. "직무가 탄핵을 담당하는 것인데, 어찌 감히 사적으로 공경을 알현하겠습니까?" 삼양이 이에 대해 감탄하며 탄식했다. 호광湖廣의 은장銀場을 감찰하면서 손수 『성리대전』을 기록하고 밤새 잠을 자지 않고 우연히 터득하는 바가 있으면 즉각 수시로 기록하였다. 정통(正統, 1436)으로 연호가 바뀌자, 출사하여 산동제학첨사山東提學僉事가 되었는데, 역행(力行)을 우선하고 문예文藝를 뒤로 하여 사람들이 '설부자(薛夫子: 薛瑄)'라고 칭송했다. 당시 환관 왕진(王振, ?-1449)[3]이 정사를 주도하였

路也." 因盡棄其舊學. 父移教鄢陵, 先生補鄢陵諸生, 中河南永樂庚子鄉試第一. 明年登進士第. 宣德初授監察御史. 三楊欲識其面, 令人要之, 先生辭曰: "職司彈事, 豈敢私謁公卿?" 三楊嗟歎焉. 差監湖廣銀場, 手錄『性理大全』, 通宵不寐, 遇有所得, 即便劄記. 正統改元, 出爲山東提學僉事, 先力行而後文藝, 人稱爲"薛夫子". 時中官王振用事, 問三楊: "吾鄉誰可大用者?" 皆以先生對.

함께 관중(關中)의 장재(張載), 민중(閩中)의 주희(朱熹)까지도 포함되어야 할 것 같다.

2 삼양(三楊): 양사기(楊士奇, 1365-1444), 양영(楊榮, 1371-1440), 양부(楊溥, 1372-1446)를 가리킨다.

3 왕진(王振): 환관으로 울주[蔚州, 지금 하북성(河北省) 울현(蔚縣)] 출신이다. 진사 시험에 합격하기 어렵다고 판단하여 스스로 거세하고 환관이 되었다. 입궁 후에 선종[朱瞻基]의 총애를 받았다. 영종[朱祁鎭]이 즉위하자 환관의 조직인 사례감(司禮監)을 장악하고, 도독첨사(都督僉事)가 되어 섭정했다.

는데, 삼양에게 물었다. "우리 고향에 누가 크게 쓸 만한 자인가?" 모두 선생으로 대답하였다. 불러다 대리시소경大理寺少卿을 삼았다. 삼양은 선생이 왕진에게 가서 사례謝禮하기를 바랐지만, 불가능하였다. 또한 이현(李賢, 1409-1467)[4]을 시켜 말을 전하였지만, 선생은 말하기를, "덕원德遠 또한 이런 말을 합니까? 조정에서 벼슬을 받았는데, 개인에게 사은謝恩하는 것은 제가 할 수 없는 바입니다." 얼마 뒤에 동각에서 우연히 왕진을 만났을 때 백관이 모두 무릎을 꿇었으나, 선생은 오래 읍하고서 절하지 않자 왕진은 크게 유감스러워했다.

召爲大理寺少卿. 三楊欲先生詣振謝, 不可. 又令李文達傳語, 先生曰: "德遠亦爲是言乎? 拜爵公朝, 謝恩私室, 某所不能爲也". 已遇振於東閣, 百官皆跪, 先生長揖不拜, 振大恨之.

마침 옥살이하던 남편이 병으로 죽자 첩이 출가하기를 원하였는데, 처가 들어주지 않자 첩이 마침내 남편의 죽음에 처가 개입했다고 말했다. 선생은 그 무고함을 밝혔다. 도어사都御史 왕문(王文, 1393-1457)[5]이 왕진의 뜻을 받들어 설선이 일부러 내보냈다고 탄핵했다. 선생이 조정에서 왕문을 욕보이자, 왕문은 죄수[薛

會有獄夫病死, 妾欲出嫁, 妻弗聽, 妾遂謂夫之死, 妻有力焉. 先生發其誣. 都御史王文承振意, 劾爲故出. 先生廷折文, 文言囚不服訊;

4 이문달(李文達): 이현(李賢)의 시호(諡號)로, 지금 하남성(河南省) 등주시(鄧州市) 출신이다.

5 왕문(王文): 보정부(保定府) 속록(束鹿) 사람으로, 자(字)는 천지(千之)이다. 영종(英宗)이 즉위하자 섬서안찰사(陝西按察使), 대리시경(大理寺卿)을 거쳐 우도어사(右都御史)로 제수되었다. 영종(英宗)이 복벽(復辟)했을 때 언관(言官)이 그와 우겸(于謙)이 외번(外藩)에서 다른 황제를 세우려고 모의했다며 탄핵해 우겸과 함께 시장에서 참수되었다. 뒤에 태보(太保)에 추증되었기 때문에, 『명유학안』에서 태보의 이칭인 궁보(宮保)로 지칭하였다.

瑄]가 신문에 불복한다고 말했다. 옥에 갇혀서 사형이 논의되는데, 선생은 『역경』 읽기를 그치지 않았다. 다시 임금에게 보고하고 장차 사형을 집행하려고 하는데, 왕진의 노복 가운데 산서 사람이 부엌에서 울고 있었다. 왕진이 괴이해서 물어보니, 노복이 말했다. "설선 선생님이 장차 형벌을 받을 것이라고 듣게 되어 울고 있습니다." 왕진이 물었다. "너는 어떻게 설선 선생님을 알고 있는가?" 노복이 "고향 사람입니다."라고 말하고, 평소 삶의 모습을 낱낱이 말했다. 왕진이 망연해져서 곧바로 전지傳旨로 수자리를 살게 하고, 얼마 안 지나 석방되어 집으로 돌아갔다.

繫獄論死, 先生讀『易』不輟. 覆奏將決, 振有老僕者, 山西人也, 泣於竈下, 振怪問之, 曰: "聞薛夫子將刑, 故泣耳". 振問: "若何以知有薛夫子?" 曰: "鄉人也". 具言其平生狀. 振惘然, 立傳旨戍邊, 尋放還家.

경태(景泰, 1450) 초에 남경대리시경南京大理寺卿으로 기용되었다. 소주蘇州와 송강松江의 굶주린 백성들이 곡식을 빌리지 못하자 곡식이 있는 사람의 집을 태워 버렸다. 왕문이 모반謀叛으로 연루되자 선생이 소를 올려서 변론하였다. 왕문이 사람들에게 일러 말했다. "이 노인의 강직함은 예전과 같다." 환관 김영(金英, 1394-1456)이 명을 받들어 출사하며 남경으로 길을 나서자 공경公卿들은 강에서 전별했으나 선생만 참석하지 않았다. 김영이 북경에 이르러 여러 사람에게 말했다. "남경의 좋은 관리는 오직 설선뿐이다."

景泰初, 起南京大理寺卿. 蘇·松饑民貸粟不得, 火有粟者之廬. 王文坐以謀叛, 先生抗疏辯之. 文謂人曰: "此老崛強猶昔". 中官金英奉使, 道出南京, 公卿餞於江上, 先生獨不往. 英至京言於衆曰: "南京好官惟薛卿耳".

임신년(1452) 가을 원래 관직으로 불러서 들어갔다. 영종英宗이 도로 임금이 되자, 예부우

壬申秋, 以原官召入. 英廟復辟, 遷禮

시랑겸한림학사禮部右侍郎兼翰林學士로 옮겨서 내각으로 들어갔다. 우충숙于忠肅[6]과 왕궁보王宮保가 사형에 처해지려고 하자, 선생은 같은 반열의 관료들에게 일러 말했다. "이 일은 사람들이 함께 아는 바이고, 각자 자손이 있다." 석형(石亨, ?-1460)[7]이 분연히 말했다. "일은 이미 정해졌으니, 많은 말을 할 필요가 없다." 임금이 각신을 불러서 의론하게 하자, 선생이 말했다. "폐하께서 다시 보위에 오른 것은 하늘의 뜻입니다. 지금 양기陽氣가 생겨나는데 중형重刑을 집행해서는 안 됩니다." 같은 반열에 있는 관료들이 모두 말이 없었다. 임금이 조서를 내려 한 등급을 감하였다. 선생이 물러나서 탄식하며 말했다. "살인을 공적으로 여기는 짓을 어진 사람은 하지 않는다."

어느 날 임금이 조서를 내려 편전에서 소대를 하는데, 임금의 의관이 정숙하지 못해서 선생이 굳은 채로 서서 들어가지 않으니 임금이 그것을 알아보고 곧장 의관을 정비하자 선생

部右侍郎兼翰林學士, 入內閣. 于忠肅・王宮保就刑, 先生謂同列曰: "此事人所共知, 各有子孫". 石亨奮然曰: "事已定, 不必多言". 上召閣臣入議, 先生言: "陛下復登寶位, 天也. 今三陽發生, 不可用重刑". 同列皆無言, 詔減一等. 先生退而歎曰: "殺人以爲功, 仁者不爲也".

一日, 召對便殿, 上衣冠未肅, 先生凝立不入, 上知之, 即改衣冠, 先生乃入.

6 우충숙(于忠肅): 우겸(于謙, 1398-1457)의 시호이다. 우겸은 항주(杭州) 사람으로, 자는 정익(廷益), 호는 절암(節庵)이다. 관직은 병부상서에 이르렀고, 악비(岳飛), 장황언(張煌言)과 더불어 '서호삼걸'(西湖三傑)로 불렸다.

7 명나라 섬서(陝西) 위남(渭南) 사람이다. 경종(景宗)의 병이 위중해지자 조길상(曹吉祥)과 함께 영종(英宗)을 다시 맞이하여 황제가 되게 했다. 그 공으로 권세가 하늘을 찔러 우겸을 살해하여 양경(兩京)의 대신들을 모두 좇아내었다. 영종이 독자적으로 움직여 감당할 수 없게 되자 조카인 석표(石彪)를 불러들여 병권을 장악하려고 하다가 발각되어 투옥되었고, 얼마 뒤 유사(瘐死)했다.

이 바로 들어왔다. 임금이 석형의 전횡을 싫어했고, 서천전徐天全, 이문달, 허도중許道中이 퇴조退朝하자 경도어사耿都御史에게 일러서 어사로 하여금 그를 탄핵하게 했다. 선생이 제공에게 일러 말했다. "『역경』은 주밀하지 못함을 경계하였고, 『춘추』는 말이 새는 것을 기롱하였으니, 화가 이 일로부터 시작될 것이다." 얼마 되지 않아 제공들이 모두 조옥(詔獄: 죄안의 심문)에 처해졌다. 임금은 선생의 학행과 노성한 인품 때문에, 매우 중시하였다.

어느 날 임금께 아뢸 때 잘못하여 임금을 학생이라고 칭하자 임금의 은혜가 쇠해졌다. 선생은 또한 조길상(曹吉祥, ?-1461)[8]과 석형石亨이 정사를 주도하여 도를 실행할 때가 아님을 알고서 마침내 물러나기를 요청했다. 길을 떠남에 악계방(岳季方: 岳正, 1418-1472)[9]이 가르침을 청하자 선생이 말했다. "영기英氣가 크게 드러남이 가장 일을 해친다." 후에 계방이 패퇴하

上惡石亨專, 徐天全・李文達・許道中退朝, 謂耿都御史, 令御史劾之. 先生謂諸公曰: "『易』戒不密, 『春秋』譏漏言, 禍從此始矣". 未幾諸公皆下詔獄. 上以先生學行老成, 甚重之.

一日, 奏對誤稱學生, 眷注遂衰. 先生亦知曹・石用事, 非行道之時, 遂乞致仕. 臨行, 岳季方請教, 先生曰: "英氣太露, 最害事". 後季方敗, 憶先生之言,

8 명나라 영평부(永平府) 난주(灤州) 출신으로 환관이다. 경태(景泰) 8년(1457) 석형(石亨)과 병사를 이끌고 복위한 영종(英宗)을 맞아 사례감태감(司禮監太監)으로 옮겨 삼대영(三大營)을 총괄했다. 그 권세가 막강하여 당시 조・석(曹・石)으로 병칭되었다. 석형이 파직당하고 하옥되어 죽자 조흠(曹欽)과 함께 병변(兵變)을 일으켰으나 패하고 죽었다.

9 명나라 순천부(順天府) 곽현(漷縣) 출신이다. 정통(正統) 13년(1448) 진사가 되고, 편수(編修)에 임명되었다. 내각에 있은 지 28일 만에 석형(石亨)과 조길상(曹吉祥)에게 모함을 당하여 흠주동지(欽州同知)로 폄적(貶謫)을 당한다. 얼마 뒤 투옥되고 숙주(肅州)로 수(戍)자리를 갔다. 헌종(憲宗) 초에 수찬에 복직되고, 외직으로 나가 홍화지부(興化知府)를 지낸 뒤 곧 사직하고 귀향했다.

게 되자 선생의 말을 떠올리며 말했다. "내가 바로 선생의 죄인이다." 선생이 집에 머문 8년 동안 따르며 배우는 자들이 매우 많았다. 천순天順 8년 갑신년(1464) 6월 15일 별세하였으니, 76세였다. 남긴 시에 "칠십육년이 되는 동안 하나의 일도 없는데, 이 마음 비로소 성과 천이 통함을 알게 되었네."

曰: "正乃先生之罪人也". 居家八年, 從學者甚衆. 天順八年甲申六月十五日卒, 年七十有六. 留詩有"七十六年無一事, 此心始覺性天通".

|7-3| 선생은 복성復性을 종지宗旨로 여기고, 주돈이와 이정을 목표로 삼았으니, 저술한 『독서록』은 대개 『태극도설』, 『서명』, 『정몽』의 뜻을 풀이했지만, 대부분 중복되고 뒤섞여 나왔고 산삭을 거치지 않았으니, 아마도 오직 몸과 마음으로 체험한 것이지 책으로 만들려고 하지 않았던 것 같다. 그가 "이기理氣는 선후先後가 없으니, 기가 없는 리가 없고, 또한 리가 없는 기가 없다."라고 말한 것은 바꿀 수 없다. 또한 "기는 취산이 있으나 리는 취산이 없다. 햇빛과 나는 새로 비유하자면, 리는 햇빛과 같고 기는 나는 새와 같다. 리가 기의 기틀[氣機]을 타고 움직임은 마치 햇빛이 새 등을 타고 나는 것 같다. 새가 날면 햇빛은 비록 그 등에서 떨어지지 않지만, 실제로는 새와 함께 가서 중간에 끊기는 곳이 있은 적이 없다. 이것은 또한 기가 움직이면 리는 그것과 잠시도 떨어지지 않지만, 실제로는 기와 함께 다하여 소멸하는 때가 있은 적이 없음과 같다." 내(황종

|7-3| 先生以復性爲宗, 濂·洛爲鵠, 所著『讀書錄』, 大概爲『太極圖說』·『西銘』·『正蒙』之義疏, 然多重複雜出, 未經刪削, 蓋惟體驗身心, 非欲成書也. 其謂"理氣無先後, 無無氣之理, 亦無無理之氣", 不可易矣. 又言"氣有聚散, 理無聚散. 以日光飛鳥喻之, 理如日光, 氣如飛鳥, 理乘氣機而動, 如日光載鳥背而飛, 鳥飛而日光雖不離其背, 實未嘗與之俱往而有間

희)가 생각하건대, 리는 기의 리이니 기가 없으면 리는 없다. 만약 나는 새가 없어도 햇빛이 있다면, 또한 햇빛이 없어도 나는 새가 있을 수 있어, 비유가 성립될 수 없다. 대개 "대덕돈화(大德敦化: 큰 덕이 교화를 두텁게 하는 것)"로 말하자면, 기가 다함이 없고 리가 다함이 없으니, 리가 모이고 흩어짐이 없을 뿐만 아니라 기 또한 모이고 흩어짐이 없다. "소덕천류(小德川流: 작은 덕이 지류를 이루어 흐르는 것)"[10]로 말하자면, 날로 새로워짐이 그치지 않고, 이미 가 버린 기를 앞으로 오는 기로 여기지 않으며, 또한 이미 가 버린 리를 앞으로 오는 리로 여기지 않으니, 기가 모이고 흩어짐이 있을 뿐 아니라 리 또한 모이고 흩어짐이 있다. 선생이 말했다. "물이 맑으면 조그만 터럭을 보고, 마음이 맑으면 천리를 본다. 비유하자면 리는 물건과 같고, 마음은 거울과 같으니, 거울이 비추면 물건은 형체를 감춤이 없고, 마음이 비추면 리는 자취를 감춤이 없다." 내가 생각건대, 인仁은 인심人心이니 마음이 리를 실현할 수 없는 까닭은 혼매함으로 말미암기 때문이다. 만약 그 맑고 비추는 본체로 돌아간다면 바로 리다. 마음이 맑아야 보인다면 [마음과 리를] 둘로

斷之處, 亦猶氣動, 而理雖未嘗與之暫離, 實未嘗與之俱盡而有滅息之時". 羲竊謂, 理爲氣之理, 無氣則無理, 若無飛鳥而有日光, 亦可無日光而有飛鳥, 不可爲喻. 蓋以大德敦化者言之, 氣無窮盡, 理無窮盡, 不特理無聚散, 氣亦無聚散也. 以小德川流者言之, 日新不已, 不以已往之氣爲方來之氣, 亦不以已往之理爲方來之理, 不特氣有聚散, 理亦有聚散也. 先生謂: "水清則見毫毛, 心清則見天理. 喻理如物, 心如鏡, 鏡明則物無遁形, 心明則

10 대덕돈화(大德敦化)와 소덕천류(小德川流): 『중용』 30장: "萬物竝育而不相害, 道竝行而不相悖, 小德川流, 大德敦化, 此天地之所以爲大也."

만드는 것과 같다. 이것이 선생이 말한 본령이겠지만, 어찌 선생께서 다시 나오셔서 질의해볼 수 있겠는가?

理無蔽迹". 羲竊謂, 仁人心也, 心之所以不得爲理者, 由於昏也. 若反其淸明之體, 即是理矣. 心淸而見, 則猶二之也. 此是先生所言本領, 安得起而質之乎?

|7-4| 최후거(崔後渠: 崔銑)[11]가 말했다. "선생이 대리大理를 돕도록 왕진(王振, ?-1449)이 추천했는데, 당시 만약 사양하고 나가지 않았다면, 맞서다 화를 얻은 것보다 어찌 더 낫지 않았겠는가? 우겸이 사직의 공로가 있으니, 그가 해를 받을 때 선생께서 물론 간쟁하였다. 간쟁할 수 없게 되었을 때 이 일로 조정을 떠났다면, 더욱 빛나고 우뚝하였을 것이다." 정통 4년(1439) 남안지부 임간林竿이 말했다. "근래 제학 설선은 생원 중에 질병으로 파직된 자에게 급여로 받은 쌀을 추징하였습니다. 제가 생각건대, 불행히 질병이 생겨서 파직함은 괜찮습니다. 급여에 이르러서는 쌀이 여러 해에 걸쳐 소비되었는데, 하루아침에 소급하여 독촉하면, 참으로 매우 곤란합니다. 부형父兄은 자제

|7-4| 崔後渠言: "先生之佐大理, 王振引之也, 當時若辭而不往, 豈不愈於抗而得禍與? 于忠肅有社稷之功, 其受害也, 先生固爭之矣, 爭不得, 即以此事而去, 尤爲光明俊偉". 正統四年, 南安知府林竿言: "比者, 提學薛瑄以生員有疾罷斥者, 追所給廩米. 臣以爲不幸有疾, 罷之可也. 至於廩給,

11 최후거(崔後渠): 최선(崔銑, 1478-1541). 자(字)는 자종(子鍾)이고 호(號)는 후거(後渠)이다. 하남(河南) 안양(安陽) 출신으로 홍치 18년(1505) 진사(進士)가 되었다.

子弟의 무병을 보장할 수 없어 이제 배상하여 납부하는 고통을 징계삼을 것이니 누가 공부시키려 하겠습니까?" 임금이 이를 옳게 여겼다. 선생이 출처出處에서 취한 큰 절도를 어찌 후학이 감히 경솔히 의론할 바이겠는가? 그러나 아름다움을 다했지만 선함은 다하지 못하였으니, 이른바 "연連이 빈 틈을 얻었다."[12]는 것이다. 성화(成化, 1465) 초 문청文淸이라는 시호를 받았다. 융경隆慶 5년(1571) 조칙으로 공묘에 종사하고, "선유先儒 설자薛子"라고 칭하였다.

糜費於累歲, 而追索於一朝, 固已難矣. 父兄不能保子弟之無疾, 今懲償納之苦, 孰肯令其就學!" 上是之. 先生出處大節, 豈後學所敢輕議, 而盡美不能盡善, 所云連得間矣. 成化初, 謚文清. 隆慶五年, 詔從祀孔廟, 稱先儒薛子.

『독서록』

『讀書錄』

|7-5| "통체統體가 하나의 태극이다."는 바로 만 가지 분수가 근본을 하나로 하는 것이고, "각기 하나의 태극을 갖추었다."는 곧 한 근본이 만 가지 분수가 되는 것이다. "통체"는 바로 대덕大德의 돈화敦化이고, "각구各具"는 바로 소덕小德의 천류川流이다.

|7-5| "統體一太極", 即萬殊之一本; "各具一太極", 即一本之萬殊. "統體"者, 即大德之敦化; "各具"者, 即小德之川流.

|7-6| 인심에 한순간이라도 태만함이 있다

|7-6| 人心有一

12 연(連)이 빈 틈을 얻었다: 관련 내용은 『맹자』「고자하」에 나온다. 맹자의 처신이 전후로 다른 것에 대하여 의리에 어긋남이 있다고 제자 옥려련(屋廬連)이 확신하면서 한 말이다.

면 천지와 서로 같지 못하게 된다.

息之怠, 便與天地不相似.

7-7 학문을 하는 요체는 동정보다 절실함이 없으니, 동정이 마땅함에 합한 것이 바로 천리이고, 마땅함에 합하지 않은 것이 바로 인욕이다.

7-7 爲學之要, 莫切於動靜, 動靜合宜者, 便是天理, 不合宜者, 便是人欲.

7-8 인심은 한순간이라도 천리에 있지 않으면 인욕에 있는 것이니, 천리와 인욕에 있지 않고 중간에 서 있는 경우는 이제껏 없었다.

7-8 人心, 一息之頃, 不在天理便在人欲, 未有不在天理人欲而中立者也.

7-9 『역전』에서 말했다. "역은 변역이니, 변역하여 도를 따른다."[13] 예컨대 사람이 한 번 움직이고 한 번 그침이 모두 변역이고, 움직이고 그침이 리에 부합한 것이 바로 도이다.

7-9 『易傳』曰: "易, 變易也, 變易以從道也". 如人之一動一靜, 皆變易也, 而動靜之合乎理者, 即道也.

7-10 욕심을 줄이면 몸이 가벼워지는 것을 느끼게 된다.

7-10 少欲覺身輕.

7-11 마음속에 어떤 것도 없다면 그 큼이 호연浩然하여 한량限量이 없다.

7-11 心中無一物, 其大浩然無涯.

7-12 선유先儒가 말했다. "사물에 있으면

7-12 先儒曰:

---

13 역은 변역이니 … 도를 따른다: 『伊川易傳』「序文」: "易, 變易也, 隨時變易以從道也."

리理가 되고, 사물에 처하면 의義가 된다." 예를 들면 군주의 인仁, 신하의 공경恭敬, 부모의 자애慈愛, 자식의 효孝와 같은 것이 모두 사물에 있는 리이다. 이에 처하여서 각각 그 마땅함을 얻는 것이 바로 사물에 처한 의이다.

"在物爲理, 處物爲義". 如君之仁·臣之敬·父之慈·子之孝之類, 皆在物之理也. 於此處各得其宜, 乃處物之義也.

7-13 매일 행한 일에서 반드시 어떤 일이 인仁이 되고, 어떤 일이 의義가 되고, 어떤 일이 예禮가 되고, 어떤 일이 지智가 되는지를 체인體認하기를 아마도 오래하면 도를 봄이 분명하게 될 것이다.

7-13 每日所行之事, 必體認某事爲仁, 某事爲義, 某事爲禮, 某事爲智, 庶幾久則見道分明.

7-14 정사를 하는 데 법률法律을 사표로 삼는다는 것은 또한 명언名言이니, 즉 자신을 규율할 줄 알면 또한 다른 사람을 다스릴 수 있다.

7-14 爲政以法律爲師, 亦名言也, 即知律己, 又可治人.

7-15 20년 동안 하나의 '노怒' 자字를 다스렸는데도, 여전히 갈아서 완전히 없애지 못했으니, 이 때문에 극기克己가 가장 어려움을 알게 되었다.

7-15 二十年治一怒字, 尚未消磨得盡, 以是知克己最難.

7-16 성性은 비단 마음에 갖추어진 것이 성일 뿐 아니라 무릇 이목구비耳目口鼻와 손발이 움직이고 그치는 것의 리理도 모두 성이다. 이목구비와 손발이 움직이고 그치는 것의 리가 성일 뿐 아니라 무릇 천지 만물의 리도 모두 성이다. 그러므로 "천하의 성 바깥에 사물

7-16 性非特具於心者爲是, 凡耳目口鼻手足動靜之理皆是也. 非特耳目口鼻手足動靜之理爲是, 凡天地萬物之

이 없고, 성이 있지 않은 것이 없다."[14]라고 말했다.

理皆是也. 故曰: "天下無性外之物, 而性無不在".

|7-17| 무릇 성현의 책에 실린 것은 모두 도리道理의 이름이고, 천지 만물에 갖춘 바에 이르러서는 모두 도리의 실제이다. 책에서 이른 바 어떤 도 어떤 리는 사람의 어떤 성명姓名 같고, 이 사람의 성명이 있으면 반드시 실제 이 사람이 있는 것이고, 이 도리의 명칭이 있으면 반드시 이 도리의 실제가 있는 것이다. 배우는 사람은 말의 뜻이 드러난 데서 이해해야 한다.

|7-17| 凡聖賢之書所載者, 皆道理之名也, 至於天地萬物所具者, 皆道理之實也. 書之所謂某道某理, 猶人之某名某姓也, 有是人之姓名, 則必實有是人, 有是道理之名, 則必有是道理之實. 學者當會於言意之表.

|7-18| 호남湖南 정주靖州에서 『논어』를 읽으면서 오래 앉아 있다가 살풋 잠이 들었다. 깨고 나니, 신기神氣가 매우 맑아지고 심체心體가 호연히 넓어져 마치 천지와 같이 광대해졌다. 대개 욕심이 줄어들면 기가 안정되고, 마음이 맑아지면 리가 분명해지니, 그 오묘함을 사람들에게 말하기 어렵다.

|7-18| 湖南靖州讀『論語』, 坐久假寐, 既覺, 神氣清甚, 心體浩然, 若天地之廣大. 蓋欲少則氣定, 心清理明, 其妙難以語人.

---

14 천하의 성 … 것이 없다: 『知言』「修身」: "天命不已, 故人生無窮. 具耳目口鼻手足而成身, 合父子君臣夫婦長幼朋友而成世, 非有假於外而强成之也, 是性然矣. 聖人明於大倫, 理於萬物, 暢於四肢, 達於天地, 一以貫之. 性外無物, 物外無性. 是故成己成物, 無可無不可焉."

7-19 형체가 없으면서 리가 있음을 "무극이면서 태극이다."라고 하며, 리가 있으면서 형체가 없음을 일러 "태극은 본래 무극이다."라고 한다. 형체는 비록 없지만 리는 있고, 리는 비록 있지만 형체는 없으니, 이는 순전히 리를 가지고 말했으므로 "유와 무가 하나이다."라고 한다. 노자가 "무는 유를 낳을 수 있다."[15]라고 하니, 무는 리로 말하고, 유는 기로 말한다. 무형의 리로 유형의 기를 낳으니, 유와 무를 끊어서 두 부분으로 나누었으므로 "유와 무는 둘이다."라고 말한다.

7-19 無形而有理, 所謂"無極而太極", 有理而無形, 所謂"太極本無極". 形雖無而理則有, 理雖有而形則無, 此純以理言, 故曰"有無爲一". 老氏謂"無能生有", 則無以理言, 有以氣言, 以無形之理生有形之氣, 截有無爲兩段, 故曰"有無爲二".

7-20 천하에 성 밖에 다른 것이 없고, 성이 있지 않은 것이 없다. 군신君臣, 부자夫子, 부부夫婦, 장유長幼, 붕우朋友는 모두 사물이고, 그 인륜의 리는 바로 성이다. 불씨의 학문에서 "마음을 밝혀 성을 본다."[16]라고 말한 것은 저들이 인륜을 제외한 것이니, 어찌 마음을 밝혀 성을 볼 수 있겠는가? 만약 마음을 밝혀 성을 본다면 반드시 천하에 성 밖에 어떤 것도 없으며 성이 있지 않은 것이 없음을 알아서 결코 인륜

7-20 天下無性外之物, 而性無不在. 君臣父子夫婦長幼朋友皆物也, 而其人倫之理即性也. 佛氏之學曰"明心見性"者, 彼即擧人倫而外之矣, 安在其能明心見性乎? 若果明

15 유생어무(有生於無): 『老子』 40장: "反者, 道之動, 弱者, 道之用, 天下萬物生於有, 有生於無."

16 명심견성(明心見性): 『六祖壇經』 「般若品」: "我本原自性清淨, 若識自心見性, 皆成佛道."

을 제외하지 않을 것이다. 지금 이미 이와 같다면 공적空寂에 치우친 것이고, 심성체용心性體用의 전모를 진정으로 알 수 없음이 분명하다.

心見性, 則必知天下無性外之物, 而性無不在, 必不擧人倫而外之也. 今旣如此, 則偏於空寂, 而不能眞知心性體用之全, 審矣.

|7-21| 진심盡心 공부는 전적으로 지성知性과 지천知天에 달려 있다.[17] 대개 성은 곧 리[性即理]고, 천은 곧 리[天即理]의 소종래이다. 사람이 성을 알고 천을 알 수 있다면, 천하의 리는 밝혀지지 않음이 없고 이 마음의 리는 관통하지 않음이 없다. 만약 성을 알지 못하고 천을 알지 못하면 하나의 리도 통하지 못하고 마음은 막히는 것이 있으니, 또한 어찌 광대하고 무궁한 양을 다하겠는가? 이 때문에 진심 공부는 전적으로 지성과 지천에 달려 있음을 알게 된다.

|7-21| 盡心工夫, 全在知性知天上. 蓋性即理, 而天即理之所從出. 人能知性知天, 則天下之理無不明, 而此心之理無不貫; 苟不知性知天, 則一理不通, 而心即有礙, 又何以極其廣大無窮之量乎? 是以知盡心工夫, 全在知性知天上.

|7-22| 박문博文은 이 리理를 밝히는 것이고, 약례約禮는 이 리를 행하는 것이다.[18]

|7-22| 博文是明此理, 約禮是行此理.

|7-23| 무욕無欲은 도道가 아니지만, 도에 들

|7-23| 無欲非道,

---

17 진심(盡心) 공부는 … 달려 있다: 『孟子』「盡心上」: "孟子曰, 盡其心者, 知其性也, 知其性, 則知天矣."

18 박문약례(博文約禮): 『論語』「子罕」: "夫子循循然善誘人, 博我以文, 約我以禮."

어감은 무욕으로부터 시작한다.

入道自無欲始.

|7-24| 눈을 들어 보면 사물이 존재하고, 사물이 존재하면 도가 (사물에) 있으니, 이른바 형이하形而下와 형이상形而上이 이것이다.

|7-24| 擧目而物存, 物存而道在, 所謂形而下·形而上是也.

|7-25| 성실함이 다른 사람을 감동시킬 수 없다면 마땅히 자신을 책해야 하니, 자신이 다른 사람을 감동시킬 수 없음은 모두 성실함이 지극하지 않기 때문이다.

|7-25| 誠不能動人, 當責諸己, 己不能感人, 皆誠之未至.

|7-26| 태극이라는 하나의 동그라미에는 중간이 비어서 아무것도 없다. 이 이치는 있으나 실제 이 형상은 없기 때문이다.

|7-26| 太極一圈, 中虛無物, 蓋有此理而實無此形也.

|7-27| 항상 침착하고 조용하면 의리義理를 함축해서 일에 대응함에 힘이 있게 된다.

|7-27| 常沉靜, 則含蓄義理, 而應事有力.

|7-28| 말을 줄이고 침묵하는 것이 최고의 묘법妙法이다.

|7-28| 少言沉默最妙.

|7-29| 후덕하고 무거움, 조용하고 안정됨, 너그럽고 여유로움이 덕을 증진하는 토대이다.

|7-29| 厚重·靜定·寬緩, 進德之基.

|7-30| 욕심이 없으면 행하는 것이 자연히 소탈해진다.

|7-30| 無欲則所行自簡.

|7-31| 경건하면 마음이 비워져서 아무것도 없어진다.

|7-31| 敬則中虛無物.

|7-32| 다른 사람이 대처하기 곤란한 부분을 처리하는 경우라면, 결코 목소리와 낯빛을 사납게 하면서 그와 함께 시비是非를 변론하거나 장단長短을 따져서는 안 될 것이다.

|7-32| 處人之難處者, 正不必厲聲色, 與之辯是非, 較短長.

|7-33| 마음이 풀어져서 방만해지면 곧장 (마음을) 수렴해야 하고, 말을 하면 바로 간단히 하고 침묵하기를 생각해야 한다.

|7-33| 纔舒放, 即當收斂, 纔言語, 便思簡默.

|7-34| 일이 이미 지나갔다면 추적하지 않는 것이 가장 묘법이다.

|7-34| 事已往, 不追最妙.

|7-35| 사람이 말하고 행동하고 일을 하는 데 감히 가볍고 경솔하지 않아서 일마다 처리하는 것이 마땅하고 적절하게 할 수 있다면 호연지기浩然之氣가 절로 생겨난다.

|7-35| 人能於言動·事爲之間, 不敢輕忽, 而事事處置合宜, 則浩然之氣自生矣.

|7-36| 비費는 은隱이 유행하는 곳이고, 은은 비가 존재하고 주장하는 곳이다.[19] 본체와 작용은 근원을 하나로 하고, 드러남과 은미함은 틈이 없다. 예컨대, 음양과 오행이 유행하여

|7-36| 費是隱之流行處, 隱是費之存主處, 體用一源, 顯微無間. 如陰陽五

19 비은(費隱): 『中庸』 12장: "君子之道, 費而隱."

만물을 발생시키는 것이 비이고, 죽음과 삶의 기틀이 된 까닭을 볼 수 없는 것이 은이다.

行流行發生萬物, 費也; 而其所以化生之機, 不可見者, 隱也.

|7-37| 경솔함을 바로잡고 나태함을 경계하려면 단지 응당 마음의 뜻과 언행에 힘을 써야 한다.

|7-37| 矯輕警惰, 只當於心志言動上用力.

|7-38| 반드시 구습舊習을 다 없애고 새로운 것을 따라서 생활해야 한다. 장자가 말했다. "옛 견해를 없애 이로써 새로운 생각이 오게 한다."[20] 내가 진주부辰州府에 머물면서 오경쯤 갑자기 자기 덕이 크게 진보하지 못하는 까닭이 바로 구습에 얽매여서 떨쳐 버릴 수 없기 때문에 선을 행해도 선이 순수하지 않고 악을 제거해도 악이 다 없어지지 않았음을 느꼈다. 지금부터 마땅히 한 번에 구습을 갈아 버리고 하나의 말과 하나의 행동이 도에 합하기를 구해야 한다. 그렇지 않으면 사람이 아니다.

|7-38| 須是盡去舊習, 從新做起. 張子曰: "濯去舊見, 以來新意". 余在辰州府, 五更, 忽念己德所以不大進者, 正爲舊習纏繞, 未能掉脫, 故爲善而善未純, 去惡而惡未盡. 自今當一刮舊習, 一言一行求合於道, 否則匪人矣.

|7-39| 만약 마음속에 어떤 것도 없다면 아마도 여유롭고 평온하며 쾌활하고 즐거움을 느끼게 될 것이다.

|7-39| 若胸中無物, 殊覺寬平快樂.

|7-40| 마음이 비워지면 내외가 합일한 기상

|7-40| 心虛有內

---

20 옛 견해를 … 오게 한다: 『張子全書』「學大原下」: "義理有疑, 則濯去舊見, 以來新意, 心中苟有所開, 即便劄記, 不思則還塞之矣, 更須得朋友之助."

을 갖게 된다.

外合一之氣象.

|7-41| 고개를 숙이고 들어 보면 천지가 무궁하니, 이 도가 큼을 알게 되고 사해가 작음을 깨닫게 된다.

|7-41| 俯仰天地無窮, 知斯道之大, 覺四海之小矣.

|7-42| 공부의 요령은 늦게 자고 일찍 일어남, 먹고 마심, 남녀, 의복, 움직임과 고요함, 말과 침묵, 일을 대응함, 사물과 접하는 사이에 있으니, 여기서 일마다 모두 하늘의 법칙에 부합한다면 도는 이를 벗어나지 않을 것이다.

|7-42| 工夫切要, 在夙夜·飮食·男女·衣服·動靜·語默·應事·接物之間, 於此事事皆合天則, 則道不外是矣.

|7-43| 무릇 크고 작고 형체가 있는 것은 모두 이기理氣의 지극히 은미하고 지극히 미묘한 것으로 생겨나고, 이로써 형체를 이루어 드러나는 데 이른다. 장자가 "그 내원은 기미가 간이하고, 그 드러남에 이름은 광대하고 견고하다."[21]라고 말했다.

|7-43| 凡大小有形之物, 皆自理氣至微至妙中生出來, 以至於成形而著. 張子曰: "其來也幾微易簡, 其至也廣大堅固".

|7-44| 하나의 생각이 잘못되면 마음은 방만

|7-44| 一念之差,

21 그 옴에는 … 광대하고 견고하다: 『張子全書』「太和篇第一」: "太和所謂道, 中涵浮沉升降動靜相感之性, 是生絪縕相盪勝負屈伸之始, 其來也幾微易簡, 其究也廣大堅固, 起知於易者乾乎, 效法於簡者坤乎, 散殊而可象爲氣, 淸通而不可象爲神, 不如野馬絪縕, 不足謂之太和, 語道者知此, 謂之知道, 學易者見此, 謂之見易, 不如是, 雖周公才美, 其智不足稱也已."

해진다. 그 잘못을 알기만 하면 마음은 곧장 바르게 된다.

心即放, 纔覺其差, 而心即正.

|7-45| 물이 맑으면 조그만 터럭이 보이고, 마음이 맑으면 천리가 보인다. 【마음이 맑으면 천리이다. 보인다고 말하면, (마음과 천리를) 오히려 두 가지로 여기는 것이 된다. 그러므로 양명선생(陽明先生: 王守仁)은 "마음이 곧 리이다."라고 말했다.】[22]

|7-45| 水清則見毫毛, 心清則見天理. 【心清即是天理, 云見則猶二之也. 故陽明先生曰: "心即理也".】

|7-46| 사람의 본성을 나누어서 말하면 다섯 가지가 있고, 합해서 말하면 하나이다. 하나는 볼 수 없지만, 다섯 가지는 드러난 것으로 인해서 묵묵히 알 수 있다.

|7-46| 人性分而言之有五, 合而言之則一. 一不可見, 而五則因發見者, 可默識也.

|7-47| 반드시 자기와 사물[대상]이 모두 음양의 조화를 따르는 가운데 나옴을 안다면 천지 만물이 한 몸이 됨을 알게 될 것이다.

|7-47| 須知己與物, 皆從陰陽造化中來, 則知天地萬物爲一體矣.

|7-48| 공자가 말한 일一은 바로 통체統體로서 태극이고, 공자가 말한 관貫[23]은 곧 각각이 갖춘 태극이다. 하나를 주장主張하면 기상이 맑고 밝아지고, 둘 셋이 되면 마음이 혼매해진다.

|7-48| 夫子所謂一, 即統體之太極也, 夫子所謂貫, 即各具之太極也. 主一則氣象清明, 二三

22 "마음이 맑으면 … 말했다": 설선의 말에 대한 황종희의 해석으로 추정된다.
23 일이관지(一以貫之): 『論語』「里仁」: "子曰, 參乎! 吾道, 一以貫之, 曾子曰, 唯."

則昏昧矣.

|7-49| 성현의 말을 가지고 한바탕 언설을 늘어놓는 것이 공부하는 사람의 공통적 폐단이다.

|7-49| 將聖賢言語作一場話說, 學者之通患.

|7-50| "뜻이 기를 움직이는 것"은 대부분 리를 위한 것이고, "기가 뜻을 움직이는 것"은 대부분 욕구를 위한 것이다.

|7-50| 志動氣, 多爲理, 氣動志, 多爲欲.

|7-51| 배우면서 마음에 한 사물도 두지 않는 경계에 이르면 터득함이 있을 것이다.

|7-51| 學至於心無一物, 則有得矣.

|7-52| 말을 삼가지 않는 사람은 마음을 보존하지 못한다. 마음이 보존되면 말은 삼가게 된다.

|7-52| 言不謹者, 心不存也, 心存則言謹矣.

|7-53| 나는 앉고 서는 방향과 용기用器를 놓는 일에 조금이라도 바르지 않음이 있으면 즐겁지 않았으니, 반드시 바로잡은 이후에 그쳤다. 의도가 있어 그렇게 하는 것이 아니라 또한 바로 내 본성이 그렇게 하는 것이다.

|7-53| 余於坐立方向·器用安頓之類, 稍有不正, 即不樂, 必正而後已. 非作意爲之, 亦其性然.

|7-54| 말이나 행동, 거동이나 멈춤에 지극히 은미하고 지극히 조잡한 일이라도 모두 마땅히 리에 들어맞아야 하나의 일이라도 구차하게 되지 않는다. 선유(先儒: 程顥)는 "하나의 일이 구차해지면 나머지도 모두 구차하게 된

|7-54| 言動擧止, 至微至粗之事, 皆當合理, 一事不可苟. 先儒謂"一事苟, 其餘皆苟".

다.”[24]라고 말했다.

|7-55| 태극 가운데 어떤 것도 없음을 본다면 성선性善을 알 수 있다. 불선不善이 있는 것은 모두 음양이 뒤섞인 찌꺼기이다.

|7-55| 觀太極中無一物, 則性善可知, 有不善者, 皆陰陽雜揉之渣滓也.

|7-56| 하늘의 기가 땅의 기에 한 번 붙으면 형체를 이루게 된다. 예컨대 눈·서리·비·이슬은 하늘의 기인데, 땅의 기를 얻으면 바로 형체를 이루게 된다.

|7-56| 天之氣一着地之氣即成形, 如雪霜雨露, 天氣也, 得地氣, 即成形矣.

|7-57| 하나를 주장하기만 하면 찌꺼기가 용해되어서 그 큼을 이루 다할 수 없고, 하나를 주장하지 않으면 비루하고 인색함이 곧장 생겨나서 그 작음을 이루 다할 수 없다.

|7-57| 纔敬便渣滓融化, 而不勝其大; 不敬則鄙吝即萌, 不勝其小矣.

|7-58| “머물 데를 안다.”[25]라고 한 의미의 폭이 넓다. 자신에 대해 말하자면, 예컨대 마음은 덕에 머물고, 눈은 밝은 데 머물고, 귀는 밝게 듣는 데 머물고, 손은 공손함에 머물고, 발은 무거운 데 머무는 일이 모두 이것이다. 사물[대상]에 대해 말하자면, 가령 아들이 효에

|7-58| “知止”所包者廣. 就身言之, 如心之止德, 目之止明, 耳之止聰, 手之止恭, 足之止重之類, 皆是; 就物言之,

---

24 하나의 일이 … 구차하게 된다: 이 말은 『二程遺書』「11-55」와 『논어집주』「자로」의 正名章 집주에 나온다.

25 머물 데를 앎: 『大學』: “知止而后有定, 定而后能靜, 靜而后能安, 安而后能慮, 慮而后能得.”

머물고, 아버지가 자애에 머물고, 군주는 인에 머물고, 신하는 공경에 머물고, 형은 우애에 머물고, 동생은 공경에 머무는 일이 모두 이것이다. 대개 "머문다"라는 것은 사물의 당연지칙當然之則에 머문다는 것이니, 즉 지선至善이 있는 곳이다. "머물 데를 안다."라면 "조용한 뒤에 안정되고, 안정된 뒤에 생각하고, 생각한 뒤에 터득한다."라는 순서를 알게 된다. "머물 데를 알" 수 없다면 귀와 눈은 기울일 데가 없고, 손과 발은 둘 곳이 없어서 방향을 잃은 사람이 헤매면서 갈 곳을 알지 못하는 것과 같다. "머물 데를 안다."면 움직이고 조용함이 각각 리에 합당하게 된다.

如子之止孝, 父之止慈, 君之止仁, 臣之止敬, 兄之止友, 弟之止恭之類, 皆是. 蓋"止"者止於事物當然之則, 則即至善之所在, "知止"則"靜""安""慮""得", 相次而見矣. 不能"知止", 則耳目無所加, 手足無所措, 猶迷方之人, 搖搖而莫知所之也. "知止", 則動靜各當乎理.

|7-59| 큰일은 삼가고 작은 일은 삼가지 않는다면 천리는 바로 흠결되고 틈이 생겨 끊김이 있게 된다.

|7-59| 大事謹而小事不謹, 則天理即有欠缺間斷.

|7-60| 정자의 "성즉리(性卽理: 성은 곧 리이다.)"[26] 한마디는 성에 대한 논의에서 천고(千古)의 의문을 확정하기에 충분하다.

|7-60| 程子"性即理也"之一言, 足以定千古論性之疑.

|7-61| 사람들이 측은히 여기며 사랑하는 마

|7-61| 人惻然慈

---

26 성즉리(性卽理): 『遺書』「22上-71」: "又問性如何曰: 性卽理也. 所謂理, 性是也. 天下之理, 原其所自, 未有不善. 喜怒哀樂未發, 何嘗不善? 發而中節, 則無往而不善. 凡言善惡, 皆先善而後惡, 言吉凶, 皆先吉而後凶, 言是非, 皆先是而後非."

음은 바로 천지가 성대히 사물을 낳는 마음이다.

良之心, 即天地藹然生物之心.

|7-62| 다른 사람이 거짓말하는 것을 알면서도 말로 드러내지 않으면 넉넉한 맛이 있다.

|7-62| 覺人詐而不形於言, 有餘味.

|7-63| 마음은 한 번 붙잡으면 여러 사악한 것들이 물러나고 통제를 받지만, 한 번 놓으면 여러 사악한 것들이 함께 일어난다.

|7-63| 心一操而羣邪退聽, 一放而羣邪並興.

|7-64| 몸과 마음을 수렴하기만 하면 바로 "거경"이고, 의리를 찾으며 생각하기만 하면 바로 "궁리"이다. 두 가지는 서로 의지하여서 하나라도 빠뜨릴 수 없다.

|7-64| 纔收斂身心, 便是"居敬", 纔尋思義理, 便是"窮理". 二者交資, 而不可缺一也.

|7-65| 거경에 힘이 생기면 궁리는 더욱 정밀해지고, 궁리에 터득함이 있으면 거경은 더욱 견고해진다.

|7-65| 居敬有力, 則窮理愈精, 窮理有得, 則居敬愈固.

|7-66| 처음 배울 때, "거경"과 "궁리"는 두 가지 일로 보이는데, 배우기를 오래 하면 "거경"할 때 경으로써 이 이치를 보존하고 궁리할 때 경으로써 이 이치를 살핌을 알게 되니, 비록 두 가지 일 같지만, 실상은 하나이다.

|7-66| 初學時見居敬窮理爲二事, 爲學之久, 則見得居敬時敬以存此理, 窮理時敬以察此理, 雖若二事, 而實則一矣.

|7-67| 사람이 경을 유지하지 않으면, 마음

|7-67| 人不持敬,

은 둘 곳이 없다.

則心無頓放處.

|7-68| 사람이 경을 중심으로 삼지 않는다면, 이 마음은 한순간에 치달려서 출입함에 머물 곳을 알지 못한다.

|7-68| 人不主敬, 則此心一息之間, 馳騖出入, 莫知所止也.

|7-69| 사욕을 극복할 수 없는 경우에는 지志가 기氣를 이기지 못한다.

|7-69| 不能克己者, 志不勝氣也.

|7-70| 독서로써 이 마음을 방비하고 점검함은 약을 먹음으로써 이 병을 없애는 것과 같다. 병이 비록 아직 없어지지 않았더라도 평소 약 기운으로 이기면 병은 자연히 사라질 것이고, 마음이 비록 아직 안정되지 않았더라도 평소 책을 읽고 음미함이 깊어지면 마음은 자연히 익숙해질 것이다. 오래되면 쇠약함이 다하고 익숙한 것이 변할 것이다.

|7-70| 讀書以防檢此心, 猶服藥以消磨此病. 病雖未除, 常使藥力勝, 則病自衰; 心雖未定, 常得書味深, 則心自熟. 久則衰者盡, 而熟者化矣.

|7-71| 일을 처리할 때 말로 드러나지 않는 것이 더욱 오묘하다.

|7-71| 處事了不形之於言尤妙.

|7-72| 넓고 크고 텅 비고 밝은 기상은 욕심을 없애면 드러난다.

|7-72| 廣大虛明氣象, 無欲則見之.

|7-73| 사무事務가 어수선한 가운데 당하여서 내 마음에 마땅히 본래 중심으로 삼는 것이

|7-73| 當事務叢雜之中, 吾心當自有

있어야지 저것의 복잡한 것으로 인해서 마음이 옮겨 가거나 바뀌어서는 안 된다.

所主, 不可因彼之擾擾而遷易也.

|7-74| 마음이 세밀하면 도를 알고, 마음이 거칠면 "행하면서도 밝게 알지 못하고, 익히면서도 살피지 못한다."

|7-74| 心細密則見道, 心粗則行不著, 習不察.

|7-75| 학문이 진보하지 않는 것은 구습을 따르기 때문이다.

|7-75| 學不進, 率由於因循.

|7-76| 일마다 방기放棄하지 않고 모두 이치에 부합시키고자 한다면, 쌓음이 오래되어 사업이 광대해질 것이다.

|7-76| 事事不放過, 而皆欲合理, 則積久而業廣矣.

|7-77| 무언無言의 경지를 궁구해야 비로소 여기서 일원一源을 알 것이다.

|7-77| 究竟無言處, 方知是一源.

|7-78| 리理의 명칭을 알지 못하면 리를 알기 어려우니, 반드시 리를 앎이 무명無名에 근본을 둠을 알아야 한다.

|7-78| 不識理名難識理, 須知識理本無名.

|7-79| 배움을 때마다 상황마다 함은 공부를 하는 것이니, 비록 매우 누추하고 매우 비루한 곳이라도 모두 마땅히 삼가고 두려워하는 마음을 보존하여서 소홀히 해서는 안 된다. 예컨대 자러 갈 때 손발을 감히 망령되이 움직여서는 안 되고, 마음속으로 감히 음란한 상상을

|7-79| 爲學時時處處是做工夫處, 雖至陋至鄙處, 皆當存謹畏之心而不可忽, 且如就枕時, 手足不敢妄動, 心不敢亂

해서는 안 된다. 이는 잠잘 때 하는 공부이니, 때문에 어떤 때 어떤 일에 이르러서도 그렇게 하지 않음이 없는 것이다.

想, 這便是睡時做工夫, 以至無時無事不然.

7-80 공부는 몸과 마음에 가깝게 붙여서 하니 잠시도 벗어나고 떨어지면 안 된다.

7-80 工夫緊貼在身心做, 不可斯須外離.

7-81 마음은 한 번 놓아 버리면 정처 없이 멋대로 움직여 귀착할 곳이 없어진다.

7-81 心一放, 即悠悠蕩蕩無所歸著.

7-82 앞 구절을 읽으면 뒤 구절이 없는 것 같이 하고, 이 책을 읽으면 다른 책이 없는 것 같이 해야, 마음이 곧 와닿는 것이 있다.

7-82 讀前句如無後句, 讀此書如無他書, 心乃有入.

7-83 하학下學은 인사人事를 배우는 것이고, 상달上達은 천리天理를 통달하는 것이다. 인사人事는 예컨대 아버지와 아들, 군주와 신하, 남편과 부인, 어른과 아이와 같은 부류이고, 사람의 경우에 천리는 예컨대 인의예지仁義禮智의 성性이고, 자연[天]의 경우에는 예컨대 원형이정元亨利貞의 명命이다. 다만 부합하여 마땅함이 이와 같아야 바로 리理이다.

7-83 下學學人事, 上達達天理也. 人事如父子·君臣·夫婦·長幼之類是也, 天理在人如仁·義·禮·智之性, 在天如元·亨·利·貞之命是也. 只是合當如是, 便是理.

7-84 리는 단지 기 가운데 있는 것이지 결코 선후先後로 나누어서는 안 된다. 예컨대 "태극太極이 동動하여 양陽을 낳다."에서 움직이기[動] 전이 바로 고요함[靜]이고, 고요함[靜]이 곧

7-84 理只在氣中, 決不可分先後, 如太極動而生陽, 動前便是靜, 靜便是

기이니, 어찌 "리가 선先이고 기가 후後이다."라고 말할 수 있겠는가?

氣, 豈可說理先而氣後也.

|7-85| 마음을 한 번 수렴하면 만 가지 이치가 모두 이르는데, 이름은 외부로부터 오는 것이 아니라 대개 항상 여기에 있고 마음이 보존해서 그 오묘함을 알 수 있을 뿐이다. 마음을 한 번 놓아 버리면 만 가지 이치가 모두 잃어버려지는데, 잃어버려짐은 외부로 향해 달아나는 것이 아니라 대개 비록 여기에 있지만 마음이 잃어버려서 그 오묘함을 살필 수 없을 뿐이다.

|7-85| 心一收而萬理咸至, 至非自外來也, 蓋常在是而心存, 有以識其妙耳. 心一放而萬理咸失, 失非向外馳也, 蓋雖在是而心亡, 無以察其妙耳.

|7-86| 주자가 말했다. "모이고 흩어지는 것은 기다. 리는 단지 기에 머물러 있는 것이지, 응결해서 저대로 하나의 물건이 되는 것이 애시당초 아니다. 다만 사람의 본분 상에서 마땅히 그러해야 하는 것이 바로 리이니, 모이고 흩어짐으로 말해서는 안 된다."[27]

|7-86| 朱子曰: "聚散者氣也, 若理只泊在氣上, 初不是凝結自爲一物, 但人分上合當然者便是理, 不可以聚散言也".

|7-87| 리는 이미 형체가 없으니, 어찌 없어질 수 있겠는가?

|7-87| 理既無形, 安得有盡!

---

27 모이고 흩어지는 … 안 된다: 『朱子語類』「3-19」: "夫聚散者, 氣也. 若理, 則只泊在氣上, 初不是凝結爲一物而爲性也. 但人分上所合當者, 便是理. 氣有聚散, 理則不可以聚散言也." 『薛瑄全集』(山西出版本) 第二冊 「讀書錄」 卷四, 179쪽. 표점은 『明儒學案』(修訂本)과 동일.

|7-88| 형체가 있는 것은 "모이고 흩어짐"으로 말해도 되지만, 형체가 없는 것은 "모이고 흩어짐"으로 말해서는 안 된다.

|7-88| 有形者可以聚散言, 無形者不可以聚散言.

|7-89| 절벽에 있는 초목은 텅 비어 있는 가운데로부터 생물이 나옴을 가장 잘 보여 주는 것이니, 텅 비어 있는 가운데는 곧 기로 가득 차 있는 것이다.

|7-89| 石壁上草木, 最可見生物自虛中來, 虛中則實氣是也.

|7-90| 일체 형체가 있는 것은 모두 형체가 없는 리를 드러내고 있으니, 이른바 "지극한 가르침이 아닌 것이 없다."[28]는 것이다.

|7-90| 一切有形之物, 皆呈露出無形之理來, 所謂無非至教也.

|7-91| 사람의 마음에는 모두 온당한 것이 있고 온당하지 않은 것이 있다. 온당한 것은 의리義理이고, 온당하지 않은 것은 인욕人欲이다. 그러므로 사의私意가 기승을 부리는데 스스로 이길 수 없다면 온당하지 않은 것을 온당하다고 여기는 것이다.

|7-91| 人心皆有所安, 有所不安, 安者義理也, 不安者人欲也. 然私意勝, 不能自克, 則以不安者爲安矣.

|7-92| 마음을 보존하면 기물器物로 인하여 도道를 알 수 있다.

|7-92| 心存則因器以識道.

---

28 지극한 가르침이 … 것이 없다: 『禮記』「仲尼燕居」에 "天有四時, 春秋冬夏, 風雨霜露, 無非教也."라고 하였고, 張載는 『正蒙』「天道」에서 "天道, 四時行, 百物生, 無非至教."라고 하였다.

|7-93| 보건대, 배우는 사람들은 일을 응하는 데서 잘못이 있을 뿐 아니라 소소한 말과 행동에서도 잘못하는 것이 많다.

|7-93| 看來學者不止應事處有差, 只小小言動之間, 差者多矣.

|7-94| 마음이 머물 곳이 없다면 하루 사이에도 사방상하로 어딘들 가서 이르지 않겠는가!

|7-94| 心無所止, 則一日之間, 四方上下, 安往而不至哉!

|7-95| 리는 외물과 같고, 마음은 거울과 같다. 거울이 밝으면 외물은 형체를 속일 수 없고, 마음이 밝으면 리는 흔적을 가릴 수 없다. 혼매하면 이와 반대이다.

|7-95| 理如物, 心如鏡, 鏡明則物無遯形, 心明則理無蔽迹; 昏則反是.

|7-96| 부처는 어질고 어리석고 선하고 악하고를 따지지 않고 단지 자신에게 순종하는 자는 모두 옳다고 여긴다.

|7-96| 釋子不問賢愚善惡, 只順己者便是.

|7-97| 리는 햇빛과 같고, 기는 나는 새와 같다. 리가 기의 기틀을 타고 움직임은 햇빛이 새 등을 타고 날아가는 것과 같다. 새가 날면 햇빛은 비록 새 등과 떨어지지 않지만, 실제로 햇빛은 새 등과 함께 가 버려서 틈이 생기고 끊어진 곳이 있은 적이 없다. 이것은 또한 기가 움직이면 리가 비록 기와 잠시도 떨어지지 않지만, 실제로 리는 기와 함께 모두 없어져서 소멸되는 때가 없는 것과 같다. 기는 모임과 흩어짐이 있지만, 리는 모임과 흩어짐이 없다

|7-97| 理如日光, 氣如飛鳥, 理乘氣機而動, 如日光載鳥背而飛. 鳥飛而日光雖不離其背, 實未嘗與之俱往而有間斷之處; 亦猶氣動而理雖未嘗與之暫離, 實未嘗與之俱盡而有滅息之時. 氣有聚

고 한 것은 여기서 알 수 있다.

散, 理無聚散, 於此可見.

|7-98| 리는 마치 햇빛, 달빛을 작고 큰 사물이 각각 그 빛의 일부를 받는 것과 같으니, 외물이 있으면 빛이 외물에 있고 외물이 사라지면 빛은 빛으로 존재한다.

|7-98| 理如日月之光, 小大之物各得其光之一分, 物在則光在物, 物盡則光在光.

|7-99| 삼대三代의 통치는 도에 근본을 두고, 한漢과 당唐의 통치는 법을 상세하게 살폈다.

|7-99| 三代之治本諸道, 漢·唐之治詳於法.

|7-100| 식물을 자세하게 살펴보면, 또한 마치 마음이 있는 것 같다. 다만 이를 주재하여 식물이 잎을 틔우고 꽃을 피우고 열매를 맺게 하는 것은 바로 식물의 마음이다.

|7-100| 細看植物, 亦似有心, 但主宰乎是, 使之展葉·開花·結實者, 即其心也.

|7-101| 조금이라도 다른 사람과 장단점을 비교하는 마음이 있다면, 이는 찌꺼기가 완전히 융해되지 못한 것이다.

|7-101| 略有與人計較短長意, 即是渣滓銷融未盡.

|7-102| 사람들이 단지 자기 내면에서 도를 구하는 것은 대개 자기 밖도 모두 도로 (내면의 도와) 하나로 합치되고 틈이 없어서 애초에 내외가 없음을 알지 못하기 때문이다.

|7-102| 人只於身內求道, 殊不知身外皆道, 渾合無間, 初無內外也.

|7-103| 자기 밖에 있는 것을 비어 있는 것으로 보아서는 안 된다. 자기 밖에 있는 것 중에 진실한 리理가 아닌 것이 없으므로 자기 밖의

|7-103| 不可將身外地面作虛空看, 蓋身外無非眞實之理,

리는 자기 내면의 리와 하나로 합치되어 틈이 없다.

與身內之理, 渾合無間也.

|7-104| 성인聖人이 사물事物에 대응하는 것은 비록 여기에 있는 리를 가지고 대응하는 것이지만, 그것의 실제 리는 단지 저기 사물에 있으니, 여기(에 있는 리)와 저기(사물에 있는 리)는 원래 옮겨 가지 않는다.

|7-104| 聖人應物, 雖以此理應之, 其實理只在彼物上, 彼此元不移也.

|7-105| 성인이 사람을 다스리는 것은 자기의 도리를 사람들에게 나누어 주는 것이 아니라 단지 사물이 각각 사물(의 리)에 부합하게 하는 것이다.

|7-105| 聖人治人, 不是將自己道理分散與人, 只是物各付物.

|7-106| 단지 경敬을 중심으로 삼기만 하면 곧장 우뚝 서게 되니, 그렇지 않으면 동쪽으로 거꾸러지고 서쪽으로 기울어져서 끝내 설 만한 땅이 없어질 것이다.

|7-106| 只主於敬, 纔有卓立, 不然東倒西歪, 卒無可立之地.

|7-107| 태극太極은 동정動靜으로 말해서는 안 되지만, 동정을 버리고서 태극은 없다.

|7-107| 太極不可以動靜言, 然舍動靜便無太極.

|7-108| 이 리는 진실하여 허망함이 없다. 예컨대 하늘과 땅, 해와 달, 바람과 구름, 비와 이슬, 풀과 나무, 벌레와 해충, 음양과 오행, 만물과 만사에는 모두 일정한 모양과 정해진 법칙이 있으니, 고금을 막론하고 변하지 않는 것

|7-108| 此理眞實無妄, 如天地日月·風雲雨露·草木昆蟲·陰陽五行·萬物萬事, 皆有常形定

이다. 만약 진실한 리가 그것들의 주인이 되지 않는다면 해마다 바뀌고 달마다 달라질 것이다.

則, 亘古今而不易. 若非實理爲之主, 則歲改而月不同矣.

|7-109| 막 하나의 일을 하면서 곧장 사람들에게 알려지기를 바란다면 천박함이 심한 것이다.

|7-109| 方爲一事, 即欲人知, 淺之尤者.

|7-110| 리를 분명하게 알면 마음이 안정된다.

|7-110| 理明則心定.

|7-111| 리에 순응하면 모든 것에 하나도 일삼음이 없게 된다.

|7-111| 順理都無一事.

|7-112| 리를 분명하게 알게 된 후에 천지 만물을 알게 되고, 분한分限이 분명하여 각각 자기 직분에서 평안하게 된다.

|7-112| 理明後見天地萬物, 截然各安其分.

|7-113| 음양으로 변역하는 것은 진정 리가 하는 것이고, 리는 한결같고 정해져서 바뀌지 않는 것을 "항恒"이라고 한다.

|7-113| 所以陰陽變易者, 固理之所爲, 而理則一定而不易, 所謂恒也.

|7-114| "말을 안다."[29]라는 것은 글에 통하지 않음이 없는 것이고 리를 분명하게 알게 되는

|7-114| 知言者, 書無不通, 理無不明

29 지언(知言): 『孟子』「公孫丑上」: "我知言, 我善養吾浩然之氣."

것을 말한다.

之謂.

|7-115| 배워서 핵심에 이르면 터득함이 있다.

|7-115| 學至於約, 則有得矣.

|7-116| 천하에 리가 없는 사물이 없고, 사물이 없는 리가 없다.

|7-116| 天下無無理之物, 無無物之理.

|7-117| 무릇 할 것을 해야 한다면 즉각 리에 합하기를 구해야지 오늘 잠시 이와 같이 하고 내일 바꾼다고 말하지 마라. 하나의 일이 구차하면 그 나머지는 구차하지 않을 수 없다.

|7-117| 凡所爲, 當下即求合理, 勿曰今日姑如此, 明日改之. 一事苟, 其餘無不苟矣.

|7-118| 마음에 조금이라도 걸리는 것이 있다면 마음의 평정을 얻지 못하게 된다.

|7-118| 心有毫髮所繫, 即不得其平.

|7-119| 기는 한이 없지만, 형체는 제한이 있으므로 하늘은 크고 땅은 작다.

|7-119| 氣無涯而形有限, 故天大地小.

|7-120| 마음이 한마디 말도 망령되이 발설하지 않는다면 거의 허물을 줄일 것이다.

|7-120| 心使一言不妄發, 則庶乎寡過矣.

|7-121| 사람이 감각기관, 팔다리, 온몸으로 옳지 않은 일을 한다면 인의예지신을 망가뜨리게 된다. 만약 이목구비, 팔다리, 온몸의 뼈로 옳은 일을 한다면 인의예지신의 본성대로 한 것이다. 『시경』에 이른바 "사물이 있으면

|7-121| 人只爲耳目口鼻四肢百骸做得不是, 壞了仁·義·禮·智·信, 若耳·目·口·鼻·

법칙이 있다."[30] 『맹자』에 이른바 "형색形色을 따른다."[31]라고 한 것이 이에 해당한다.

四肢・百骸做得是, 便是仁・義・禮・智・信之性. 『詩』所謂"有物有則", 『孟子』所謂"踐形"者是也.

|7-122| 인은 새로 돋아나는 것이다. 비유하자면 초목에서 새로 돋아나면 자라나고 쇠락하면 마르는 것과 같다.

|7-122| 仁是嫩物, 譬如草木, 嫩則生, 老則枯.

|7-123| "그칠 때를 알고 그치는 것"이 "궁리窮理"이다. "마칠 때를 알고 마치는 것"이 "성을 다하여 명에 이르는 것"이다.

|7-123| 知至至之, 窮理也; 知終終之, 盡性以至於命也.

|7-124| 문文으로써 넓힘은 지혜가 높아지는 것이고, 예禮로써 요약함은 예로써 낮추는 것이다.

|7-124| 博文, 知崇也; 約禮, 禮卑也.

|7-125| 분수 밖의 일은 조금이라도 허여해서는 안 된다.

|7-125| 分外之事, 一毫不可與.

|7-126| 말은 부드러워야 하고, 걸음걸이는 천천히 해야 하고, 손은 공손히 해야 하고, 서

|7-126| 言要緩, 行要徐, 手要恭, 立

---

30 유물유칙(有物有則): 『詩經』「大雅·蒸民」.

31 천형(踐形): 『孟子』「盡心上」: "形色, 天性也; 惟聖人, 然後可以踐形."

는 것은 단정해야 하니, 이로써 일을 해서 적절함이 있는 데에 이르는 것은 모두 자신의 기를 포악하게 만들지 않는 일이다. 분노가 지나친 데 이르고 기쁨이 넘치는 데 이르는 것은 모두 자신의 기를 포악하게 만드는 것이다.

要端, 以至作事有節, 皆不暴其氣之事; 怒至於過, 喜至於流, 皆暴其氣也.

|7-127| 크게는 인륜人倫, 작게는 언동言動이 모두 리의 당연함이다. 하려는 마음이 생기자마자 비록 행한 것이 리에 부합하더라도, 또한 인욕이다.

|7-127| 大而人倫, 小而言動, 皆理之當然. 纔有有爲之心, 雖所行合理, 亦是人欲.

|7-128| 이익을 도모하고 결과를 계산하는 정념情念을 끊어 버리면, 내 마음은 초연히 걸리는 것이 없게 된다.

|7-128| 絕謀利計功之念, 其心超然無繫.

|7-129| 서 있으면서 다리가 안정되면 또한 반드시 처신함을 관대하고 온화함으로 할 것이다.

|7-129| 立得脚定, 却須寬和以處之.

|7-130| 보고 듣는 데 익숙해짐이 오래되면, 일이 비록 그릇되더라도 또한 그것의 그릇됨을 깨닫지 못한다.

|7-130| 習於見聞之久, 則事之雖非者, 亦莫覺其非矣.

|7-131| 예가 아니면 보지 말고 듣지 말고 말하지 말고 움직이지 않는 것이 바로 사욕을 극복하는 것이다. 보고 듣고 말하고 움직임이 예에 부합하는 것이 바로 예에 돌아가는 것이다.

|7-131| 非禮勿視·聽·言·動, 便是克己; 視·聽·言·動之合禮處·

便是復禮.

|7-132| 지각知覺은 인仁으로 새겨서는 안 되니, 지각할 수 있는 까닭이 인이다.

|7-132| 知覺不可訓仁, 所以能知能覺者, 仁也.

|7-133| 사람을 가르치면서 리를 너무 고원하게 말하면 사람들로 하여금 의거할 만한 것이 없게 만든다.

|7-133| 教人, 言理太高, 使人無可依據.

|7-134| 사방과 상하, 고금과 왕래에 리로 채워지고 기로 채워져서 조금의 빈틈도 없고 한 순간의 끊어짐도 없다.

|7-134| 四方上下, 往來古今, 實理實氣, 無絲毫之空隙, 無一息之間斷.

|7-135| 학문을 함이 성실하지 않으면 의거할 만한 자리가 없게 된다. 사람은 실實이라는 한 글자에 대해서 마땅히 유념하고 유념해서 잊지 않아야 하고, 일마다 상황마다 말, 행동, 거처와 사물을 응대하고 접촉하는 것 사이에서 성찰해서 마음이 하나의 생각을 하고 하나의 일을 하는 데 모두 성실함에서 나오게 한다면 진덕進德의 자리를 갖게 되는 것이다.

|7-135| 爲學不實, 無可據之地. 人於實之一字, 當念念不忘, 隨事隨處省察於言動居處·應事接物之間, 心使一念一事, 皆出於實, 斯有進德之地.

|7-136| 이어받는 것은 선善이고, 화육의 시작이니, 유행하여 그치지 않는 것이 양陽이다. 이루는 것은 성性[32]이고 사람과 사물이 품수한 것

|7-136| 繼之者善, 化育之始, 流行而未已, 陽也; 成之者性,

32 성성(成性): 『周易』「繫辭上」: "繼之者善也, 成之者性也."

이니, 일정하여 바뀌지 않는 것이 음陰이다.

人物稟受, 一定而不易, 陰也.

|7-137| 정좌하면서 잡념이 있음을 느끼는 것은 성실하지 않음이 원인이다. 오직 성인의 마음만이 자연히 진실하고 한결같으며 텅 비어 고요하여 조그마한 잡념도 없는 것이다.

|7-137| 靜坐中覺有雜念者, 不誠之本也. 惟聖人之心, 自然眞一虛靜, 無一毫之雜念.

|7-138| 리를 좇음이 곧 성을 따름이니, 한 몸의 이목구비와 수족과 모든 뼈마디가 각각 그 법칙을 따르는 것으로부터 인륜과 모든 일들이 각각 그 마땅함을 얻는 데 이르기까지 모두 리를 좇음이다.

|7-138| 循理即率性也, 自一身之耳·目·口·鼻·手·足·百骸各順其則, 以至人倫庶事各得其宜, 皆循理也.

|7-139| 리를 따르면 마음이 평안하고 몸 또한 평안하다.

|7-139| 順理心安, 身亦安矣.

|7-140| 일이 오면 그대로 따라서 응대해야지 까닭없이 먼저 일의 빌미를 만들어서는 안 된다.

|7-140| 事來則順應之, 不可無故而先生事端.

|7-141| 항상 의리에 마음을 두고, 오래토록 하면 점점 [의리에 대해서] 분명해지지만, 쓸데없는 일에 마음을 두면 의리에 대해서 날마다 어두워진다.

|7-141| 常存心於義理, 久久漸明, 存心於閒事, 即於義理日昧矣.

|7-142| 무릇 유위有爲와 관련된 것은 모두 기이고, 그 무위無爲한 것은 도체道體이다.

|7-142| 凡涉於有爲者皆氣, 其無爲者

道體也.

|7-143| 마음이 항상 보존되면 도리가 어떤 것에도 있지 않음이 없고, 어떤 때라도 그렇지 않음이 없음을 묵묵히 안다. 마음이 만약 보존되지 않으면 망연하여 아는 것이 없고, 아는 것은 만물의 형체에 불과하다.

|7-143| 心常存, 即默識道理無物不有, 無時不然; 心苟不存, 茫然無所識, 其所識者, 不過萬物形體而已.

|7-144| 공허하고 광막하여 아무 조짐이 없으나 만상이 환하게 이미 갖추어져 있으니, [이는] 대개 리가 있자마자 형상이 있는 것이어서 애초에 허공에 걸린 리가 형상과 나뉘어 둘이 되는 것이 아니다.

|7-144| 沖漠無朕, 而萬象昭然已具, 蓋纔有理即有象, 初非懸空之理與象, 分而爲二也.

|7-145| 학문은 실상 고요한 가운데로부터 터득함이 있는 것이니, 고요하지 않으면 마음이 이미 뒤죽박죽 혼란스럽게 되니, 어디로부터 말미암아 터득함이 있겠는가?

|7-145| 學問實自靜中有得, 不靜則心既雜亂, 何由有得!

|7-146| 뜻을 독실하게 하고 행하기를 힘쓰는데, 도를 알지 못하면 결국 [독지(篤志)와 역행(力行)의 수준이] 얕은 것이다.

|7-146| 篤志力行而不知道, 終是淺.

|7-147| 함양과 성찰은 비록 움직이고 고요함에 교차로 그 힘을 다하는 것이지만, 반드시 고요한 가운데 함양의 공부가 많아야만, 바로 움직일 때 성찰의 공부가 쉬워지는 것이다.

|7-147| 涵養省察, 雖是動靜交致其力, 然必靜中涵養之功多, 則動時省察之功易也.

|7-148| 한마음에 있는 리가 만물의 리와 본래 두 가지로 있음이 없으니, 오직 성인의 한마음에 있는 리가 만사의 리에 통할 수 있는 것은 천리의 공公에 순일하기 때문이다.

|7-148| 在一心之理, 與在萬事之理, 本無二致, 惟聖人一心之理, 能通萬事之理者, 以其純乎天理之公也.

|7-149| 명예와 절조는 매우 중요하다. 함부로 동류가 아닌 것과 교제하여 명예와 절조를 무너뜨려서는 안 된다.

|7-149| 名節至大, 不可妄交非類, 以壞名節.

|7-150| "그 등에서 그치면 자신을 보지 못하고, 그 뜰에서 걸어도 그 사람을 보지 못한다."[33]라고 한 것은 다만 움직이고 그침이 각각 이치에 머물고 남과 내가 있음을 알지 못하는 것이다.

|7-150| "艮其背, 不獲其身; 行其庭, 不見其人". 只是動靜各止於理, 而不知有人我也.

|7-151| 물격物格은 사물마다 각각 하나의 리임을 아는 것이고, 지지知至는 만사만물이 모두 하나의 리임을 아는 것이다.

|7-151| 物格是知逐事逐物各爲一理, 知至是知萬物萬事通爲一理.

|7-152| 『맹자』의 "지언知言"은 『대학』의 "물격지지物格知至"이다.

|7-152| 『孟子』之"知言", 即『大學』之"物格知至"也.

|7-153| 『맹자』의 "지성知性"은 『대학』의 "물

|7-153| 『孟子』之

33 그 등에서 보지 못한다: 『周易』 艮卦: "艮其背, 不獲其身, 行其庭, 不見其人, 无咎."

격物格"이고, 『맹자』의 "진심盡心"은 『대학』의 "지지知至"이다.

"知性", 即『大學』之"物格"; "盡心", 即"知至"也.

7-154 도는 어떤 곳이든 존재하지 않음이 없으므로 마땅히 처신함을 삼가지 않아서는 안 된다.

7-154 道無處不在, 故當無處不謹.

7-155 천리天理가 유행함이 명命이고, 명이 사람에게 부여된 것이 성性이다. 성과 심은 갖고 태어나는 것이다. 성의 본체는 무위하고 사람의 마음은 지각을 갖고 있으므로, 마음이 성과 정을 통섭하는 것[心統性情]이다.

7-155 天道流行, 命也; 命賦於人, 性也. 性與心俱生者也. 性體無爲, 人心有覺, 故心統性情.

7-156 다른 사람을 탓하지 않는다면, 마음에 얼어붙은 얼음과 타오르는 불의 얽매임이 없다.

7-156 不責人, 即心無凝冰焦火之累.

7-157 천지 사이의 리에는 틈이 없으니, 실제 나눌 수 없다.

7-157 天地間理無縫隙, 實不可分.

7-158 원元이란 선善의 우두머리이고, 형亨·리利·정貞은 모두 선이다. 인仁은 선의 우두머리이고, 예禮·의義·지智는 모두 선이다.

7-158 元者善之長, 亨利貞皆善也; 仁爲善之長, 禮義智皆善也.

7-159 성性과 명命은 하나의 리理이니, 선은 있고 악은 없음이 명확하다.

7-159 性命一理也, 有善而無惡也明矣.

7-160 『중용』은 명선明善을 말하고 명성明性을 말하지 않았으나, 선이 바로 성이다.

7-160 『中庸』言明善, 不言明性, 善即性也.

7-161 잡된 생각이 줄어들면 점점 도에 가까워진다.

7-161 雜慮少則漸近道.

7-162 마음은 매번 망령되이 드러나므로, 경서의 성현의 말을 가지고 망령된 마음을 제어하는 것이다.

7-162 心每有妄發, 以經書聖賢之言制之.

7-163 한숨의 길이는 고금의 길이와 같고, 티끌만 한 땅은 온 천지의 땅과 같고, 한 사내의 마음은 수많은 백성의 마음과 같다.

7-163 一息之運, 與古今之運同; 一塵之土, 與天地之土同; 一夫之心, 與億兆之心同.

7-164 앎을 다하고 사물에 나아감은 독서에서 터득함이 많다.

7-164 致知格物, 於讀書得之者多.

7-165 "성을 논하고 기를 논하지 않으면 완비되지 않는다."에는 두 가지 설명이 있다. 오로지 성만 논하고 기를 논하지 않으면 성은 또한 평안히 머물 곳이 없으니, 이것이 완비되지 않음이다. 오로지 성만 논하고 기를 논하지 않으면 비록 성이 본래 선함을 알더라도 기질에는 맑고 탁함의 차이가 있음을 알지 못하니, 이것이 완비되지 않음이다. "기를 논하고 성을 논하지 않으면 명확하지 않다."에는 또한 두

7-165 "論性不論氣, 不備"有二說: 專論性不論氣, 則性亦無安泊處, 此不備也; 專論性不論氣, 則雖知性之本善, 而不知氣質有清濁之殊, 此不備也. "論氣不論性, 不明"亦

가지 설명이 있다. 예컨대 고자가 지각과 운동의 기를 성이라고 여기고 성이 리임을 알지 못했으니, 이것이 명확하지 않은 것이다. 예컨대 기질에는 맑고 탁함의 차이가 있음을 논하면서 성이 본래 선함을 알지 못하니, 이것이 명확하지 않은 것이다. 두 가지로 만들면 옳지 않으니, 리와 기는 비록 서로 섞이지 않지만 또한 서로 떨어지지 않기 때문이다. 천하에는 기 없는 리가 없고 또 리 없는 기도 없다. 기 밖에 성이 없고 성 밖에 기가 없으니, 이것이 둘로 만들 수 없다는 것이다. 만약 나누어서 둘로 만들면, 이는 기 없는 성이 있고 성 없는 기가 있다는 것이다. 그러므로 성과 기를 둘로 나누면 옳지 않다.

有二說: 如告子以知覺運動之氣爲性, 而不知性之爲理, 此不明也; 如論氣質有清濁之殊, 而不知性之本善, 此不明也. 二之則不是, 蓋理氣雖不相雜, 亦不相離. 天下無無氣之理, 亦無無理之氣, 氣外無性, 性外無氣, 是不可二之也. 若分而二, 是有無氣之性, 無性之氣矣, 故曰二之則不是.

7-166 정자가 "사단四端에서 신信을 말하지 않은 것은 이미 성실한 마음이 사단이 되었다면 신이 그 가운데 있기 때문이다."[34]라고 말했다. 내가 생각건대, 만약 성실한 마음이 없다면 사단 또한 없다. 그러므로 도를 배움은 성실한 마음을 근본으로 삼는 것이다.

7-166 程子曰: "四端不言信者, 既有誠心爲四端, 則信在其中矣". 愚謂若無誠心, 則四端亦無矣, 故學道以誠心爲本.

7-167 귀신鬼神이란 것은 천지의 음양이 신

7-167 鬼神者,

34 사단에서 신을 … 있기 때문이다: 『二程遺書』 「24-38」: "四端不言信者, 旣有誠心爲四端, 則信在其中矣."

령함이다. 혼백魂魄이란 것은 인신의 음양이 신령함이다.

天地陰陽之靈; 魂魄者, 人身陰陽之靈.

어사 자여 염우석 선생

禦史閻子與先生禹錫

|7-168| 염우석(閻禹錫, 1426-1476)은 자字가 자여子與로 낙양洛陽 사람이다. 나이 19살에 정통 갑자(1444) 향시에 급제했다. 이듬해 창려昌黎 훈도에 제수되었다. 모친상에 여묘를 했고, 조서를 내려 그 문려에 정표했다. 설문청(薛文淸: 薛瑄)의 강학 소식을 듣고서 가서 배웠다. 개주의 훈도로 보궐되었고, 마침내 설문청에게 배운 학문으로 제자들에게 전수하여 사람들이 많이 교화되었다. 이문달(李文達: 李賢)이 추천하여 국자학정이 되었고, 감승監丞으로 옮겼다. 인사청탁을 하지 않아서 휘주부로 유배를 가게 되었다. 얼마 되지 않아서 남경의 국자조교와 감승이 되었다가 어사, 제독기내학정으로 승진하였다. 본원의 학문으로 선비들을 면려하였고, 『태극도설太極圖說』, 『통서通書』를 연구하여 밝혔다. 설문청의 학문이 전수를 잃지 않게 한 것은 선생의 힘이다. 성화 병신년

|7-168| 閻禹錫字子與, 洛陽人. 年十九, 擧正統甲子鄕試. 明年, 授昌黎訓導. 母喪廬墓, 詔旌其門. 聞薛文淸講學, 往從之遊. 補開州訓導, 遂以所受於文淸者, 授其弟子, 人多化之. 李文達薦爲國子學正, 轉監丞. 干謁不行, 謫徽州府經歷. 尋復南京國子助敎·監丞, 超陞禦史, 提督畿內學政. 勵士以原本之學, 講明『太極圖

(1476)에 별세하였다. 저서로 『자신집自信集』이 있다. 혹자가 설문청에게 선생과 백양보에 대해서 물었다. 문청이 말했다. "낙양에서 이 두 사람과 같은 이는 얻기 어렵다. 다만 후학이 입각처가 확립되지 않아 다른 곳으로 나아갈까 염려된다." 선생이 확립한 것을 보면, 비록 터득한 바의 수준을 모르겠지만, 또한 설문청이 경계한 것을 저버리지 않았다.

說』·『通書』, 使文清之學不失其傳者, 先生之力也. 成化丙申卒. 所著有『自信集』. 或問先生與白良輔於文清, 文清曰: "洛陽似此兩人也難得, 但恐後來立腳不定, 往別處走". 觀先生所立, 雖未知所得深淺, 亦不負文清之所戒矣.

시랑 자재 장정 선생

侍郎張自在先生鼎

|7-169| 장정(張鼎, 1430-1495)은 자字가 대기大器로 섬서성陝西省 함령咸寧 사람이다. 성화成化 병술년(1466) 진사가 되었고, 형부주사로 제수되었다가 원외랑으로 옮겼다. 태원부 지사로 나아갔다가 산서 참정으로 승진하였고, 계속 태원부의 일을 함께 관리하였다. 하남 안찰사로 옮겼다. 홍치 원년(1488) 우첨도어사로 발탁되어 보정保定 등의 부府를 순무하였고, 조정에 들어가 호부우시랑이 되었다. 을묘년(1495) 집에서 별세하니, 향년 65세이다. 선생이 어려서 아버지가 포주蒲州에 부임할 때 따라갔다가, 설문총의 문하에 들어갈 수 있었다. 종신토록 스승의 학설을 신중히 지켜서 조금이라도 감히 넘어서지 않았다. 설문청이 별세한 뒤 그의 『문집』이 흩어져 전해지지 않았는데, 선생이 수습하고 교정하길 수년 만에 비로소 책으로 묶을 수 있었다.

|7-169| 張鼎字大器, 陝之咸寧人. 成化丙戌進士, 授刑部主事, 遷員外郎. 出知太原府, 晉山西參政, 仍署府事. 轉河南按察使. 弘治改元, 擢右僉都禦史, 巡撫保定等府, 入爲戶部右侍郎. 乙卯卒於家, 年六十五. 先生少從父之任蒲州, 得及薛文清之門. 終身恪守師說, 不敢少有踰越. 文淸歿後, 其『文集』散漫不傳, 先生搜輯較正, 凡數年, 始得成書.

군수 용사 단견 선생

郡守段容思先生堅

|7-170| 단견(段堅, 1419-1484)은 자字가 가구可久[1]이고 호號는 용사容思로 난주蘭州 사람이다. 14세에 제생이 되어, 진구산陳緱山의 「명륜당상명明倫堂上銘」에서 "여럿이 있는 곳에서는 입조심하고, 홀로 정좌하는 데서 마음을 방비한다."를 보고 개연히 성인을 배우는 뜻을 갖게 되었고, 이에 행동거지가 구차하지 않았다. 정통 갑자년(1444) 향시에 합격하였다. 기사년(1449)에 영종이 북쪽으로 순수할 때, 황제의 조서에 응하여 궐에 나아가 글을 올렸으나 회답을 받지 못했다. 제와 노로부터 오와 월에 이르기까지 학문하는 사람들을 방문하면서 염우석과 백양보를 만나게 되었고, 이로써 거슬러 올라가 설문청의 뜻을 알게 되었다. 한 해를 넘기고 돌아갔는데, 학문에 더욱 터득함이

|7-170| 段堅字可久, 號容思, 蘭州人也. 年十四, 爲諸生, 見陳緱山『明倫堂上銘』, "群居愼口, 獨坐防心", 慨然有學聖人之志, 於是動作不苟. 正統甲子領鄉薦. 己巳, 英宗北狩, 應詔詣闕上書, 不報. 自齊·魯以至吳·越, 尋訪學問之人, 得閻禹錫·白良輔, 以溯文淸之旨, 踰年而歸, 學益

1 가구(可久): 『明史』에는 가대(可大)로 되어 있다.

있었다. 경태景泰 갑술년(1454)에 진사에 급제하였고, 돌아가서 책을 읽으며 지냈다. 5년이 지나 복산현 지사가 되어 유교 교육을 통해 그곳의 풍속을 변화시켰고, '천하에 교화할 수 없는 사람은 없고, 변화시킬 수 없는 풍속은 없다.'라고 말했다. 6년이 되자 통치가 안정되었고 성대하여 볼 만하였다. 이문달(李文達: 李賢)이 천거하여 내주부 지사로 발탁되었으나 상을 당하여 물러났다. 남양부에 보임되어 지학서원을 세웠고, 지역 선비들과 함께 북송의 성리서를 강학하고, 아동에게는 『소학』과 『가례』를 가르치고, 열녀에게 제사를 지내고, 무당과 중을 내쫓는 등, 풍속 교화의 모든 일에 마음을 다하지 않음이 없었다. 8년 후에 고향으로 돌아갔다. 성화成化 갑진년(1484)에 별세하니 향년 66세였다.

有得. 登景泰甲戌進士第, 歸而讀書. 越五年, 出知福山縣, 以絃誦變其風俗, 謂"天下無不可化之人, 無不可變之俗", 六載而治行, 郁然可觀. 李文達薦之, 擢知萊州府, 以憂去. 補南陽府, 建志學書院, 與人士講習濂·洛之書. 其童蒙則授以『小學』·『家禮』. 祀烈女, 迸巫尼, 凡風敎之事, 無不盡心. 八年而後歸. 成化甲辰卒, 年六十六.

|7-171| 예전에 말하길, "배우는 사람이 경을 위주로 하여 앎을 지극히 하고 사물에 나아가 궁구하면 내 마음이 곧 천지의 마음이고 내 이치가 곧 천지의 이치이며 나 자신이 천지에 참여하고 만물의 화육을 도울 수 있다는 것이 여기에 있음을 알게 된다." 스스로 깨달은 것에 대해서 형용하여 시로 말하길, "바람 맑고 구름 한 점 없이 비 개인 때에 남쪽 밭둑 동쪽 이랑으로 지팡이 짚고 가네. 깊은 숲속 새는 내

|7-171| 嘗言: "學者主敬以致知格物, 知吾之心即天地之心, 吾之理即天地之理, 吾身可以參贊者在此". 其形於自得者, 詩云: "風清雲淨雨初晴, 南畝東阡策杖行. 幽鳥似知行

가는 길 즐거움을 알고서 능수버들 연기 밖에서 두세 번 울어 주네."라고 했다. 선생께서 비록 설문청의 문하에 이른 적은 없었지만, 군 사람 진상陳祥이 그를 찬미하여 말하길, "설문청의 도통을 공만이 넓히셨다."라고 했다. 그렇다면 선생이 참으로 사숙하여 터득함이 있었던 것이다.

樂意, 綠楊煙外兩三聲". 先生雖未嘗及文清之門, 而郡人陳祥贊之曰: "文清之統, 惟公是廓". 則固私淑而有者也.

광문 묵재 장걸 선생

廣文張默齋先生傑

|7-172| 장걸(張傑, 1421-1472)은 자字가 입부立夫이고, 호號가 묵재默齋이며, 섬서성陝西省 봉상鳳翔 사람이다. 정통 신유년(1441)에 천거로 조성趙城의 훈도에 제수되자 강학을 일삼았다. 설문청(薛文淸: 薛瑄)이 조성을 들렀을 때, 선생이 터득한 바를 가지고 질문했다. 설문청이 그를 위해 밝혀 주었고, 이로 말미암아 그의 학문이 더욱 깊어졌다. 부친상이 끝나자 마침내 어머니를 봉양하며 출사하지 않았다. 모친상이 끝나자 「책궁(責躬: 자신을 책려함)」 시를 지어 말하길, "나이가 44세이지만 이 이치를 참되게 알지 못하네. 밤낮으로 부지런히 노력하지 않으니, 언제까지 지지부진하려는가?" 다시는 벼슬에 나아갈 마음이 없었다. 그의 공부는 "함양은 반드시 경을 써야 하고, 진학은 치지에 달려 있다."[1]라는 두 구절을 핵심으로 삼았다. 오경五經으로 가르치자 명성이 일시에 중

|7-172| 張傑字立夫, 號默齋, 陝之鳳翔人. 正統辛酉鄕薦, 授趙城訓導, 以講學爲事. 文淸過趙城, 先生以所得質之, 文淸爲之證明, 由是其學益深. 丁外艱服闋, 遂以養母不出. 母喪畢, 爲「責躬」詩曰: "年紀四十四, 此理未眞知. 晝夜不勤勉, 遷延到幾時?" 無復有仕進意. 其工夫以"涵養須用敬, 進學在致知"二語爲的. 用『五經』

해졌다. 국정을 주도하는 쪽에서 초빙하여 성고城固의 학사를 대신 관리하게 하였지만, 선생은 향당에서 배우는 사람이 매우 많아 멀리 다른 지방에 갈 수 없다고 사양했다. 단용사(段容思: 段堅, 1419-1484)가 "성현의 심학은 참으로 배울 만하니, 초빙하는 선비를 어찌 이것 밖에서 찾겠는가?"라는 시를 보내왔다. 선생의 답시에 또 "오늘 밤 잠을 잊고 수심收心을 논하네."라는 구절이 있는데, 배우는 사람들이 다투어 암송하며 전하였다. 선생에게 책을 쓰길 권하는 사람이 있었다. 선생이 말했다. "내 나이가 아직 많지 않아 여전히 진보할 수 있다. 터득하길 기다린 후에 저술을 하더라도 아직 늦지 않을 것이다." 성화 임진년(1472) 12월에 별세하니 향년 52세였다.

教授, 名重一時. 當道聘攝城固學事, 先生以鄉黨從遊頗衆, 不能遠及他方辭之. 段容思贈詩"聖賢心學眞堪學, 何用賓士此外尋". 先生答詩亦有"今宵忘寢論收心"之句, 學者爭傳誦焉. 有勸先生著書者, 曰: "吾年未艾, 猶可進也, 俟有所得, 爲之未晩". 成化壬辰十月卒, 年五十二.

1 함양진학(涵養進學): 『유서』「18-28」.

문장 응재 왕홍유 선생

文莊王凝齋先生鴻儒

|7-173| 왕홍유(王鴻儒, 1459-1519)는 자字가 무학懋學이고 호號가 응재凝齋로 하남河南 남양南陽 사람이다. 성화成化 정미년(1487)에 진사가 되어 하남 호부주사로 제수되었다. 출사하여 산서 제학첨사가 되었다가 부사로 진급하였다. 효종이 유대하(劉大夏, 1436-1516)와 인재를 논하면서 말하길, "번얼(藩臬: 포정사와 안찰사) 중에 왕홍유와 같은 자는 훗날 크게 쓸 만하다." 대하가 대답하기를, "이 사람의 재주와 학식은 쉽게 얻지 못하니, 참으로 황제의 말과 같습니다."라고 하였다. 정덕 초에 벼슬을 그만두었고, 기사년(1509)에 국자좨주로 등용되었다. 몇 개월 되지 않아서 상을 당해서 물러났다. 상복을 벗고 하남 호부시랑으로 옮겼다가 이부로 불려 들어갔다. 당시 총재는 육완(陸完, 1458-1526)이었는데, 권모술수를 좋아했다. 선생께서 풍자하여 말하길, "오직 성실함과 정직함이

|7-173| 王鴻儒字懋學, 號凝齋, 河南南陽人. 成化丁未進士, 授南戶部主事, 出爲山西提學僉事, 進副使. 孝宗與劉大夏論人才, 曰: "藩臬中如王鴻儒, 他日可大用". 大夏對曰: "此人才學不易得, 誠如聖諭". 正德初致仕, 己巳起國子祭酒, 不數月, 憂去. 服除, 改南戶部侍郎, 召入吏部. 時冢宰爲陸完, 喜權術, 先生諷之曰: "惟

국사를 바로잡을 수 있다. 명성을 좇는 자는 또 이익을 좇으니, 사직과 민생에 아무런 도움이 되지 않는다."라고 했다. 얼마지 않아 육완이 과연 패퇴하였다. 신유년(1501)에 하남 남경 호부상서로 승진하였다. 주신호(朱宸濠, 1476-1521)가 반란을 일으키고 무종이 남순할 때, 임금의 일에 힘쓰다가 등창으로 별세하였다. 선생의 서법은 단정하고 굳센데, 젊어서 사람들에게 아직 알려지지 않았을 때, 마을 사람 중에 부사府史가 있었는데, 선생의 글을 부중에 보관했다. 지부知府 단견段堅이 우연히 보고서 기이하게 생각했다. 부사가 "마을에 있던 왕생이 쓴 것입니다."라고 대답하였다. 단견이 곧장 불러 만나서 말하길, "그대의 풍모와 정신은 맑고 깨끗하니, 어찌 보잘것없는 인물이겠는가?"라고 하고 마침내 그를 문하로 불러들였다. 따라서 선생의 학문은 단씨에 근본을 두고 있다.

誠與直能濟國事, 趨名者亦趨利, 於社稷生民無益也". 未幾完果敗. 辛酉, 陞南戶部尙書. 宸濠反, 武宗南巡, 勤勞王事, 疽發背卒. 先生書法端勁, 少未爲人知, 里人有爲府史者, 嘗以其書置府中, 知府段堅偶見而奇之, 史對曰: "里中王生書也". 堅卽召見, 曰: "子風神清澈, 豈塵埃人物?" 遂收之門下, 故先生之學, 本之段氏.

『응재필어』

『凝齋筆語』

7-174 건도乾道가 변화한다는 것은 5월에 일음一陰이 생기면 건도가 변화하고, 6월에 이음二陰이 생기면 건도가 재차 변화하고, 10월에 이르면 건도가 모조리 변하고 양이 소진되어 순음이 곤도坤道가 되니, 이른바 화化이다. 이는 바로 가을과 겨울의 시기로 모든 곡식과 초

7-174 乾道變化者, 五月一陰生, 乾道變矣; 六月二陰生, 乾道再變矣; 至十月則乾道變極, 陽盡而純陰以成坤卦,

목이 각각 성명性命을 바르게 한다. 큰 조화를 온전하게 보존함이 건의 이로움이고 바름이다.

所謂化也. 此正秋冬之時, 百穀草木各正性命. 保合太和, 乾之利貞也.

|7-175| "처음과 끝을 크게 밝혀서 여섯 자리가 때에 맞춰 이루어지고, 때에 맞게 육룡을 타고 천도를 다스린다."[1] 여섯 자리는 여섯 개의 빈자리로 자시子時부터 사시巳時까지이다. 육룡은 여섯 개의 양효陽爻로, 초구初九부터 상구上九까지이다. 성인이 건도의 처음과 끝을 크게 밝히면, 양의 여섯 효가 때에 맞게 이루어짐을 알게 된다. 11월부터 일양一陽이 생겨나면 초구 자리에 하나의 강(剛)을 그으니, 이것이 일룡一龍을 타는 것이다. 12월부터 이양二陽이 생겨나면 구이 자리에 하나의 강을 그으니, 이것이 이룡二龍을 타는 것이다. 나머지 네 자리와 네 번 그음은 이를 기준으로 한다. 승은 바로 올라타다[加乘]의 승으로, 타고 들어가다[載入]와 같다. 하늘의 여섯 가지 양이 때에 맞게 펼쳐짐이 이와 같고, 성인이 획을 그어 괘로 드러냄에 건괘가 또한 이와 같으니, 천도를 다스리는 것이다.

|7-175| "大明終始, 六位時成, 時乘六龍以御天". 六位, 六虛位, 自子至巳也; 六龍, 六陽爻, 自初九至上九也. 聖人大明乾道之終始, 則見陽之六位以時而成. 自十一月一陽生, 則畫一剛於初位, 是乘以一龍也; 十二月二陽生, 則畫一剛於二位, 是乘以二龍也; 餘四位四畫准此. 乘, 乃加乘之乘, 猶載入也. 天之六陽, 時序如此, 聖人加畫, 『乾』卦亦如此, 所以御天也.

|7-176| "위대하도다! 건이여! (건의 덕은) 굳

|7-176| "大哉乾

---

1 처음과 끝을 … 천도를 다스린다: 『주역』「건괘 · 단전」.

굳셈, 강건함, 중절함, 공정함, 순일함, 순수함, 순정함이다."[2] 여기서 7가지로 건의 덕목을 찬미했다. 강剛은 건이 굽히지 않음을 말한다. 건健은 건의 쉬지 않음을 말한다. 중中은 건의 과불급이 없음을 말한다. 정正은 건의 치우치거나 기울지 않음을 말한다. 순純은 건이 두 가지가 아님을 말한다. 수粹는 건이 뒤섞이지 않음을 말한다. 정精은 수粹에서 더 나아간 것이다. 순일함, 순수함, 순정함은 비유하자면 멥쌀 중에 좁쌀이 없는 것이 순일함이다. 멥쌀이 비록 순일하더라도 만약 알갱이에 차이가 있다면 순수하지 않은 것이다. 하나하나 균일한 것이 순수함이다. 쌀이 비록 균일하더라도 밥을 지어서 향이 나지 않으면 순정하지 않은 것이다. 밥을 짓더라도 향이 나는 것이 순정함이다. 나는 굳셈, 강건함, 중절함, 공정함, 순일함, 순수함, 순정함 7가지가 모두 건을 찬미하는 것이라고 생각했다.

乎, 剛·健·中·正·純·粹·精也". 此以七者贊乾之德. 剛言其不屈, 健言其不息, 中言其無過·不及, 正言其不偏不倚, 純言其不二, 粹言其不雜, 精則進乎粹矣. 純粹精, 譬如粳米中無粟米, 便是純也. 粳米雖純矣, 若顆粒有大小, 便不是粹; 一一匀稱, 便是粹矣. 米雖匀稱, 炊飯有不香者, 便是不精; 炊飯又香, 乃是精也. 愚嘗以爲剛·健·中·正·純·粹·精七者, 皆是贊乾.

|7-177| 건괘 초구 「문언전」에서 "확고하여 뽑을 수 없으니 잠룡潛龍이다."라고 했다. 이는 초구의 군자는 확고하게 지켜서 굴복하지 않는 절개가 그러함을 말한 것이다. '뽑다'[拔]는

|7-177| 『乾』初九, 『文言』曰: "確乎其不可拔, 潛龍也". 此言初九君子固守

2 위대하도다! 건이여! … 순수함, 순정함이다: 『주역』「건괘·구이효사」: "大哉, 乾乎! 剛健中正純粹精也."

끌어서 나오게 하는 것이다. '뱀[蛇]'는 용의 부류이다. 뱀이 구멍에 들어갈 때, 사람들이 그 꼬리를 보고 비록 끌어당겨서 거의 끊어지려고 하더라도 나오려고 하지 않는다. 이것 역시 잠룡이 확고하여 뽑히지 않음을 입증할 수 있다.

不屈之節然也. 拔者, 掣而出之. 如蛇, 龍屬也. 蛇入穴, 人見其尾, 雖拔之幾斷, 亦不肯出. 此亦可以證潛龍之確乎不拔也.

|7-178| 양陽은 웃음을 위주로 하고, 음陰은 곡함을 위주로 한다. 그러므로 동인同人 괘에서 '울부짖다'[3]는 육이六二를 가리키고 '웃음'[4]은 구오九五를 가리키는 것이다.

|7-178| 陽主笑, 陰主哭, 故同人號咷指六二, 笑指九五也.

|7-179| 지시함이 겸손함은 행위의 겸손함이다. 명성이 난 겸손함은 말의 겸손함이다.

|7-179| 撝謙, 行之謙也. 鳴謙, 言之謙也.

|7-180| "우레가 땅에서 나와 분발함이 예괘豫卦이다."[5]라고 한 것을 보면 우레가 땅속에 있음을 추측할 수 있다.

|7-180| 觀"雷出地奮, 豫", 則雷在地中可推矣.

|7-181| "왕이나 제후를 섬기지 않고 자기 몸을 지키는 일만을 고상하게 여긴다."[6]라고 한

|7-181| "不事王侯, 高尚其事", 蠱而

---

3 울부짖음: 『주역』「동인괘 · 육이효사」: "六二, 同人于宗, 吝."

4 웃음: 『주역』「동인괘 · 구오효사」: "九五, 同人先號咷, 而後笑, 大師克, 相遇."

5 우레가 땅에서 … 분발함이 예괘이다: 『주역』「예괘 · 상전」: "象曰, 雷出地奮, 豫, 先王以作樂崇德, 殷薦之上帝, 以配祖考."

6 왕이나 제후를 … 고상하게 여긴다: 『주역』「고괘 · 상구효사」: "上九, 不事王侯, 高尚其事."

것은 문제가 발생하여 대처하는 것으로, 자기 몸을 지켜 은거한다는 뜻이다.

治矣, 奉身而隱也.

| 7-182 | "못 속에 우레가 있다."[7]라고 한 것은 우레가 숨은 것이다. 그러므로 군자는 이 구절에서 체득하여 세상이 어두워지면 들어가서 편안히 쉰다.

| 7-182 | "澤中有雷", 雷之蟄也, 故君子體之向晦入宴息.

| 7-183 | 서합괘는 진震이 하괘이고 리離가 상괘이다. 단전에서 말하길, "우레와 번개가 합하여 빛난다."[8] 예전에 우레와 번개를 하나의 것으로 여겨서 번개는 바로 우레의 빛이라고 말했다. 책력과 기후를 관찰하는 데 이르러서야 8월에 우레가 처음 소리를 거두어들이고 10월에 번개가 사라지니, 서로 간격이 두 달이었다. 이에 우레와 번개가 하나의 것이 아님을 알았다. 우레가 번개를 만나면 소리가 더욱 울리고, 번개가 우레를 만나면 빛이 더욱 번쩍인다. 그러므로 "우레와 번개가 합하여 빛난다."라고 했다.

| 7-183 | 『噬嗑』, 震下離上, 『彖』曰: "雷電合而章". 始以雷電爲一物, 謂電即雷之光也. 及觀曆候, 八月雷始收聲, 十月亡電, 則相去兩月, 乃知非一物矣. 雷得電而聲愈震, 電得雷而光愈熠, 故曰: "雷電合而章".

| 7-184 | "군자는 수레를 얻고, 소인은 집을 헌다."[9]에서 양은 군자이고 음은 소인이니, 모두

| 7-184 | "君子得輿, 小人剝廬." 陽

---

7 택중유뢰(澤中有雷): 『주역』「수괘 · 상전」: "澤中有雷, 隨, 君子以嚮晦入宴息."

8 뇌전합장(雷電合章): 『주역』「서합괘 · 단전」: "彖曰, 頤中有物, 曰噬嗑, 噬嗑而亨. 剛柔分, 動而明, 雷電合而章, 柔得中而上行, 雖不當位, 利用獄也."

상구上九 한 자리에 대해서 말한 것이다. 군자가 거기에 거처하면 수레를 얻게 되니, 상구의 양은 움직이지 않고 다섯 개의 음은 모두 하나의 양을 싣고 있다. 소인이 거기에 거처하면 집을 허무는 상이 된다. 상구는 또 변해서 음이 되지만, 다섯 개의 음은 비호해 주던 바를 잃는다. 다섯 개의 음은 수레와 같고, 하나의 양은 집과 같다.

爲君子, 陰爲小人, 皆就在上一位而言. 君子居之, 則爲得輿, 上九之陽不動, 衆陰共載一陽也. 小人居之, 則爲剝廬, 上九亦變而爲陰, 群陰失庇也. 五陰如輿, 一陽如廬.

7-185 대과大過괘의 단사에서 말했다. "들보가 휘면 본과 말이 약해진다."[10] 선유先儒가 "인주人主의 직책은 재상 한 사람을 논정하는 데 있다."[11]라고 한 말이 신의가 간다!

7-185 『大過』『彖』"棟橈, 本末弱也". 先儒所謂"人主之職, 在論一相者", 信哉!

7-186 64괘는 8괘가 쌓인 것이고, 8괘는 양의兩儀가 쌓인 것이고, 양의는 태극太極이 쌓인 것이다.

7-186 六十四卦者, 八卦之蘊也; 八卦者, 兩儀之蘊也; 兩儀者, 太極之蘊也.

7-187 남자와 여자의 구별이 있은 연후에 부모와 자식의 친함이 있다는 말은 만세의 격언이다.

7-187 男女有別, 然後父子親, 萬世格言也.

---

9 군자는 수레를 … 집을 헌다: 『주역』「박괘 · 상구효사」: "上九, 碩果不食, 君子得輿, 小人剝廬."

10 들보가 휘면 … 약해진다: 『주역』「대과 · 단사」: "彖曰, 大過, 大者過也. 棟橈, 本末弱也. 剛過而中, 巽而說行. 利有攸往, 乃亨, 大過之時, 大矣哉."

11 인주의 직책은 … 데 있다: 『순자』「왕패」: "若夫論一相以兼率之, 使臣下百吏莫不宿道鄉方而務, 是夫人主之職也."

| 7-188 | 「하무下武」는 세 임금의 입장에서 말한 것이다. 삼후는 하늘에 있고,[12] 무왕은 지상[호경(鎬京)]에 있으므로 "하무(下武: 지상에 있는 무왕)"라고 말한 것이다.

| 7-188 | 『下武』, 自三后言之也. 三后在天, 武王在下, 故曰"下武".

| 7-189 | 위무공은 제후인데, 그 시는 『시경』「대아」에 보인다.[13] 아마 왕의 경사일 때인 것 같다.

| 7-189 | 衛武公, 諸侯也, 其詩乃見於『雅』, 蓋爲王卿士時也.

| 7-190 | "노한 낯빛이었다가 미소를 짓네"[14]는 화난 낯빛을 보이는 것이다. 노한 낯빛을 띠었다가 다시 미소를 보인다면 노한 것이 아니라 교화하는 것이다. 노하지 않았다면 마땅히 낯빛에서 드러나야 하고, 이에 교화는 마땅히 미소를 지어야 한다.

| 7-190 | 載色載笑, 色怒也. 載色以怒而復載笑, 非怒也, 乃敎也. 匪怒應載色, 伊敎應載笑.

| 7-191 | 우하虞夏, 옹주雍州의 공물을 수송하는 길은 적석積石에서부터 배를 띄워서 용문龍門 서하西河에 이른다. 지금의 관점에서 보면, 조운은 북중北中부터 시작해야 하니, 가는 길이 천리이다. 이로부터 당우唐虞의 북쪽 경계가

| 7-191 | 虞·夏雍州貢道, 浮於積石, 至於龍門西河. 自今日觀之, 則漕運當由北中行者千里.

---

12 「하무(下武)」는 세 … 하늘에 있고: 『시경』「대아·하무」: "下武維周, 世有哲王. 三后在天, 王配于京." 三后는 太王, 王季, 文王을 가리킨다. 주희는 『詩集傳』에서 '武'를 선왕의 자취로, '下武'를 선왕의 자취가 아래에서 끊어지지 않고 이어짐을 뜻한다고 풀이하였다.

13 위무공은 제후인데 … 「대아」에 보인다: 『시경』「대아·억」. 위무공이 지은 시이다.

14 노한 낯빛이었다가 미소를 짓네: 『시경』「노송·반수」: "載色載笑, 匪怒伊敎."

오히려 멀리 황하 밖에 있었음을 알 수 있다.

由是知唐虞北邊疆境, 尙遠在河外也.

7-192 『좌전』 은공 3년 "4월 정나라 제족祭足이 군대를 이끌고 온溫의 보리를 취했다."[15] 생각건대, 하력 4월이 바로 보리가 익는 시기이므로 "온의 보리를 취했다."라고 했다. 만약 조씨趙氏가 시時와 월月이 모두 바뀌었다고 한 설명에 따르면, 이때는 하력 2월에 해당한다. 어찌 보리를 취하는 것이 가능하겠는가?

7-192 『左氏』隱三年: "四月, 鄭祭足帥師取溫之麥". 按, 夏四月正麥熟之時, 故曰"取溫之麥". 若依趙氏謂時月皆改, 則此當爲夏之二月, 豈可取麥者乎?

7-193 주나라의 교사郊祀에 시동尸童을 맞이하는 의절이 있는데, 후직后稷의 시동을 맞은 것이라고 여긴다. 그러나 예가禮家의 설명에 따르면, 산천山川에 제사를 지낼 때도 모두 시동이 있었으니, 아마도 하늘에 제사를 지내는 데도 시동이 있었을 것 같다.

7-193 周之郊祀, 亦有迎尸, 以爲迎后稷之尸也. 然據禮家說, 祭山川皆有尸, 則恐祭天亦有尸也.

7-194 혹자가 물었다. "『주례周禮』에 천신天神, 지기地示,[16] 인귀人鬼에게 제사를 지내는 음악에는 왜 상음商音을 쓰지 않습니까?" 문공이 말했다. "다섯 가지 음 가운데 하나라도 없으면 음악이 되지 않으니, 상음이 없는 것이 아니라 단지 상조商調가 없는 것이다." 선유先儒가

7-194 或問"『周禮』祀天神·地示·人鬼之樂, 何以無商音?" 文公曰: "五音無一則不成樂, 非是無商音, 只是無商

15 4월 정나라 … 보리를 취했다: 『좌전』「은공 3년」: "四月, 鄭祭足帥師取溫之麥."
16 지기(地示): 지기(地祇)로, 땅의 귀신을 일컫는다.

말했다. '상조가 살기 있는 소리여서 귀신들이 상조를 두려워한다.'

調". 先儒謂商調是殺聲, 鬼神畏商調.

|7-195| 뇌준罍尊은 양으로 동쪽 계단에 있고, 사준犧尊은 음으로 서쪽 계단에 있으니 묘당의 위는 양을 중심으로 삼는다. 현고縣鼓는 양으로 서쪽에 있고, 응고應鼓는 음으로 동쪽에 있으니 묘당의 아래는 음을 중심으로 삼는다.[17]

|7-195| 罍尊, 陽也, 在阼; 犧尊, 陰也, 在西, 堂上以陽爲主也. 縣鼓, 陽也, 在西; 應鼓, 陰也, 在東, 堂下以陰爲主也.

|7-196| 위주魏主 탁발사(拓跋嗣, 392-423)[18]는 항상 최호(崔浩, 381-450)에게 은밀히 묻기를, "근래 일식이 조나라와 대나라의 분야分野[19]에 있고, 짐의 병은 해가 지나도록 낫지 않으니 하루아침에 죽을까 두렵다."[20] 이는 『좌전』에 일식을 기록하며 "노나라와 위나라가 화를 당할 것이다."[21]라고 말한 것과 같기 때문이다. 이 일식의 재앙은 참으로 해당하는 분야가 있다.

|7-196| 魏主嗣常密問崔浩曰: "屬者日食, 趙·代之分, 朕疾彌年不愈, 恐一旦不諱". 此以『左氏』載日食曰"魯·衛當之者"同. 是日食之災, 誠有分野.

---

17 뇌준은 양으로 … 중심으로 삼는다: 『예기』「예기(禮器)」: "天道至教, 聖人至德. 廟堂之上, 罍尊在阼, 犧尊在西; 廟堂之下, 縣鼓在西, 應鼓在東."

18 탁발사(拓跋嗣): 탁발규(拓跋珪)의 장자(長子)이다.

19 분야(分野): 하늘의 별자리와 땅의 위치를 대응시켜 중국 전역을 28수[宿]에 배당하여 나눈 것을 말한다.

20 근래 일식이 … 죽을까 두렵다: 『자치통감』 권119「고조무황제영초원년(420년)」: "魏主服寒食散, 頻年藥發, 災異屢見, 頗以自憂. 遣中使密問白馬公崔浩曰: '屬者日食趙·代之分. 朕疾彌年不愈, 恐一旦不諱, 諸子並少, 將若之何? 其爲我思身後之計!'"

21 노나라와 위나라가 … 당할 것이다: 『좌전』「소공 7년」: "夏四月甲辰朔, 日有食之. 晉侯問於士文伯曰: '誰將當日食?' 對曰: '魯·衛惡之. 衛大, 魯小.'"

| 7-197 | 사미원(史彌遠, 1164-1233)은 비록 훌륭한 재상은 아니지만, 오히려 인재 명부를 두어 훌륭한 사대부의 성명을 적어 두고 임용에 대비하였다. 지금 저 같은 사람이 있는가? 훌륭한 인재가 날로 사라지는 것이 당연하다. 방허곡(方虛谷: 方岳, 1199-1262)이 찬술한 『여오가전呂午家傳』에 보인다.

| 7-197 | 史彌遠雖非賢相, 猶置人才簿, 書賢士大夫姓名以待用. 今有若人乎? 宜賢才之日遺也. 見方虛谷撰『呂千家傳』.

| 7-198 | 『대학』, "재친민在親民"을 정자程子가 말했다. "친親은 마땅히 신新이라고 써야 한다." 내가 생각건대, 친과 신은 옛날에 통용되던 글자였다. 『좌전』에 석작石碏이 "신간구(新間舊: 새로운 사람이 옛 사람을 이간질함)"라고 한 말[22]이 "친간구親間舊"로 되어 있는 것을 보면, 이를 알 수 있다.

| 7-198 | 『大學』在親民, 程子曰: "親當作新". 愚按: 親・新古字通用. 觀『左氏』石碏之言"新間舊"作"親間舊", 此可見矣.

| 7-199 | "공자를 일러 집대성자라고 한다."[23] 라고 말했는데, 음악이 한 번 변하면 일성一成이 되지만 여전히 대성大成은 아니다. 구성九成

| 7-199 | "孔子之謂集大成", 樂一變爲一成, 尙非大成, 九

---

22 석작이 "신간구(新間舊)"라고 한 말: 『좌전』「은공 3년」: "石碏諫曰, '臣聞愛子, 敎之以義方, 弗納於邪. 驕・奢・淫・泆, 所自邪也. 四者之來, 寵祿過也. 將立州吁, 乃定之矣; 若猶未也, 階之爲禍. 夫寵而不驕, 驕而能降, 降而不憾, 憾而能眕者, 鮮矣. 且夫賤妨貴, 少陵長, 遠間親, 新間舊, 小加大, 淫破義, 所謂六逆也; 君義, 臣行, 父慈, 子孝, 兄愛, 弟敬, 所謂六順也. 去順效逆, 所以速禍也. 君人者, 將禍是務去, 而速之, 無乃不可乎?'"

23 공자를 일러 집대성자라고 한다: 『맹자』「만장하」: "孔子之謂集大成. 集大成也者, 金聲而玉振之也. 金聲也者, 始條理也; 玉振之也者, 終條理也. 始條理者, 智之事也; 終條理者, 聖之事也."

이 모두 끝난 연후에 대성大成이라고 한다.

成皆畢, 然後謂之大成.

| 7-200 | 맹자의 학문은 살아 있을 때에는 부모를 섬기고 연장자를 섬기는 것에 있지만, 죽음 이후에 대해서는 성을 알고 하늘을 아는 것에서 지극해진다. 상하와 본말을 하나로 관통하는 것, 이것이 순숙하고 순숙한 유자가 되는 방법이다. 저 노자와 장자는 살아 있을 때와 죽음 이후가 두 갈래이고 머리와 꼬리가 갈라졌는데, 세상의 유학자들이 바야흐로 존중하면서 성철聖哲이라고 여기고 있으니, 어찌 도를 아는 의론이라고 하겠는가?

| 7-200 | 孟子之學, 明在於事親·事長, 而幽極於知性·知天. 上下本末一以貫之, 此所以爲醇乎醇之儒也. 彼莊·老者, 幽明二致, 首尾衡決, 世儒方且尊以爲聖哲, 豈知道之論乎!

| 7-201 | 『안씨가훈』에서 말하길, "아득히 큰 사물은 어떻게 측정할 수 있을까? … 해는 양의 정화精華이고 달은 음의 정화이고 별은 만물의 정화라는 것이 유가儒家의 생각이다. 별이 떨어지면 돌이 된다. 정화가 만약 돌이라면 빛을 가질 수 없으며, 그 성질 또한 무거운데 어디에 매달려 있겠는가? … 별은 해와 달과 형색이 같으므로, 해와 달 또한 돌일 것이다. 돌은 굳고 단단한데 까마귀와 토끼가 어떻게 거기서 살 수 있겠는가? 돌이 기 속에 있으면서 어떻게 홀로 움직일 수 있겠는가? 만약 해, 달, 별이 모두 기로 되어 있다면, 기의 모습은 가볍고 뜨기 때문에 당연히 하늘과 합치게 되어 움직이고 회전하면서 서로 어긋날 수가 없으

| 7-201 | 『顔氏家訓』曰: "夫遙大之物, 寧可度量. 日爲陽精, 月爲陰精, 星爲萬物之精, 儒者所安也. 星墜爲石, 精若是石, 不得有光, 性又質重, 何所系焉? 星與日月形色同耳, 日月又當是石也. 石既牢密, 烏兎焉容? 石在氣中, 豈能獨運? 日月星辰, 若皆是氣, 氣體輕浮, 當

며, 그것들 사이의 더디고 빠름 또한 이치상 같아야 한다. 왜 해와 달, 오성五星과 28수宿에는 각각 도수度數가 있어서 이동함이 같지 않은가?"[24] 호치당(胡致堂: 胡寅, 1098-1156)이 논변하며 "『육경』을 고찰해 보면, 『춘추』에서 송나라에 운석이 떨어졌다고 기록하였지, 별이 떨어져서 돌이 되었다고 하지 않았다. 이미 별을 돌로 여기고 있으니, 이는 모두 억측한 설이지 성인의 말이 아니다."라고 하였다. 내가 생각건대, 해와 달과 성신星辰은 모두 기의 정화로 하늘에 걸려 있다. 그 몸체가 불빛과 같아서 부여잡을 수 없다. 그것이 떨어져서 돌이 되는 것은 땅의 기를 얻었기 때문이지 하늘에서 돌이었던 것은 아니다. 떨어져도 땅에 닿지 않고서 빛줄기로 끝내 사라지는 것이 있는데, 또한 돌이 되지 않는다.

與天合, 往來環轉, 不能錯違, 其間遲疾, 理宜一等, 何故日・月・五星・二十八宿各有度數, 移動不均?" 致堂辨曰: "考之『六經』, 惟『春秋』書隕石于宋, 不言墜爲石也. 既以星爲石, 此皆推臆之說, 非聖人之言也". 愚謂: 日月星辰, 皆氣之精而麗於天, 體如火光, 不能搏執. 其隕而爲石者, 以得地氣故耳, 非在天即石也. 有隕未至地而光氣遂散者, 亦不爲石也.

24 아득히 큰 … 같지 않은가: 『顔氏家訓』「歸心」: "夫遙大之物, 寧可度量? … 日爲陽精, 月爲陰精, 星爲萬物之精, 儒家所安也. 星墜落, 乃爲石矣. 精若是石, 不得有光, 性又質重, 何所繫屬? … 又星與日月, 形色同爾, … 石既牢密, 烏兎焉容? 石在氣中, 豈能獨運? 日月星辰, 若皆是氣, 氣體輕浮, 當與天合, 往來環轉, 不得錯違, 其間遲疾, 理宜一等. 何故日月五星二十八宿, 各有度數, 移動不均?"

포의 소천 주혜 선생

布衣周小泉先生蕙

| 7-202 | 주혜周蕙는 자字가 정방廷芳이고 호號는 소천小泉이고 산단위山丹衛 출신인데, 진주秦州로 옮겨서 살았다. 20세에 『대학』 수장首章 강의를 듣고서 분연히 감동하여 처음으로 독서하고 다른 사람에게 가르침을 청할 줄 알았다. 난주의 수졸戍卒이 되었을 때, 단용사가 강의한다는 것을 듣고서 수시로 가서 강의를 들었다. 오래되자 여러 유생들이 좌석에서 듣게 하였고, 얼마 있다가는 유생들과 함께 강론하였다. 단용사가 "성인의 학문이 아니면 배우지 말라."라고 하자 선생이 "오직 성인의 학문만 배우겠습니다."라고 하였다. 이에 독실히 믿고 힘써 실천하여 정주학을 자임했다. 또 안읍安邑 이창李昶에게 수학했다. 이창이란 사람은 경태景泰 병자(丙子, 1456)년에 향시에 합격하여 청수淸水의 교유敎諭로 제수되었고, 문청(文淸: 薛瑄)의 문인門人이다. 공순후恭順侯 오근吳瑾이 섬

| 7-202 | 周蕙字廷芳, 號小泉, 山丹衛人, 徙居秦州. 年二十, 聽講『大學』首章, 奮然感動, 始知讀書問字. 爲蘭州戍卒, 聞段容思講學, 時往聽之. 久之, 諸儒令坐聽, 既而與之坐講. 容思曰: "非聖弗學". 先生曰: "惟聖斯學". 於是篤信力行, 以程·朱自任. 又受學於安邑李昶. 李昶者, 景泰丙子擧人, 授淸水敎諭, 文淸之門人

서성에서 총병總兵을 지낼때, 선생을 초빙하여 아들의 스승으로 삼으려 했다. 선생께서 완강하게 사양했다. 어떤 사람이 이유를 묻자, 선생께서 말하길, "총병이 나를 부리면, 나는 군사이니 부르면 감히 가지 않을 수 없다. 만약 나에게 아들을 가르치라고 한다면, 나는 스승이니 나를 부르더라도 어찌 감히 나아가겠는가?"라고 하였다. 오근이 마침내 두 아들을 직접 그 집에 보냈고, 선생은 비로소 제자로 받았다. 숙번肅藩의 악인樂人 정안鄭安과 정영鄭寧이 모두 악공의 명부에서 이름을 빼 줄 것을 요청하고, 주 선생을 좇아서 책을 읽었다. 사람을 감동시킴이 이와 같았다. 성화成化 무자년(1468) 단용사가 소천에 도착해서 그를 방문했으나 만나지 못하고, 시를 남기고 떠났다. "소천, 솟아나는 냇물이 연기에 쌓인 덩굴과 나누어 가졌으니, 갓끈을 씻으며 호탕하게 노래를 부르네. 은은한 고요함 머금은 것 수사(洙泗)의 줄기요, 부단한 움직임 고무시키니 이락(伊洛)의 물결이네. 바람에 날리는 티끌은 들어올 여지가 없고, 옥같이 차가운 물 소를 이루면 더욱 푸르네. 노쇠한 나는 세속의 병 아직 떨치지 못했으니, 번거롭지만 오래 묵은 병통을 씻어 버리고 싶네." "흰 구름에 갇힌 빽빽한 산림 속, 담쟁이덩쿨에 쌓여 고요한 집 더욱 깊네. 도를 이룸은 고귀한 벼슬과 관계없으니, 독서하여 성현의 마음을 찾아 취하지. 어

也. 恭順侯吳瑾總兵於陝, 聘爲子師, 先生固辭. 或問故, 先生曰: "總兵役某, 則某軍士也, 召之不敢不往; 若使教子, 則某師也, 召之豈敢往哉?" 瑾遂親送二子於其家, 先生始納贄焉. 肅藩樂人鄭安·鄭寧皆乞除樂籍, 從周先生讀書, 其感人如此. 成化戊子, 容思至小泉, 訪之不遇, 留詩而去: "小泉泉水隔煙蘿, 一濯冠纓一浩歌. 細細靜涵洙·泗脈, 源源動鼓洛川波. 風埃些子無由入, 寒玉一泓清更多. 老我未除塵俗病, 欲煩洗雪起沉痾". "白雲封鎖萬山林, 蔔築幽居深更深. 養道不干軒冕貴, 讀書探取聖賢心. 何爲有大如天

찌자고 천지와 같이 큰 것 있는가, 믿어야 하네 고금에 무궁함을. 남은 고음古音 줄 끊어진 뒤 타고 싶은가, 관민염락關閩濂洛 그대가 찾기를 기다리지." 선생은 부친이 강남으로 유람을 가서 오래되어도 돌아오지 않자, 뒤늦게 강호 사이를 찾아다녔는데, 양자강에 이르러 익사하였다. 세상 사람들이 모두 슬퍼하였다. 문인 중에 가장 두드러진 사람은 위남渭南의 설경지薛敬之와 진주秦州의 왕작王爵이다. 설경지는 스스로 전하는 바가 있었다. 왕작은 자가 석지로 마음을 잡고 보존하는 것을 배움으로 삼았고 벼슬을 보완 주판까지 지냈다.

地, 須信無窮自古今. 欲鼓遺音絃絕後, 關·閩·濂·洛待君尋". 先生以父游江南, 久之不返, 追尋江湖間, 至揚子而溺, 天下莫不悲之. 門人最著者, 渭南薛敬之, 秦州王爵. 敬之自有傳. 爵字錫之, 以操存爲學, 仕至保安州判.

동지 사암 설경지 선생

同知薛思菴先生敬之

|7-203| 설경지(薛敬之, 1435-1508)는 자가 현사顯思이고 호는 사암思菴으로, 섬서의 위남渭南 출신이다. 태어나면서부터 자태와 용모가 뛰어났고, 왼쪽 팔뚝에 문자가 있었는데 검게 피부 속에 들어간 것이다. 다섯 살이 되자 책읽기를 좋아했고, 행동거지가 세속에 휩쓸리지 않아서 고을 사람들이 도학道學이라고 불렀다. 성화 병술년(1466)에 공생貢生으로 태학에 들어갔는데, 당시 백사(白沙, 陳獻章) 또한 태학에 있었으므로 한 시기에 서로 함께 병칭되었다. 병오년(1486)에 산서 응주應州 지주로 선발된 지 삼사 년이 지나지 않아 곡식 사만여 석을 비축하여, 기근이 든 해에 백성들이 떠돌이 신세를 면하게 되었고, (조세를 감당하지 못해) 떠돌다가 돌아온 자들이 삼백여 가구나 되었다. 남산에 호랑이가 나타나는 근심거리가 생기자, 한유[韓愈: 창려(昌黎)]의 『악어』를 모방해서 글을 지

|7-203| 薛敬之字顯思, 號思菴, 陝之渭南人. 生而姿容秀美, 左膊有文字, 黑入膚內. 五歲即喜讀書, 居止不同流俗, 鄉人以道學呼之. 成化丙戌貢入太學, 時白沙亦在太學, 一時相與並稱. 丙午, 謁選山西應州知州, 不三四歲, 積粟四萬余石, 年饑, 民免流亡, 逋而歸者三百餘家. 南山有虎患, 仿昌黎之『鱷魚』, 爲文祭之, 旬

어 제사를 지냈더니, 십여 일 후에 호랑이가 죽었다. 소가채蕭家寨의 평지에서 홍수가 터져 나와 거의 침수되는 데 이르자 다시 글을 지어 제사를 드렸는데, 물이 즉시 아래로 흘러내려 갔는데 그 소리가 마치 우레가 치는 것 같았다. 주과奏課[1]에서 천하제일이 되어서 금화부金華府 동지同知로 승진하였고, 2년을 지낸 뒤 벼슬에서 물러났다. 정덕 무진년(1508)에 별세하니, 향년 74세였다.

日間虎死. 蕭家寨平地暴水湧出, 幾至沉陷, 亦爲文祭告, 水即下泄, 聲如雷鳴. 奏課爲天下第一, 陞金華府同知, 居二年致仕. 正德戊辰卒, 年七十四.

| 7-204 | 선생은 주소천[周小泉: 주혜(周惠)]을 따라서 배웠는데, 항상 닭이 울면 일어나서 문이 열리기를 기다렸다가 물 뿌리고 마당 쓸고 자리를 마련하고, 스승이 도착하면 꿇어앉아 가르침을 청하였다. 그러므로 그 제자들에게 일러 말하길, "주 선생님은 몸소 효제를 실천하였고 그 학문이 정주학과 흡사하여 나는 그를 스승으로 삼았다. 섬주 진운규는 충성스럽고 미더우며[忠信] 고집스럽고 정직하여[狷介] 모든 일을 하는 데 경건한 마음가짐을 가졌으니 나는 그를 벗으로 삼았다. 내가 오늘의 모습을 갖고 있는 까닭은 대부분 이 두 사람 덕분이다." 선생님의 이론은 특히 리理와 기氣를 상세

| 7-204 | 先生從周小泉學, 常雞鳴而起, 候門開, 灑掃設坐, 至則跪以請教. 故謂其弟子曰: "周先生躬行孝弟, 其學近於伊·洛, 吾以爲師; 陝州陳雲逵, 忠信狷介, 凡事皆持敬, 吾以爲友. 吾所以有今日者, 多此二人力也". 先生之論, 特詳於理氣. 其言

1 주과(奏課): 관장(官長)들이 자기가 관장하는 관리들의 근무성적을 임금에게 보고하는 일을 이른다.

하게 다루었다. 그가 "기질지성이 없었던 적이 없다."라고 한 것은 맞지만, "한 몸은 모두 기인데, 오직 마음에만 기가 없다." "기 가운데 영명한 것이 바로 심이다."라고 한 것은 또 리와 기를 나누어 둘로 만든 것이다. 기가 영명하지 않은 적이 없으니, 기가 운행하는 곳은 모두 마음이다. 몸 안에 있는 것이 처음부터 마음일 뿐만 아니라, 바로 몸 안은 또한 처음부터 기가 아닌 적이 없다.

"未有無氣質之性"是矣. 而云"一身皆是氣, 惟心無氣", "氣中靈底便是心", 則又歧理氣而二之也. 氣未有不靈者, 氣之行處皆是心, 不僅腔子內始是心也, 即腔子內亦未始不是氣耳.

『사암야록』

『思菴野錄』

| 7-205 | 마음이 기를 타고 만물을 관섭管攝하여 스스로 기의 주인이 되는 것은 천지가 기를 타고 만물을 낳고 길러서 또 스스로 기의 주인이 되는 것과 같다.

| 7-205 | 心乘氣以管攝萬物, 而自爲氣之主, 猶天地乘氣以生養萬物, 而亦自爲氣之主.

| 7-206 | 한 몸은 모두 기인데, 오직 마음에만 기가 없다. 기를 따라 부침浮沈하고 드나드는 것은 마음이다. 사람은 모두 기이고, 기 가운데 영명한 것이 바로 마음이다. 그러므로 주자가 "마음이라는 것은 기의 정상精爽이다."[2]라고 하였다.

| 7-206 | 一身皆是氣, 惟心無氣. 隨氣而爲浮沉出入者, 是心也. 人皆是氣, 氣中靈底便是心. 故朱子曰: "心者, 氣之

2 마음이라는 것은 기의 정상(精爽)이다: 『주자어류』「5-28」: "心者, 氣之精爽."

精爽".

| 7-207 | 마음은 본래 허령하여 밝고 투철한 것이기 때문에 모두 비추어 주관할 수 있다. 한 번 사욕이 생기면 곧 오히려 혼매하고 막히게 되고, 본체도 자연히 어둡고 막히게 되니, 어떻게 사물을 비추어 주관할 수 있겠는가?

| 7-207 | 心本是個虛靈明透底物事, 所以都照管得到. 一有私欲, 便卻昏蔽了, 連本體亦自昧塞, 如何能照管得物?

| 7-208 | 배우는 사람이 처음 공부할 때 반드시 이 마음이 어떤 것이고, 이 기가 어떤 것이고, 마음이 기를 주관함이 어떻게 하는 것이며, 기가 부려서 마음을 움직임이 어떻게 하는 것인지를 알아야만 비로소 힘을 잘 써서 안으로 나아갈 수 있다.

| 7-208 | 學者始學, 須要識得此心是何物, 此氣是何物, 心主得氣是如何, 氣役動心是如何, 方好著力進裏面去.

| 7-209 | 옛 성현들은 천부적인 것이 아니라 단지 이 마음을 밝혀 분명하게 한 것이다.

| 7-209 | 千古聖賢, 非是天生底, 只是明得此心分曉.

| 7-210 | 천지 사이에 모든 성쇠와 강약이 있는 것은 모두 기이다. 리는 성쇠와 강약의 차이가 없다. 선유는 "지극히 성실하면 금석을 관통한다."[3]라고 말했으니, 리는 기를 부리기에 충분하다.

| 7-210 | 天地間凡有盛衰強弱者, 皆氣也, 而理無盛衰強弱之異. 先儒謂"至誠貫金石", 則理足以

---

3 지극히 성실하면 금석을 관통한다: 이 말은 원대 학자 許有壬의 『至正集』 권52 「五龍廟碑」에 나온다.

馭氣矣.

|7-211| 마음은 곧 관리이고, 성은 곧 인신印信이고, 정은 곧 저 문서이고, 명은 저 문서에서 말하는 것들이다. 문서에는 혹 잘쓴 것도 있고 못쓴 것도 있으며, 말에는 이로운 것도 있고 해로운 것도 있으며 긴급한 것도 있고 느슨한 것도 있음은 바로 재주라고 말한다. 이 모든 것은 기가 아니면 어떻게 하겠는가? 곧 기라고 한다. 그러므로 심, 성, 정, 명, 재, 기는 본래 모두 하나로 뒤섞여 있는 것이니, 다시 무슨 차이가 있겠는가?

|7-211| 心便是官人, 性便是個印信, 情便是那文書, 命便是那文書上說的物事, 文書或寫得好歹, 說得利害緊慢, 便喚做才. 這一弄事物, 不是氣怎麽做的? 便喚氣. 故心·性·情·命·才·氣本同一滾的事, 更何異?

|7-212| 덕에는 크고 작은 것이 없는데, 만약 어떤 것의 시작과 근원을 가리키면 대덕大德이다. 발생하여 끝까지 펼쳐져서 천만 개의 가지는 모두 저 뿌리에서 나온 것이니, 바로 소덕小德이다.

|7-212| 德無個大小, 且指一物始根, 便是大德; 發生條達, 千枝萬柯, 都是那根上出來, 便是小德.

|7-213| 사물과 접촉함이 많으면 자연히 기에 감촉되어 마음을 움직이게 된다. 경건하면 그것 때문에 얽매이지 않고, 그렇지 않으면 그것 때문에 얽매이지 않기가 드물다.

|7-213| 接事多, 自能令氣觸動心, 敬則不能爲之累, 否則鮮不爲之累.

|7-214| 마음이 보존되면 마음결이 일지 않는다. 보존되지 않으면 모래성처럼 무너져 흩어진다.

|7-214| 心之存, 則海水之不波; 不存, 則沙苑之揚灰.

7-215 인은 이 마음이니, 인을 추구함에는 한 가지 방법만 있지 않다. 다만 마음에 보존하고 주재함이 있는 것이 곧 인을 추구하는 것이다. 공자 문하의 문답을 보면 스승의 가르침과 제자의 배움이 모두 단지 정당한 마음을 찾아서 논하였음을 알 수 있으니, 마음 외에 다른 일이 없다.

7-215 仁則是心, 求仁非一方也. 但心有所存主處, 便是求仁. 觀諸孔門問答, 可見師之敎·弟子之學, 都只是尋討個正當底心, 心外無餘事.

7-216 『태극도』는 이 성의 전체全體를 밝힌 것이고, 『서명』은 이 성의 대용大用을 형용한 것이다.

7-216 『太極圖』明此性之全體, 『西銘』狀此性之大用.

7-217 "고요히 움직이지 않다가 감촉하여 마침내 천하의 일에 통하게 된다."[4]라는 것은 마음의 본체와 작용을 표시하여 붙인 것이다. 정자가 이를 근거로 해서 "본체와 작용이 한 근원이요, 드러남과 은미함은 간격이 없다."[5]라고 말한 것은 이 두 구절을 포괄하는 것이다.

7-217 "寂然不動, 感而遂通天下之故", 標貼出個心之體用來. 程子因而就說個"體用一源, 顯微無間", 包括這兩句.

7-218 "벗이 먼 곳으로부터 온다."[6]라고 한 것은 "천하 사람들이 인으로 돌아간다."'[7]라고

7-218 "有朋自遠方來", 與"天下歸

4 고요히 움직이지 … 통하게 된다: 『주역』「계사상」: "易无思也, 无爲也, 寂然不動, 感而遂通天下之故. 非天下之至神, 其孰能與於此?"

5 본체와 작용이 … 간격이 없다: 『易傳』「序」: "至微者, 理也, 至著者, 象也, 體用一源, 顯微无間."

6 자원방래(自遠方來): 『論語』「學而」: "有朋自遠方來, 不亦樂乎?"

7 천하귀인(天下歸仁): 『論語』「顔淵」: "顔淵問仁. 子曰: 克己復禮爲仁, 一日克己復禮,

한 것과 같은 뜻이다.

仁"之旨同.

|7-219| '더없이 활발하게'[8]는 다만 활동하는 것으로 '연비어약(鳶飛魚躍: 하늘에는 솔개가 날고 못에는 고기가 뛴다.)'[9]을 가리키는 것이다. 이는 이기理氣를 알면 전면의 활동을 말할 수 있으니, 예컨대 안자의 "내 앞에 우뚝 서 있는 듯하다."[10] 맹자의 "용약하여 앞으로 나오는 듯하다."[11]라는 모습과 같다.

|7-219| "活潑潑地"只是活動, 指鳶魚也. 便見得理氣, 說得面前活動, 如顏子"卓爾", 孟子"躍如"模樣.

|7-220| 천지에 만물이 없으면 천지가 아니요, 인심에 만사가 없다면 인심이 아니다. 천지는 만물을 마음에 두지 않으니 자연히 만물을 만물로 응대하지 않을 수 없다. 사람의 마음은 일을 마음에 두지 않으니 자연히 일을 일로 응대하지 않을 수 없다. 그러나 지금 천하는 단지 명리관(名利關: 명성과 이익을 취하는 길)이 장악하고 있으면서, 얼마나 많은 우수한 인재를 막고 있는가! 탄식을 금할 수 없다. 기화

|7-220| 天地無萬物, 非天地也; 人心無萬事, 非人心也. 天地無物而自不能不物物, 人心無事而自不能不事事. 而今天下只是一個名利關住扎了, 壅住多少俊才, 可勝歎哉!

天下歸仁焉, 爲仁由己, 而由人乎哉."

8 활발발지(活潑潑地): 『二程遺書』「3-1」: "'鳶飛戾天, 魚躍于淵, 言其上下察也.' 此一段子思喫緊爲人處, 與'必有事焉而勿正心'之意同, 活潑潑地. 會得時, 活潑潑地; 不會得時, 只是弄精神."

9 연비어약(鳶飛魚躍): 『중용』 12장: "詩云: '鳶飛戾天, 魚躍于淵', 言其上下察也."

10 탁이(卓爾): 『論語』「子罕」: "欲罷不能, 旣竭吾才, 如有所立卓爾. 雖欲從之, 末由也已."

11 약여(躍如): 『맹자』「고자하」: "君子引而不發, 躍如也, 中道而立, 能者從之."

氣化가 그렇게 한 것이다.

氣化然也.

|7-221| 기화(氣化: 기의 변화)와 인사(人事: 사람의 노력)는 나뉘어 두 가지로 만들어서는 안 되니, 서로 참고하여 살펴본 연후에 천도天道가 자라나고 사그라지고 세도世道가 융성하고 쇠퇴함을 알 수 있다.

|7-221| 氣化人事, 不可歧而二之, 須相參而究之, 然後可以知天道消息, 世道隆替.

|7-222| 천지天地를 근거로 해서 건곤乾坤을 정하고, 고비高卑를 근거로 해서 귀천貴賤을 자리매김하고, 동정動靜을 근거로 해서 강유剛柔를 단정하고, 사물의 여러 군을 종류별로 분류함으로 인해서 길흉吉凶을 낳고, 천상天象과 지형地形을 근거로 해서 변화를 안다. 이는 성인이 『역경』의 본원을 근거로 하여 사람들에게 보여 주므로, "『역경』의 원리는 천지와 같다."[12] 라고 했다.

|7-222| 因天地而定乾坤, 因高卑而位貴賤, 因動靜而斷剛柔, 因方類物群而生吉凶, 因天象地形而見變化. 此聖人原『易』之張本以示人, 故曰"『易』與天地准".

|7-223| 『태극도』는 비록 리를 말했지만, 또한 기와 떨어진 적이 없었다. 선유가 '태극太極' 두 글자를 해석한 것 중에 가장 좋은 것은, "태극太極은 상象과 수數가 아직 나타나지 않았으나 그 이치가 이미 갖추어져 있는 명칭이고, 형기形器가 이미 갖추어져 있으나 그 이치가 조

|7-223| 『太極圖』雖說理, 亦不曾離了氣. 先儒解"太極"二字最好, 謂"象數未形, 而其理已具之稱, 形器已具, 而其

12 천지준(天地準): 『주역』「계사상」: "易與天地準, 故能彌綸天地之道."

짐이 없는 조목이다."[13]라고 말한 것이다. "상과 수가 아직 나타나지 않았다."라는 구절은 리를 말한 것이고, "형기가 이미 갖추어져 있다."라는 구절은 또한 기를 말한 것이다. 그렇게 보면 기와 리가 어찌 끊기고 간격이 있었던가!

理無朕之目". "象數未形"一句, 說了理, "形器已具"一句, 卻是說了氣, 恁看氣理何曾斷隔了.

7-224 비 오고, 개고, 따뜻하고, 춥고, 바람이 불고 잦아드는 것에서 하늘은 마음이 없다는 것을 알 수 있다. 바람과 우레의 변화는 기가 그렇게 만든 것이다.

7-224 雨暘燠寒, 風之有無, 見得天無心處. 風雷變化, 氣使然也.

7-225 하늘은 본래 마음이 없는데, 사람을 마음으로 삼는다. 성인은 본래 마음이 없는데, 하늘을 마음으로 삼는다. 아직 성인의 경지에 이르지 못한 사람이 어찌 하늘과 같이 되길 바라는 학문을 다할 수 있겠는가? 하늘과 같이 되길 바람은 무엇을 말하는가? 경으로부터 시작함을 뜻한다.

7-225 天本無心, 以人爲心, 聖人本無心, 以天處心. 其未至於聖人者, 可不盡希天之學乎! 何謂希天? 曰自敬始.

7-226 무릇 작위를 하는 것이 마음을 움직임은 다만 마음을 잡고 보존함이 독실하지 않기 때문이다. 독실하면 마음이 안정되고 외물

7-226 凡所作爲動心, 只是操存之心未篤, 篤則心定, 外

13 태극은 상과 … 없는 조목이다: 『伏羲八卦次序之圖』: "朱子曰: '太極者, 象數未形而其理已具之稱, 形器已具而其理无朕之目, 在河圖洛書, 皆虛中之象也.'"

이 빼앗을 수 없고 비록 작위를 하는 것이 있더라도 마음을 움직일 수 없다.

物不能奪, 雖有所爲, 亦不能動.

|7-227| 하늘의 바람, 서리, 비, 이슬은 음양陰陽의 형질이고, 땅의 풀, 나무, 물, 돌은 강유剛柔의 형질이고, 사람의 어버이, 자녀, 군주, 신하는 인의仁義의 형질이다. 음양은 강유와 하나이고, 강유는 인의와 하나이다. 음양이라는 기는 저 형질과 떨어질 수 없다. 강유라는 형질은 저 기와 떨어질 수 없다. 인의라는 본성은 저 기질과 떨어질 수 없다. 기의 형질은 없었던 적이 없고, 형질의 기는 없었던 적이 없으니, 또한 기질지성氣質之性이 없었던 적인 없다. 우연히 살구 씨를 관찰했는데, 하나의 본원이 만 가지로 나뉘는 도리를 알 수 있었다. 당시에 단지 하나의 뿌리를 심었는데, 지금 수만 개의 결실을 맺었으니, 또한 만 가지로 나뉜 것이 아니겠는가? 하나의 근본은 만 가지로 나뉘고, 만 가지의 나뉨이 하나에 근본함은 어떤 때에 끝나겠는가? 이는 천명이 그치지 않고[14] 기상이 일어나는 데서 알 수 있다.

|7-227| 在天之風霜雨露者, 陰陽之質; 在地之草木水石者, 剛柔質也; 在人之父子君臣者, 仁義之質. 陰陽一剛柔也, 剛柔一仁義也. 陰陽氣也, 離那質不得; 剛柔質也, 離那氣不得; 仁義性也, 離那氣質不得. 未有無氣之質, 未有無質之氣, 亦未有無氣質之性. 偶觀杏實, 會得一本萬殊道理. 當時種得只是一本, 如今結了百千萬個, 不亦殊乎? 一本萬殊, 萬殊一本, 有甚時了期, 就見得天命

14 천명불이(天命不已): 『중용』 26장: "詩云'維天之命, 於穆不已', 蓋曰天之所以爲天也. '於乎不顯, 文王之德之純', 蓋曰文王之所以爲文也, 純亦不已."

不已氣象出來.

|7-228| 옛날 지혜를 사용하는 데 우임금만큼 뛰어난 사람이 없었으니, 치수의 일을 보면 다만 강을 하나로 만들고 하수를 하나로 만드는 것을 가지고 천지를 분할한 것이다.

|7-228| 古來用智, 莫過大禹, 觀治水一事, 只把一江一河, 便分割天地.

|7-229| 요순시대에는 덕으로 서로 높였으므로 말할 만한 참위나 술수가 없었다. 한당漢唐 이래로 거짓 학문이 날마다 번성하여서 참위와 술수의 일이 생겼다.

|7-229| 堯·舜之世, 以德相尙, 故無讖緯術數之可言. 漢·唐以下, 僞學日滋, 故有讖緯術數之事.

|7-230| 옛사람들이 처가(處家: 집안에서 처신함)를 논하면서 의리를 말하기도 하고 참음을 말하기도 한다. '인忍' 자는 한계가 없고 '의義' 자는 바로잡아 구함이 있으니, 참기만 해도 안 되고 의리만 써도 안 된다. 상하의 명분은 부득불 의리를 쓰고, 일상의 출입은 부득불 참음을 써야 한다. 의리와 참음이 서로를 구제한 이후에야 집안에서 처신하는 도가 갖추어진다.

|7-230| 古人之論處家, 有曰義, 有曰忍. 蓋忍字無涯涘, 義字有正救, 獨用忍不得, 獨用義亦不得. 上下名分不得不用義, 出入日用不得不用忍. 義與忍相濟, 而後處家之道備矣.

|7-231| 공자 문하가 우유함영(優游涵泳: 종용히 함양함)하는 것은 다만 덕성을 잘 보존하고 보호하는 것이다. 무릇 정사를 묻고 인의를 묻고 벼슬을 묻고 예악과 행실을 묻는 것은 기질이 날뛰지 않도록 하여 샘솟는 물을 퍼내는 것

|7-231| 孔門優游涵泳, 只是調護個德性好. 凡問政·問仁·問士·問禮與行, 不過令氣質不走

에 불과하다.

作, 掘得活水出來.

|7-232| 야기夜氣와 호연지기浩然之氣는 같지 않다. 저것[浩然之氣]은 전체全體를 가지고 말한 것이고, 이것[夜氣]은 생식生息을 가지고 말한 것이다. 다만 '호연지기' 장은 기를 위주로 하고 '우산지목' 장은 성을 위주로 말한 것이니, 배우는 사람들은 서로 교차로 고찰해야 성性과 기氣가 서로 떨어지지 않음을 알 수 있다.

|7-232| 夜氣與浩然之氣不同, 彼以全體言, 此以生息言. 但"浩然"章主於氣, "牛山"章主於性, 學者互相考之, 有以知性氣之不相離也.

|7-233| 하늘이 높고 땅이 낮으며 만물이 유행하는 것은 예악의 자연스러움을 분명하게 밝힌 것이다.

|7-233| 天高地下, 萬物流行, 分明個禮樂自然.

군승 개암 이금 선생

郡丞李介菴先生錦

| 7-234 | 이금(李錦, 1436-1486)은 자字가 재중在中이고 호號는 개암介菴으로 섬서성 함령 출신이다. 주소천周小泉에게 수학했다. 천순 임오년(1462)에 향시에 합격하여 태학에 들어갔고, 사성 형양邢讓이 그를 매우 아꼈다. 형양이 사건에 연루되어 하옥되자, 선생께서 육관의 선비를 이끌고 궐에 엎드려 원통함을 아뢰었다. 이로 말미암아 명성이 경사에 퍼졌다. 경을 위주로 하여 이치를 궁구하는 것을 학문으로 삼았으므로 벼슬을 받고 그렇지 않음에 전혀 감히 구차하지 않았다. 복상할 때에 순무 여숙민余肅敏이 자기 자식을 가르쳐 주길 청했는데, 선생께서는 자최복을 하고 공문에 들어가지 못한다는 이유로 완고하게 사양했다. 숙민은 상을 치를 수 없다는 것을 듣고서 두 개의 곽을 보내었는데, 선생께서는 도리어 그중에 하나를 사양하며 말하길, "상으로 인해서 이익을

| 7-234 | 李錦字在中, 號介菴, 陝之咸寧人. 受學於周小泉. 天順壬午擧於鄕, 入太學, 司成邢讓深器之. 讓坐事下獄, 先生率六館之士伏闕頌冤, 由是名動京師. 以主敬窮理爲學, 故然諾辭受之間, 皆不敢苟. 居憂時, 巡撫余肅敏請敎其子, 先生以齊衰不入公門固辭. 肅敏聞其喪不能擧, 賻以二槨, 先生卻其一, 曰: "不可因喪爲

취할 수 없다."라고 하였다. 군의 대부가 부의로 쌀을 보냈는데, 문서에 '봉(俸: 봉급)'이라는 글자가 없다는 이유로 사양했다. 성화 갑진년(1484)에 송강부松江府 동지로 선발되어 부임하였다가 2년 후에 별세하니, 향년 51세였다.

利也". 郡大夫賻米, 以狀無俸字辭之. 成化甲辰, 謁選松江府同知. 後二年卒, 年五十一.

명유학안 권8,
하동학안하

明儒學案 卷八
河東學案下

문간 경야 여남 선생

文簡呂涇野先生柟

|8-1| 여남(呂柟, 1479-1542)은 자가 중휴仲木이고 호는 경야涇野로, 섬서 고릉 출신이다. 정덕正德 무진년(1508) 진사에 장원급제하여 한림수찬에 제수되었다. 역적 유근(劉瑾, 1451-1510)이 동향 사람으로 축하를 하였으나 이를 거부하자, 유근이 달가워하지 않았다. 황제에게 궁으로 돌아가서 경연을 시행하고 정사를 친히 집정하길 청하자 유근이 더욱 그를 용납하지 않게 되었고, 마침내 병을 핑계로 떠나갔다. 유근이 실권하자, 원래 관직으로 기용되었다. 상소하여 학문을 권했고, 바른 말을 소신껏 개진하여 감동시켰다. 건청궁에 화재가 발생하자, 의견을 구하는 조서에 응하여 여섯 가지 항목을 올렸다. 1. 날마다 조회에 참여할 것. 2. 돌아와서 궁침에 거처할 것. 3. 몸소 대사大祀를 지낼 것. 4. 매일 양궁兩宮에 문안드릴 것. 5. 의자義子[1], 번승(番僧: 라마승), 변군邊軍[2]을 축

|8-1| 呂柟字仲木, 號涇野, 陝之高陵人. 正德戊辰擧進士第一, 授翰林修撰. 逆瑾以鄉人致賀, 卻之, 瑾不悅. 已請上還宮中, 禦經筵, 親政事, 益不爲瑾所容, 遂引去. 瑾敗, 起原官. 上疏勸學, 危言以動之. 乾淸宮災, 應詔言六事: 一·逐日臨朝, 二·還處宮寢, 三·躬親大祀, 四·日朝兩宮, 五·遣去義子·番僧·邊軍,

출할 것. 6. 진수중관鎭守中官[3]의 제도를 철회할 것. 여섯 가지는 모두 무종의 황탄한 정치였다. 황제가 받아들이지 않자, 다시 병을 핑계로 떠나갔다. 세묘(世廟: 가정제)가 즉위하자 원래 관직으로 기용되었다. 갑신년(1524) 자신의 수신을 문제삼아 스스로 탄핵하다가 말이 대례大禮에 미치게 되자, 황제가 조칙을 내려 하옥하였다. 해주판관으로 강등되었다. 자신을 귀양살이하는 사람으로 변명하지 않고, 해주판관을 섭행하면서 이익을 일으키고 폐해를 없애길 본래 욕구한 듯이 적극 행하였다. 해주판관 생활 삼년 동안 조정의 일을 언급한 적이 없었다. 종인부경력을 거쳐서 남경고공낭중, 상보사경, 남경상사소경으로 승진하여 국자좨주로 입조했다가 남경예부우시랑으로 옮겼다. 공경이 효릉에게 붉은빛 길복으로 알현하자, 선생은 "묘소에서는 슬픔이 일어나니 길복은 마땅하지 않다."라고 하고, 소복素服으로 바꿔 입었다. 황제가 현릉(顯陵: 홍헌황제의 묘)을 직

六・撤回鎭守中官. 皆武宗之荒政. 不聽, 復引去. 世廟卽位, 起原官. 甲申以修省自劾, 語涉大禮, 下詔獄. 降解州判官, 不以遷客自解, 攝守事, 興利除害若嗜欲. 在解三年, 未嘗言及朝廷事. 移宗人府經歷, 陞南考功郎中, 尙寶司卿, 南太常寺少卿, 入爲國子祭酒, 轉南禮部右侍郎. 公卿謁孝陵衣緋, 先生曰: "墓生哀, 不宜吉服." 易素. 上將視顯陵, 累疏諫止.

---

1 의자(義子): 정덕제는 재위 16년 동안 100여 명에 이르는 미소년들을 성씨를 바꾸어 양아들로 삼았다.

2 변군(邊軍): 정덕제는 강빈(江彬)의 건의를 받아들여 서울의 일부 병력을 변방으로 보내고 변방의 병사들을 서울로 불러들여 강빈에게 통솔하게 시켜, 병력 지휘체계의 혼란을 야기하였다.

3 진수중관(鎭守中官): 지방의 주요 지역에 환관을 파견하여 조세 징수와 군사 지휘, 지방관 감찰 정무를 수행하게 하면서 부여한 관직으로, 영락제 때부터 시행하기 시작하였다.

접 살펴보려 하자 누차 상소를 올려 그만두게 하였다. 곽문민(霍文敏: 霍韜, 1487-1540)은 하귀계(夏貴溪: 夏言, 1482-1548)와 사이가 좋지 않았다. 문민이 남경 종백이 되자, 문민이 선생에게 귀계의 단점을 수차 말했다. 선생이 말했다. "신하는 화합하니, 규간하는 것은 옳지만 비방해서는 안 됩니다." 곽문민은 하귀계를 편든다고 의심하였다. 이윽고 선생이 조정에 들어가 하례를 하는데, 하귀계가 또 곽문민의 단점을 폭로하였다. 선생이 말했다. "곽군의 성품은 치우친 바가 적으므로 천하의 인재입니다. 당신은 재상이니 천하를 위해서 인재를 아껴야 합니다." 하귀계도 곽문민을 편든다고 의심하였다. 봉선전奉先殿에 화재가 나자, 구경九卿이 자신들의 잘못을 상소하였다. 하귀계가 마침내 선생을 따라서 벼슬을 그만두었다. 선생은 임인년(1542) 7월 초하루 별세하니, 향년 64세였다. 시호는 문간文簡이다.

霍文敏與夏貴溪有隙, 文敏爲南宗伯, 數短貴溪於先生, 先生曰: "臣和衷, 宜規不宜謗也." 敏疑其黨貴溪. 已而先生入賀, 貴溪亦暴文敏之短, 先生曰: "霍君性少偏, 故天下才, 公爲相, 當爲天下惜才." 貴溪亦疑其黨文敏. 會奉先殿災, 九卿自陳, 貴溪遂准先生致仕. 壬寅七月朔卒, 年六十四, 賜諡文簡.

|8-2| 선생은 사암思菴 설경지(薛敬之, 1435-1508)를 스승으로 섬겼고, 이르는 곳마다 강학하였다. 아직 급제하지 않았을 때, 최중부(崔仲鳧: 崔銑, 1478-1541)와 보공사寶邛寺에서 강학하였다. 정덕正德 말년 집에 머물며 동곽별서東郭別墅를 지어서 사방의 학생들을 모았다. 별서에 다 수용할 수 없어서 또 동림서옥東林書屋을 지었다. 진수중관鎭守中官 요당廖堂의 주장이 심

|8-2| 先生師事薛思菴, 所至講學. 未第時, 卽與崔仲鳧講於寶邛寺. 正德末, 家居築東郭別墅, 以會四方學者. 別墅不能容, 又築東林書屋. 鎭守廖奄

하였는데, 그 사자가 고릉高陵을 지날 때는 반드시 경계하여 말했다. "여공이 계시니, 너희들은 잘못을 저지를 수 없다." 해주에 (판관으로) 있을 때 해량서원을 지었고 민간의 우수한 인재를 뽑아서 시를 지어 부르게 하고 예법을 익히게 하였다. 남경에 있는 9년 동안 담감천(湛甘泉: 담약수), 추동곽(鄒東廓: 추수익)과 함께 강학을 주관하였는데, 동남의 학생들이 모두 그 문하로 나아왔다. 상당으로 가는 길에 은사 구란仇欄이 길을 막고 배움을 청했다. 재인(梓人: 목공인) 장제張提가 선생의 강학을 듣고서 스스로 자신의 잘못을 깨우쳐, 일찍이 함부로 남의 물건을 취한 적이 있었는데 뒤늦게 주인에게 돌려주었다. 선생이 이 일로 인해서 시를 지어서 말했다. "어찌 역役에 종사하는 자가 변화시킬 수 있겠는가? 웅산촌은 요임금의 시절과 같다네." 조선에서 선생의 명성을 듣고서 상주하여 선생의 문장을 나라의 모범으로 삼고자 한다고 청하였다. 선생의 학문은 격물을 궁리(窮理: 이치를 궁구하는 것)라고 여겼고, 선지후행을 주장했으니, 이는 모두 유생들이 배우고 익혔던 것이다. 그러나 선생의 이른바 궁리는 범범하게 자신에게 절실하지 않게 하는 것이 아니라, 단지 말하고 조용하고 움직이는 멈추는 곳에서 징험하는 데 있다. 이른바 지라는 것은 곧 듣고 보아서 안 것을 좇아서 덕성의 지혜에 통달하는 것이다. 다만 일마다 놓아 버

張甚, 其使者過高陵, 必誡之曰: "呂公在, 汝不得作過也." 在解州建解梁書院, 選民間俊秀, 歌詩習禮. 九載南都, 與湛甘泉鄒東廓共主講席, 東南學者, 盡出其門. 嘗道上黨, 隱士仇欄遮道問學. 有梓人張提聞先生講, 自悟其非, 曾妄取人物, 追還主者. 先生因爲詩云: "豈有征夫能過化, 雄山村裏似堯時." 朝鮮國聞先生名, 奏請其文爲式國中. 先生之學, 以格物爲窮理, 及先知而後行, 皆是儒生所習聞. 而先生所謂窮理, 不是泛常不切於身, 只在語黙作止處驗之; 所謂知者, 卽從聞見之知, 以通德性之知, 但事事不放過

리고 지나치지 않는다. 대개 공부는 명백하게 해서 회피함이 없는 것이다. 선생은 양지良知를 논하면서 말했다. "성인이 사람을 가르치는데 매번 사람의 성향에 따라서 변화시켰지 한 가지 방법에 얽매이지 않았다. 지금 각기 기품과 수준을 따지지 않고 몇 글자를 써 놓고는 반드시 사람들이 따라야 한다고 하니, 또한 편벽된 것이 아니겠는가?" 사람의 성향에 따라서 가르침을 달리하는 것은 처음 시작할 때의 공부이다. 양지는 본체를 말하니, 본체는 사람마다 다른 것이 없다. 어찌 변화할 수 있겠는가? 이는 왕양명을 몰랐을 뿐 아니라 성인도 알지 못한 것이다.

耳. 大概工夫, 下手明白, 無從躱閃也. 先生議良知, 以爲"聖人敎人每因人變化, 未嘗規規於一方也. 今不論其資稟造詣, 刻數字以必人之從, 不亦偏乎!" 夫因人變化者, 言從入之工夫也. 良知是言本體, 本體無人不同, 豈得而變化耶? 非惟不知陽明, 並不知聖人矣.

『여경야(呂涇野: 呂柟)선생어록』

『呂涇野先生語錄』

|8-3| 물었다. "장강長江에 넓은 바닷가는 풍랑이 위험하게 일어 두려워할 만하다. 바람이 멎고 파도가 잔잔해지면 어부들이 그곳에 출몰하고 갈매기가 그 가운데 날아오르며 울어댐이 마치 서로 친압하며 노는 것 같은데, 어째서인가? 물이 그 계교함을 잊었기 때문이고, 어부와 갈매기 또한 그 계교함을 잊었기 때문이다. 예컨대 사람의 마음은 응당 평담하고 까다롭지 않을 것 같지만, 도리어 예측할 수 없는 경우가 있으니, 풍파의 위험함이 이

|8-3| 問: "長江之上, 大海之濱, 風波之險可畏也. 至於風恬浪息, 漁人出沒其間, 鷗鳥飛鳴其中, 若相狎而玩者, 何也? 水忘機也, 漁人・鷗鳥亦忘機也. 若乃吾人之宅心, 宜若平且易焉已矣, 而

보다 크지 않다. 이것이 장자가 '사람의 마음이 산천보다 위험하다.'라고 말했던 것이다. 이 때문에 계교를 부리는 마음을 잊은 후에 덕을 진전시킬 수 있다." 말했다. "오직 무엇이 평이함인지를 알아야 한다. 평이함에서 조금이라고 벗어나면 휩쓸리고 무너지게 된다."

反有不可測者, 則其爲風波之險莫大焉, 此莊生所謂險於山川者也. 是故機心忘而後可以進德矣." 曰: "只看如何平易, 平易一差, 恐靡然矣."

|8-4| 물었다. "고요할 때에는 천리天理를 체인體認하기 쉽고 움직일 때에는 천리를 체인하기 어려우므로, 군자는 고요할 때 체인한 것을 보존하여 움직일 때 두루 응대하는 것에 통달한다면, 고요할 때도 안정되고 움직일 때도 안정되니, 성대한 덕이 되는 것을 누가 막겠는가?" 말했다. "움직일 때 천리를 체인하는 경우 그래도 취해서 따를 곳이 있지만, 고요할 때는 도리어 더욱 어렵다. 고요할 때 잘 체인할 수 있으면, 움직일 때 막힘 없이 해 나가게 된다."

|8-4| 問: "靜時體認天理易, 動時體認天理難, 故君子存靜之體認者, 以達乎動之泛應者, 則靜亦定, 動亦定, 其爲成德孰禦焉?" 曰: "動時體認天理, 猶有持循處, 靜卻甚難, 能於靜, 則於動沛然矣."

|8-5| 광조光祖가 말했다. "식물이 비를 맞으면 싹이 나기도 하고 자라기도 하니, 그 효험이 매우 빠릅니다. 사람이 가르침을 받는데도 자신의 마음을 일으키지 못함은 어째서입니까?" 선생이 말했다. "단지 중심이 튼실하지 않기 때문이다. 예컨대 오곡의 씨앗이 좀먹거나 축축해지면, 싹을 틔우기 어려운 것과 같다."

|8-5| 光祖曰: "物之遇雨, 或生或長, 其效甚速, 人遇教而不興者何也?" 先生曰: "只是中心未實, 如五穀之種, 或蠹或浥, 難乎其爲苗矣."

|8-6| 물었다. "벗과 사귀고, 집안에서 지내고, 벼슬을 할 때 모두 선한 사람을 얻지 못하면, 처신하기가 매우 어렵습니다." 선생이 대답했다. "이것은 반드시 연민하는 마음이 있어야 한다. 연민할 수 있다면 변통해서 처리할 수 있다. 예컨대 처첩의 어리석음이나 형제의 못남을 그들이 잘못되었다고 말해서는 안 된다. 이것이 인仁과 지知가 합일된 도이다."

|8-6| 問: "交友居家處世, 不能皆得善人, 甚難處." 先生曰: "此須有憐憫之心方好, 能憐憫, 便會區處. 如妻妾之愚, 兄弟之不肖, 不可謂他不是也. 此仁知合一之道."

|8-7| 물었다. "지금 강학하는 데 의견이 일치하지 않는 부분이 많은 것은 어째서입니까?" 말했다. "의견이 일치하지 않기 때문에 강학하는 것이다. 이미 의견이 일치한다면 다시 어찌 강학을 하겠는가? 그러므로 사람을 등용하여 천하를 다스리면서 모두 의견이 같기를 구해서는 안 된다. 의견이 같기를 구하면 참언하거나 낯빛을 꾸며 아첨하는 것들이 모여든다." 도통(道通: 周衡)이 말했다. "정말 그렇습니다. 천하를 다스릴 때는 오직 경중을 살필 뿐입니다."

|8-7| 問: "今之講學, 多有不同者如何?" 曰: "不同乃所以講學, 旣同矣, 又安用講耶? 故用人以治天下, 不可皆求同, 求同則讒諂面諛之人至矣." 道通曰: "果然, 治天下只看所重輕."

|8-8| 물었다. "몸이 매우 약한데도 만약 도적이 될 만한 역량을 갖고 있다면, 마음을 고쳐먹고 성인이 되기가 쉽겠지요?" 선생이 말했다. "성인이 되는 데에는 이런 역량을 쓰지 않는다. 선한 것을 보면 실천하려는 것이 성인이 될 만한 역량이고, 속된 풍속과 물욕에 빠져드

|8-8| 問: "身甚弱, 若有作盜賊的力量, 改而爲聖人方易." 先生曰: "作聖人不是用這等力量, 見得善處肯行, 便是

는 것이 바로 약한 것이다."

力量, 溺於流俗物欲者, 乃弱也."

|8-9| 선생은 학자들이 권신귀족權臣貴族의 문하에 들락거린다는 것을 듣고 이에 말했다. "사람이 부질없이 간신의 문하에 인사를 드리면 자신의 지키던 뜻을 잃어버리게 된다." 이 때문에 사람들이 스스로 가난을 달게 여기며 공부하게 하여, 뿌리를 확립하게 하자, 자연히 흔들리지 않았다.

|8-9| 先生聞學者往來權貴門下, 乃曰: "人但伺候權倖之門, 便是喪其所守." 是以教人自甘貧做工夫, 立定脚根, 自不移.

|8-10| 물었다. "다른 사람과 교우하는 일이 걱정입니다." 선생이 말했다. "반드시 다소 여유로움을 가져야 합니다. 서생의 법도를 일일이 고집해서는 안 됩니다. 대인군자를 만나 앞으로 나아가거나 뒤에 물러나고, 당에 오르거나 내려가고, 대답하고, 말하거나 조용히 있는 것 모두가 공부입니다."

|8-10| 問: "患交接人." 先生曰: "須要寬綽些, 不可拘拘守秀才規矩, 見大人君子, 進退升降·然諾語默皆是學."

|8-11| 선생이 말했다. "진백사(陳白沙: 陳獻章, 1428-1500)가 부름을 받아 경사에 도착했을 때, 이부상서가 물었다. '그대의 성 관리들은 어떠합니까?' 선생이 말했다. '다른 성의 관리들과 같습니다.' 마주 앉길 청하자, 곧바로 앉아서 아무 말도 하지 않았다. 이것은 매우 질박하고 독실한 모습으로 평소 함양한 바가 있기 때문이다. 나일봉(羅一峰: 羅倫, 1431-1478)이 강재 오여필(康齋 吳與弼, 1391-1469)을 방문하였

|8-11| 先生曰: "陳白沙徵到京, 吏部尚書問曰: '貴省官如何?' 曰: '與天下省官同.' 請對坐, 卽坐無辭. 此儘樸實有所養. 羅一峰訪康齋, 見起禦聘牌坊, 乃謂其子云: '不

을 때, 황제의 초빙으로 출사하였다는 패방(牌坊, 기념물)을 보았다. 이에 그 아들에게 '이런 패방을 가질 필요가 없다.'라고 말하고는, 강재를 만나지 않고 물러났다. 이는 나윤 선생의 고매한 부분이다. 강재는 공자 문하의 원헌(原憲)과 같은 사람인데도, 또 이런 일이 있었다!"[4]

必有此牌坊.' 不見康齋而退. 此羅公高處. 康齋, 孔門之原憲也, 而又有此乎!"

|8–12| 선생이 말했다. "예전에 들었는데, 한 첨사僉事가 왕공암(王贛菴: 王竑) 공을 만나길 청하며 '섬서에 오면 첫 번째 황하를 보고, 두 번째 화산을 보고, 세 번째 선생을 만나야 한다.'라고 하자, 왕공이 '관직 생활을 잘하지 못하면 설령 이 세 가지를 보더라도 소용없다.'라고 했다. 이러한 고결함으로 다른 사람의 아첨을 받아들이지 않았다."

|8–12| 先生曰: "昔者聞有一僉事求見王贛菴公云: '西來一件爲黃河, 二件爲華山, 三件爲見先生.' 王公云: '若做官不好, 縱見此三者, 亦不濟事.' 這般高, 不受人諂."

|8–13| 대기大器[5]가 물었다. "움직임과 고요함에서 그 시기를 놓치지 않는 것에 대하여 묻습니다." 말했다. "곧 벼슬에 나아가거나 그만둘 때 오랫동안 하고 빨리 관둠에 각각 상황에 합당하게 해야 한다. 너는 지금 우선 말하고

|8–13| 大器問: "動靜不失其時." 曰: "正是仕止久速各當其可, 汝今且只於語默作止處驗

4 강재는 공자 … 일이 있었다: 原憲은 공자의 제자이다. 『장자』「讓王」에, 子貢이 원헌의 누추한 모습에 무슨 병이 있느냐고 묻자, 원헌이 배우고 실천하지 않는 것이 병이라고 말하고 자신은 가난한 것이지 병이 있는 것이 아니라고 대답한 고사가 전한다. 이는 오여필을 원헌처럼 학문을 실천하면서 가난을 감내하였던 학자로 평가한 것이다.

5 대기(大器): 미상이다. 장정(張鼎, 1431-1495)이 대기라는 호를 쓰는데, 그가 여남(呂柟, 1479-1542)과 이런 문답을 나누었다고 보기 어렵다.

침묵하고 움직이고 그치는 데서 징험해야 한다."

也."

|8-14| 황유인黃惟因이 물었다. "진헌장이 산중에 있을 때 10년 동안 무슨 일을 했습니까?" 선생이 말했다. "공부를 하는 데 반드시 산림에서 할 필요가 없다. 저잣거리에서도 공부를 할 수 있다. 예전에 종남의 선승이 30년을 공부해서 더할 나위 없이 선정을 이루었다. 어떤 선승이 말했다. '너는 고요한 생활에 익숙한 지 오래되었다. 같이 장안의 화류가로 한 번 가 보자.' 화류가에 도착하여 요염하고 아름다운 기녀가 하얗게 분칠하고 까맣게 눈썹을 그린 것을 보자, 마침내 마음이 움직여서 하루아침에 이전 30년 공부를 무너뜨렸다. 또한 번화하고 방탕한 데서 공부해야 함을 알 수 있다. 그러므로 움직이는 곳에서 공부를 하는 것이니, 불교에서는 갈아 없앤다고 하고 우리 유가에서는 극복하여 다스린다고 말한다."

|8-14| 黃惟因問: "白沙在山中, 十年作何事?" 先生曰: "用功不必山林, 市朝也做得. 昔終南僧用功三十年, 儘禪定也. 有僧曰: '汝習靜久矣, 同去長安柳街一行.' 及到, 見了妖麗之物, 粉白黛綠, 心遂動了, 一旦廢了前三十年工夫. 可見亦要於繁華波蕩中學. 故於動處用功, 佛家謂之消磨, 吾儒謂之克治."

|8-15| 응덕應德 당순지(唐順之, 1507-1560)가 물었다. "희로애락喜怒哀樂이 아직 발하기 전의 기상을 보라고 하였는데, 어떻게 보는 것입니까?" 선생이 말했다. "단지 텅 비고 고요한 때이다. '본다[觀]'는 글자는 지각함에 속하고 움직임에 속하니, 단지 마음에서 지각하는 것일 뿐이다. 그러나 그 전에 경계하고 조심하고 염

|8-15| 應德問: "觀喜怒哀樂未發之前氣象, 如何觀?" 先生曰: "只是虛靜之時. 觀字屬知·屬動, 只是心上覺得, 然其前只好做戒

려하고 두려워하는 공부를 하지 않을 수 없으니, 그렇게 하면 곧 성취한 경계가 볼 만하다."

慎恐懼工夫, 就可觀也."

|8-16| 남창南昌 구여중裘汝中이 물었다. "견문지見聞知는 덕성지德性知가 아니지요?" 선생이 말했다. "위대한 순임금은 하나의 선한 말을 듣고 하나의 선한 행위를 보면 굳건하게 따라서 막을 수 없었으니, 어찌 견문지가 아니겠는가? 어찌 덕성지가 아니겠는가?" "그렇다면 장재는 어찌 견문지에 사로잡히지 말라고 했습니까?" 선생이 말했다. "나의 지는 본래 양지이다. 그렇지만 사욕에 의해서 가려지면 반드시 견문지에 의거하여 개척해야 하고 스승과 벗의 도움을 받은 후에야 사욕에서 벗어날 수 있다. 비록 태어나면서 모든 것을 아는 복희라고 하더라도 반드시 위로 관찰하고 아래로 살펴야 한다." 구여중이 말했다. "많이 듣고 그 가운데 선한 것을 택해서 따르고 많이 보고 기억해 두니, 이는 태어나면서부터 아는 것 다음가는 공부입니다. 이 때문에 성인은 덕성지로 자처하기를 달가워하지 않고, 부차적인 공부를 하는 것으로 겸양하였습니다." 말했다. "성인도 부차적인 공부를 했는데, 우리 무리들은 부차적인 공부조차 하지 않는다. 이는 덕성지와 견문지가 상통하며 원래 허다한 등급이 없음을 전혀 알지 못하는 것이다."

|8-16| 南昌裘汝中問: "聞見之知, 非德性之知." 先生曰: "大舜聞一善言, 見一善行, 沛然莫之能禦, 豈不是聞見? 豈不是德性?" "然則張子何以言不梏於見聞?" 曰: "吾之知本是良的, 然被私欲迷蔽了, 必賴見聞開拓, 師友夾持而後可. 雖生知如伏羲, 亦必仰觀俯察." 汝中曰: "多聞擇其善而從之, 多見而識之, 乃是知之次也. 是以聖人將德性之知, 不肯自居, 止謙爲第二等工夫." 曰: "聖人且做第二等工夫, 吾輩工夫只做第二等的也罷. 殊不知德性與聞見相通,

原無許多等第也."

|8-17| 허상선許象先이 물었다. "'즐거움이 그 가운데 있다.'[6]와 '그 즐거움을 고치지 않았다.'[7]의 '낙樂' 자에는 얕고 깊음의 차이가 있지 않겠습니까?" 선생이 말했다. "너는 그것의 깊고 얕음에 관여하지 말라. 지금 단지 스스로 하나의 즐거움을 구할 뿐이다." 대기가 말했다. "그렇다면 구하는 데 방법이 있습니까?" 선생이 말했다. "각 사람은 자신이 연루된 바를 가려서 일체를 완전히 제거한다면 자연히 마음은 넓어지고 몸은 펴진다. 그러나 이른바 연루된 부분은 반드시 모두 듣기에 좋은 소리, 보기에 좋은 낯빛, 재화, 이익과 같이 조악한 것만 아니라, 단지 글을 쓰고 시를 짓는 것과 같이 기호가 있는 것이면 모두 이에 해당된다. 정자가 '서찰은 유학자에게 가장 비근한 일이다. 그러나 좋아하는 데 빠지면, 또한 자연히 뜻을 잃어버리게 한다.'[8]라고 말한 데서 알 수 있다."

|8-17| 許象先問: "樂在其中, 與不改其樂, 樂字有淺深否?" 先生曰: "汝不要管他淺深, 今日只求自家一個樂耳." 大器曰: "然求之有道乎?" 先生曰: "各人揀自己所累處, 一切盡除去, 則自然心寬體胖. 然所謂累處者, 不必皆是聲色貨利粗惡的, 只於寫字做詩, 凡嗜好一邊皆是. 程子曰: '書札於儒者事最近, 然一向好著, 亦自喪志.' 可見."

|8-18| 어떤 유명한 공公이 말했다. "근자에

|8-18| 有一名公

6 낙재기중(樂在其中): 『논어』「7-15」: "子曰: 飯疏食飮水, 曲肱而枕之, 樂亦在其中矣, 不義而富且貴, 於我如浮雲."

7 불개기락(不改其樂): 『논어』「6-9」: "子曰: 賢哉, 回也, 一簞食一瓢飮, 在陋巷, 人不堪其憂, 回也不改其樂, 賢哉, 回也."

8 서찰은 … 잃어버리게 한다: 『유서』「1-39」.

저와 마주하여 강학하는 이들은 오직 저보다 젊은 사람들입니다." 선생이 웃으면서 말했다. "정자가 한지국韓持國에게 말하길, '그대는 다른 사람에게 가르침을 구해야 하는데, 도리어 다른 사람들이 와서 그대를 찾게 하는가?'라고 하였습니다. 만약 이 도를 위해 강학한다면 반드시 다른 사람에게 낮추어서 강학해야 합니다. 그렇지 않으면 도를 지닌 사람이 그대에게 찾아와서 강학하려고 하겠습니까?" 또 말했다. "저는 공연히 지위만 차지하고 있지 사업을 성취한 적이 없었습니다." 선생이 말했다. "그렇지 않습니다. 현인군자는 자리에 있을 때 어떻게 하는 것이 공업을 세우는 것인가 하고 반드시 골몰하지 않습니다. 단지 한마디 말과 하나의 행동을 모두 도리에 근거할 뿐입니다. 관직에 있으면 동료 관료들이 모범으로 취하고, 재야에 있으면 군민軍民이 외경하며 따릅니다. 또 천하 사람들에게 어떤 곳에 어떤 공이 있어 갑작스레 급한 상황이 발생하면 의지할 수 있다는 것을 알게 하면, 어찌 안 될 것이 있겠습니까?" 그 사람이 말했다. "이와 같으니 삼가하지 않을 수 없습니다."

曰: "近日對某講學者, 惟少某人耳." 先生笑曰: "程子說韓持國曰: '公當求人, 倒敎人來求公耶?' 若爲這道講, 須下人去講, 不然, 有道者他肯來尋公講耶?" 又曰: "某尸位未嘗建得事業." 先生曰: "不然, 賢人君子在位, 不必拘拘如何是建功創業, 但一言一動皆根道理. 在位則僚屬取法, 在下則軍民畏服. 又使天下之人知某處有某公在, 卒然有急可恃, 有何不可?" 其人曰: "若是不可不愼矣."

|8-19| 어떤 재상이 나랏일을 맡았는데, 그 동생이 섬서를 지나다가 대산對山과 함께 말했다. "내가 경도에 돌아가면 형님에게 당신을 추천하여 기용하도록 얘기하겠습니다." 대산

|8-19| 有一相當國, 其弟過陝西, 與對山曰: "某回京與家兄說薦擧起用."

이 웃으면서 말했다. "내가 어찌 다른 사람의 손아귀에 놀아나며 공명을 취하는 사람이 되겠는가?" 선생이 말했다. "이 또한 비분강개하는 선비라고 할 만하다." 혹자가 말했다. "그러나 중용에 맞게 처신하는 것에는 미흡합니다." 선생이 말했다. "선비가 이런 기상이 있으면, 또한 탈속한 것입니다. 어찌 꼭 중용에 맞게 할 수 있겠습니까?"

對山笑曰: "某豈是在某人手裏取功名的人." 先生曰: "此亦可謂慷慨之士." 或曰: "但欠適中耳." 曰: "士但有此氣象, 亦是脫俗, 怎能勾便中庸也?"

8-20 선생이 임영林穎의 기상이 침착한 것을 보고 대기를 가리키며 말했다. "사람이 움직이고 고요할 때 침착하고, 말할 때 찬찬하고 자상함은 천리상 응당 그러해야 할 뿐 아니라 바라보는 사람들에게 경애하는 마음을 일으키니, 곧 학문이다. 배우는 사람들은 이러한 기상이 없어서는 안 된다. 다만 반드시 먼저 마음에 지니고 있어야 한다."

8-20 先生見林穎氣象從容, 指謂大器曰: "人動靜從容, 言語安詳, 不惟天理合當如此, 且起觀者敬愛, 就是學問也. 學者不可無此氣象, 但須要先有諸中矣."

8-21 시요時耀가 물었다. "놓아 버린 마음은 어디에서 거두어들입니까?" 선생이 말했다. "반드시 놓아 버린 곳에서 거두어들여야 한다. 그러면 머지않아 회복할 것이다."

8-21 時耀問: "收放心在何處?" 先生曰: "須於放的去處收, 則不遠而復矣."

8-22 선생이 여러 유생에게 말했다. "내가 인을 바라면 인이 이르게 된다.[9] 지금 강학講學은 너무 고원하다. 내가 여러 유생과 서로 약속함은 하학下學부터 공부하면서 어떤 곳에서

8-22 先生謂諸生曰: "我欲仁, 斯仁至矣. 今講學甚高遠, 某與諸生相約,

든 도리를 보는 것이다. 부모 섬기기를 이 도리로 하고 형제와 처자를 대하기를 이 도리로 하고 노복 대하기를 이 도리로 하면, 귀신에게 질정할 수 있고 일월을 대할 수 있고 후학을 개발해 줄 수 있으니, 이는 모두 절실한 곳으로부터 하는 것이다." 대기大器가 말했다. "무릇 인仁도 익숙하게 하는 데 달려 있겠군요." 말했다. "그렇다."

從下學做起, 要隨處見道理. 事父母這道理, 待兄弟妻子這道理, 待奴僕這道理, 可以質鬼神, 可以對日月, 可以開來學, 皆自切實處做來." 大器曰: "夫仁亦在乎熟之而已矣!" 曰: "然.

|8-23| 물었다. "학문을 한다는 것은 무엇입니까?" 말했다. "단지 자신을 바로잡아야 할 뿐이다. 공자가 말하길, '위로 하늘을 원망하지 않고 아래로 사람을 탓하지 않는다. 나를 알아주는 것은 하늘이로다.'[10]라고 했다. 다른 사람이 알아주길 구한다면 그 길목이 좁아질 것이다. 하늘이 바라는 것을 어디에서 살피는가? 단지 사람의 마음을 얻는 데 있다. 사람의 마음을 얻는 것이 하늘을 얻는 것이다. 『상서』에 '하늘이 봄은 우리 백성들로부터 봄이요, 하늘이 들음은 우리 백성에게 듣는 것이다.'[11]라고

|8-23| 問"爲學." 曰: "只要正己. 孔子曰: '上不怨天, 不下尤人, 知我者其天乎!' 若求人知, 路頭就狹了. 天打那處去尋, 只在得人, 得人就是得天. 『書』曰: '天視自我民視, 天聽自我民聽.'" 學者未省. 曰: "本之

9 욕인인지(欲仁仁至): 『논어』「7-29」: "子曰: 仁遠乎哉. 我欲仁, 斯仁至矣."

10 상원하우(上怨下尤): 『논어』「14-37」: "子貢曰: 何爲其莫知子也. 子曰: 不怨天, 不尤人, 下學而上達, 知我者, 其天乎."

11 하늘이 봄 … 듣는 것이다: 『상서』「태서(중)-7장」: "天視, 自我民視, 天聽, 自我民聽, 百姓有過, 在予一人, 今朕, 必往."

하였다. 배우는 사람은 미처 살피지 않을 뿐이다." 말했다. "한 마음에 근원을 두고 내 한 몸에서 징험하고 종족에게 베풀고 향당에 미루어 나간 연후에 정사에 미치면, 어떤 경우든 안 될 것이 없다. 모든 일에서 인仁에 대해서는 남음이 있게 하고 의에 대해서는 부족함이 있게 하면, 사람의 마음을 얻지 못하는 경우가 없다."

一心, 驗之一身, 施之宗族, 推之鄉黨, 然後達之政事, 無往不可. 凡事要仁有餘而義不足; 則人無不得者."

|8-24| 장조章詔가 물었다. "양지良知를 강설하는 것은 어떻습니까?" 선생이 말했다. "성인이 사람을 가르칠 때는 매번 그 사람에 따라 변한다. 예컨대 안연이 인을 묻자 공자는 극기복례克己復禮[12]로 일러 주었고, 중궁이 인을 묻자 공자가 경敬과 서恕[13]로 일러 주었고, 번지가 인을 묻자 거처할 때 공손하고 일을 집행할 때 경건히 하고 다른 사람과 함께하는 데 성심을 다함[14]으로 일러 주었다. 사람의 자질과 학력이 이른 바에 따라서 나아가게 하였고, 하나의 방법으로 획일화한 적이 없다. 세상의 유자들은 사람들을 가르칠 때 왕왕 자질과 조예를

|8-24| 詔問: "講良知者何如?" 先生曰: "聖人教人, 每因人變化. 如顏淵問仁, 夫子告以克己復禮, 仲弓則告以敬恕; 樊遲則告以居處恭·執事敬·與人忠. 蓋隨人之資質學力所到而進之, 未嘗規規於一方也. 世之儒者誨人, 往往

12 극기복례(克己復禮): 『논어』 「12-1」: "顏淵問仁. 子曰: 克己復禮爲仁. 一日克己復禮, 天下歸仁焉. 爲仁由己, 而由人乎哉."

13 경서(敬恕): 『논어』 「12-2」: "仲弓問仁. 子曰: 出門如見大賓, 使民如承大祭, 己所不欲, 勿施於人, 在邦無怨, 在家無怨. 仲弓曰: 雍雖不敏, 請事斯語矣."

14 거처할 때 … 성심을 다함: 『논어』 「13-19」: "樊遲問仁. 子曰: 居處恭, 執事敬, 與人忠, 雖之夷狄, 不可棄也."

막론하고 몇 글자를 새겨 주어 사람들이 반드시 따르게 하니, 또한 편벽된 것이 아니겠는가!"

不論其資稟造詣, 刻數字以必人之從, 不亦偏乎!"

|8-25| 물었다. "치양지致良知는 무엇입니까?" 선생이 말했다. "양명은 맹자의 양지설에 근거하여 사람들의 마음을 일깨워 가르쳤으니, 경각되고 절실하지 않은 것이 아니다. 다만 맹자는 양능良能을 겸하여서 말했다. 또한 사람의 앎과 행함은 본래 차례가 있으니, 반드시 만저 안 뒤에 행하는 것이니 하나에 치우쳐서는 안 된다. 부열傅說은 '앎이 어려운 것이 아니다.'라고 하였으니, 성현도 앎을 행함으로 여긴 적이 없다. 비록 주자(周子: 주돈이)는 사람들을 가르치면서 '정靜'과 '성誠'을 말하였고, 정자(程子: 이정)는 사람을 가르치면서 '경敬'을 말하였고, 장자(張子: 장재)는 '예禮'로써 사람을 가르쳤으니, 여러 현인의 말이 선하지 않음이 없지만, 또한 각각 하나의 단서를 잡은 것이다. 예컨대 '정'을 말하면, 사람의 본성이 정에 치우친 사람은 반드시 따로 하나의 도리를 구해야 한다. 성과 경이 본래 배움의 요체이지만, 성과 경의 경지에 이르기 전에 또한 착수하는 곳이 있어야 한다. 예컨대 공자가 『논어』의 첫머리에서 단지 '배우고 때때로 익힌다.'라고 말했지만, 여기서 배움을 말하면 다른 모든 덕목이 그 가운데 있게 되는 것이다."

|8-25| 問"致良知." 先生曰: "陽明本孟子良知之說, 提掇教人, 非不警切, 但孟子便兼良能言之. 且人之知行, 自有次第, 必先知而後行, 不可一偏. 傅說曰: '非知之艱.' 聖賢亦未嘗卽以知爲行也. 縱是周子教人曰'靜'·曰'誠', 程子教人曰'敬', 張子以'禮'教人, 諸賢之言非不善也, 但亦各執其一端. 且如言靜, 則人性偏於靜者, 須別求一個道理. 曰誠·曰敬, 固學之要, 但未至於誠敬, 尤當有入手處. 如夫子『魯論』之首, 便只曰'學而時習', 言學, 則皆

在其中矣."

|8-26| 논하였다. "격물치지格物致知에 대해서 세상의 유자들이 변론함이 너무 고원하지 않습니까?" 선생이 이르길, "만약 일마다 사물마다 모두 궁리해야 한다면 어떤 때에 다할 수 있겠는가? 그러므로 단지 한번 앉고 일어서는 사이에도 격물을 할 수 있다고 하니, 어째서인가? 대개 앉아 있을 때 반드시 앉음의 이치를 궁리해야 하니, 예컨대 시동이 이에 해당한다. 서 있을 때 반드시 서 있음의 이치를 궁구해야 하니, 예컨대 재계함이 이에 해당한다. 모든 이와 같은 부류들이 다 이와 같으면 앎을 지극하게 할 수 있고 뜻을 성실하게 할 수 있다." 또 말했다. "우선 몸과 마음이 이르는 곳과 사물이 이르는 곳에서 궁리하여 오래되면 자연히 익숙해진다. 혹자가 격을 재고 헤아리는 것이라고 하였는데, 또한 옳다."

|8-26| 論"格物致知, 世之儒者辨論莫太高遠乎?" 先生謂: "若事事物物皆要窮盡, 何時可了. 故謂只一坐立之間, 便可格物. 何也? 蓋坐時須要格坐之理, 如尸是也; 立時須要格立之理, 如齋是也. 凡類此者, 皆是如是, 則知可致而意可誠矣." 又曰: "先就身心所到・事物所至者格, 久便自熟. 或以格爲度量, 亦是."

|8-27| 선생이 여러 유생에게 일러 말했다. "배우는 사람은 다만 은거하든 출사하든 곤궁하든 출세하든 시종일관 변하지 않아야 비로소 좋다. 지금 사람들은 세상에 이름이 나서 여러 사람 앞에 유명해지면 이전과 다른 사람이 되고, 한가하게 홀로 거처할 때 또 다른 한 사람이 되고, 부귀할 때 또 다른 한 사람이 되고, 빈천할 때 또 다른 한 사람이 된다. 눈앞에 펼쳐졌던 것들로 변하지 않는 사람은 오직 하

|8-27| 先生謂諸生曰: "學者只隱顯窮達, 始終不變方好. 今之人對顯明廣衆之前, 一人焉, 閒居獨處之時, 又一人焉; 對富貴又一人焉, 貧賤又一人焉. 眼底交遊所不變者,

수부(何粹夫: 何瑭, 1474-1543)일 것이다.”

惟何粹夫乎!”

|8-28| 장조가 구암久菴 공과 작별 인사를 하다가 그와 함께 양명학을 강론하였다. 공이 말했다. “주자의 도학道學을 어찌 후학들이 감히 가벼이 의론하는가? 다만 한두 가지를 들어서 말해 보면, 그의 성질이 또 너무 편협했기 때문이다. 예전에 당중우(唐仲友, 1136-1188)가 태주의 태수일 때, 진동보(陳同父: 陳亮, 1143-1194)는 태주의 동지였다. 두 사람은 각자 재능을 경쟁하면서 서로 그다지 협력하지 않았다. 당시 당중우는 어머니, 동생네와 함께 관사에 거처하였다. 회옹(晦翁: 朱熹)이 절동 제거가 되어 태주를 안찰하자, 진동보가 마침내 중우의 가정생활이 혼잡스런 상태라고 무고하였다. 회옹이 살펴보지 않고 마침내 중우를 탄핵했다. 왕회(王淮, 1126-1189)가 이 때문에 상주하여 변론하자, 회옹이 다시 왕회를 탄핵했다. 나중에 중우가 또 가정생활의 혼잡스런 상태를 가지고 회옹을 무고하였고 서로 무고한 일로 헐뜯었으니, 어찌 지나치게 편협한 것이 아니겠습니까?” 장조가 이 말을 듣고 돌아가서 선생에게 물었다. 선생이 말했다. “무고하게 헐뜯은 일이 실제로 있었다. 그러나 중우가 재주와 명성이 있었더라도 시종 소인일 뿐이니, 어찌 이로써 주자를 무고하게 비방하는 것이 가능하겠는가? 당중우가 말한 시비와 포폄이 애시당

|8-28| 詔因辭謝久菴公, 與講論陽明之學. 公謂: “朱子之道學, 豈後學所敢輕議? 但試擧一二言之, 其性質亦是太褊. 昔唐仲友爲台州太守, 陳同父同知台州, 二人各競才能, 甚不相協. 時仲友爲其母與弟婦同居官舍. 晦翁爲浙東提擧, 出按台州, 陳同父遂誣仲友以帷薄不修之事, 晦翁未察, 遂劾仲友. 王淮爲之奏辨, 晦翁又劾王淮. 後仲友亦以帷薄不修之事, 誣論晦翁, 互相訐奏, 豈不是太褊乎?” 詔聞此言, 歸而問於先生. 先生曰: “訐奏事信有之, 但仲友雖負才名, 終是小人,

초 어떻게 믿을 만하겠는가? 오래되면 자연히 명백해진다. 주 선생이 중우를 탄핵한 일은 『대우록台寓錄』에 보인다. 중우가 주 선생을 무고한 일은 중우의 『문집』에서 보이니, 그것이 사견임을 알 수 있다."【동보가 이때 아직 급제하지 않았으니, 태주 동지가 아니었다. 회옹과 중우가 서로 무고한 일에 가정생활의 혼잡스러운 것으로 서로 비방한 적이 없다. 이 단락에는 하나도 사실인 것이 없다.】

安得以此誣毁朱子. 是非毁譽, 初豈足憑? 久之便是明白. 朱先生劾仲友事, 見『台寓錄』; 仲友誣朱先生事, 見仲友『文集』, 可知其是私也."【同父此時尙未及第, 未嘗同知台州. 晦翁仲友相訐, 未嘗以帷薄相誣. 此段無一實者.】

|8-29| 선생이 말했다. "지금 세상의 배우는 사람들은 입만 열면 일관一貫을 말한다. 알 수 없으나, 이른바 일관은 행위의 차원에서 말한 것인가? 말의 차원에서 말한 것인가? 배워서 일관의 경지에 이르려고 한다면, 얼마나 공부를 해야 하는가? 지금 또 단지 마음 밝히는 것을 말하면서 천하의 일을 비추어 낼 수 있다고 한다. 우주 안의 일이 본래 내 마음과 서로 통하지만, 마음에서 하나하나 이해하지 않으면, 무슨 수로 앎을 지극하게 하겠는가? 이른바 이해하지 않고 아는 것은 바로 이른바 마음을 밝히고 성을 보는 것이니, 선禪이 아니고 무엇이겠는가?"

|8-29| 先生曰: "今世學者, 開口便說一貫, 不知所謂一貫者, 是行上說, 是言上說, 學到一貫地位多少工夫? 今又只說明心, 謂可以照得天下之事. 宇宙內事, 固與吾心相通, 使不一一理會於心, 何由致知? 所謂不理會而知者, 卽所謂明心見性也, 非禪而何?"

|8-30| 황유용黃惟用[15]이 말했다. "배우는 사

|8-30| 黃惟用曰:

람들은 제일 중요한 일을 다른 사람이 하게 양보해서는 안 된다." 선생이 말했다. "가장 중요한 일을 다른 사람이 하게 양보해서는 안 된다고 말하자마자, 자신을 삿되게 하는 것에서 면하지 못한다. 이는 원래 자신이 해야 하는 것이다." 또 말했다. "배워서 스스로 마땅히 하는 경지에 이르게 되면, 다른 사람이 제일 중요한 일을 하는 것을 비록 절하여 양보해도 괜찮다."

"學者不可將第一等事讓別人做." 先生曰: "才說道不可將第一等事讓與別人做, 不免自私, 這元是自家合做的." 又曰: "學到自家合做處, 則別人做第一等事, 雖拜而讓之可也."

|8-31| 배우는 사람이 태만하고 나태하고 방자한 데 이르게 되면 총괄적으로 불인한 것이다. 인仁하면 자연히 멈추지 않는다.

|8-31| 學者到怠惰放肆, 總是不仁, 仁則自是不息.

|8-32| 시인은 주공周公에 대해서 걷는 모습으로부터 곧 주공이 성인임을 알았다. 그러므로 "적색 신발이 편안하다."[16]라고 했다. 내면의 수양이 부족한 사람은 혹 비방하는 말을 들으면 걸음걸이가 반드시 꼬이고 어긋나는 데 이르게 되어 편안하고 차분할 수 없다. 예컨대 사안謝安의 절극折屐[17]을 어찌 억지로 통제할 수

|8-32| 詩人於周公, 從步履上看, 便見得周公之聖, 故曰: "赤潟几几." 凡人內不足者, 或有讒謗之言, 步履必至錯亂, 不能安詳. 如謝

15 황유용(黃惟用): 생몰연대 미상. 강서 남창 출신으로 1550년부터 1553년까지 숭명현(崇明縣)서 관직 생활을 했다.

16 적석궤궤(赤舃几几): 『시경』 「빈풍」: "公孫碩膚, 赤舃几几."

17 절극(折屐): 진(晉) 나라 재상(宰相) 사안(謝安)이 그의 조카 현(玄)을 보내어 진병(秦兵)을 막게 하였다. 현(玄)이 8천 명의 군사를 이끌고 진나라 백만 대병을 쳐부수었다. 보고하는 글이 이를 때 사안은 한창 바둑을 두고 있었는데, 손이 소식을 물으니 사

있겠는가? 그러므로 옛사람들은 단지 자신에게서 구했으니, 자기에게 있는 것이 안정되면 외부의 허다한 득실과 화복이 모두 나를 동요시키기에 부족하다. 이 때문에 사나운 바람과 우레 치는 비도 미혹시키지 못하는 것이다.

安折屐, 豈能强制得住? 故古人只求諸己, 在己者定, 外邊許大得失·禍福, 皆不足動我, 是故烈風雷雨弗迷.

|8-33| 선생이 말했다. "나는 계미년(1523) 회시 시험장에서 어떤 거자(擧子: 회시 응시생)의 도학에 대한 대책문을 보았는데, 지금 육구연을 종주로 삼고 주희를 변파하는 이들에 대하여 주벌하고 그 책을 불태우고자 하여, 문목에 매우 부합함이 있었고 또한 경서에 대한 논論과 표表도 모두 좋았다. 같이 시험을 주관하였던 이들이 그를 선발하려고 하였으나, 나는 그들에게 '이 사람이 오늘 고시관에 영합함을 보니, 후에 출사하면 권세에 영합하리라는 것을 반드시 알 수 있다.' 이에 그를 버리고 선발하지 않았다." 이어서 문인들에게 말했다. "무릇 선배를 논할 때는 반드시 지당함을 구해야 하고, 또 마땅히 돈후함을 지켜야지 경솔하게 함부로 말해서는 안 된다."

|8-33| 先生曰: "予癸未在會試場, 見一擧子對道學策, 欲將今之宗陸辨朱者, 誅其人, 焚其書, 甚有合於問目. 且經書論表俱可. 同事者欲取之, 予則謂之曰: '觀此人於今日迎合主司, 他日出仕, 必知迎合權勢.' 乃棄而不取." 因語門人曰: "凡論前輩, 須求至當, 亦宜存厚, 不可率意妄語."

|8-34| 물었다. "'인심은 위태롭고 도심은 은

|8-34| 問: "危微

안은 기뻐하는 기색을 나타내지도 않으며, "아이들이 도적을 이미 쳐부수었군."이라고 말했다. 그러고서 바둑을 계속 두었다. 그러나 손을 보내고 문안으로 들어오다가 나무신의 이[齒]가 문턱에 걸려서 부러지는 줄도 몰랐으니, 이는 매우 기뻤기 때문이다.

미하니, 정밀하게 하고 한결같이 한다.'[18]는 무슨 뜻입니까?" 말했다. "마음은 하나이지만, 인심과 도심의 구별이 있는 것은 마음이 드러난 것에 나아가 말한 것일 뿐이다. 위태함과 은미함은 모두 좋지 않은 면모이다. 무엇을 위태함이라고 하는가? 이 마음이 발하여 형기의 차원에 머물면 정을 동탕시키고 성을 뚫어서 자신을 죽이고 집안을 망쳐서 어떤 지경이든 이르지 않음이 없으므로 위태하다고 말한다. 무엇을 은미함이라고 하는가? 공연히 이 의리의 마음을 지키면서 확충할 수 없고 사지에 작용하지 않고 사업에서 드러나지 않고 단지 미미하게 염려하는 사이에 있어 그다지 분명하게 드러나지 않으므로 은미하다고 말한다. '유정(惟精: 정밀하게 살핌)'은 살펴서 인심과 도심 사이에서 혼잡되지 않게 하는 것이다. '유일(惟一: 전일하게 함)'은 형기가 작용하는 것이 모두 도를 따라서 나와 합하여 하나가 되는 것이다."

精一何如?" 曰: "心一也, 有人道之別者, 就其發處言之耳. 危微皆是不好的字面. 何謂危? 此心發在形氣上, 便蕩情鑿性, 喪身亡家, 無所不至, 故曰危. 何謂微? 徒守此義理之心, 不能擴充, 不發於四支, 不見於事業, 但隱然於念慮之間, 未甚顯明, 故曰微. 惟精是察, 二者之間, 不使混雜; 惟一是形氣之所用也, 皆從道而出, 合爲一片."

|8-35| 본태本泰가 "야기夜氣"[19]를 물었다. 말했다. "야기가 있고, 단기旦氣가 있고, 주기晝氣가 있다. 주기가 있은 후에 야기가 있고, 야기

|8-35| 本泰問"夜氣." 曰: "有夜氣, 有旦氣, 有晝氣. 晝氣

18 위미정일(危微精一): 『상서』 「대우모-15」: "人心惟危, 道心惟微, 惟精惟一, 允執厥中."
19 야기(夜氣): 『맹자』 「11-8」: "其日夜之所息, 平旦之氣, 其好惡與人相近也者幾希, 則其旦晝之所爲, 有梏亡之矣. 梏之反覆, 則其夜氣不足以存, 夜氣不足以存, 則其違禽獸不遠矣."

가 있은 후에 단기가 있다. 단기가 주기에 질곡되지 않으면 확충되어 자라날 수 있다. 맹자의 이 야기장은 '기' 자를 말하였지만, 바로 '성' 자가 거기에 있다. '성' 자를 어느 곳에서 찾아야 하는가? 단지 '기' 자에서 찾아야 한다. 다만 본체와 기에 의해서 부려지는 것의 차이가 있을 뿐이지, 성은 성이고 기는 기임을 말하는 것이 아니다. 저 측은惻隱이 성이니, 발출한 정이 또한 측은할 수 있다면, 곧 기가 한 것이다. 이 기가 없으면 이 측은함도 없다. 선유는 기를 배에, 성을 사람에 비유했다. 기가 성을 실은 것이 배가 사람을 실을 것과 같다고 하였으니, 성과 기를 둘로 나눈 것이다. 시험삼아 요즘 사람들을 보면 어찌 성이 기를 좇아서 발출하지 않겠는가?"

之後有夜氣, 夜氣之後有旦氣, 旦氣不牿於晝氣, 則充長矣. 孟子此言氣字, 卽有性字在. 蓋性字何處尋? 只在氣字求. 但有本體與役於氣之別耳, 非謂性自性・氣自氣也. 彼惻隱是性, 發出來的情也能惻隱, 便是氣做出來, 使無是氣, 則無是惻隱矣. 先儒喩氣猶舟也, 性猶人也, 氣載乎性, 猶舟之載乎人, 則分性氣爲二矣. 試看人於今, 何性不從氣發出來?"

|8-36| 영년永年이 "호연지기는 의와 도에 배합하는 것이다."[20]라고 한 것을 물었다. 선생이 말했다. "이 기는 도와 의를 실은 것임을 말한다. 그렇지 않으면 부귀에 의해서 마음이 동하고 빈천에 의해서 마음이 동하여 주리게 된다."

|8-36| 永年問"配義與道." 先生曰: "言此氣是搭合著道義說, 不然則見富貴也動, 見貧賤也動而餒矣."

20 호연지기(浩然之氣): 『맹자』「3-2」: "其爲氣也, 配義與道, 無是, 餒也."

|8-37| 물었다. "근래 『대우모』를 읽고서 어떤 의미를 터득하셨나요?" "또 요순은 하나의 지극한 성덕을 갖춘 제왕이고 나는 일개 서생이어서 그들을 배울 수 없다고 말해서는 안 된다. 다만 이는 '무고한 사람들을 학대하지 않고 곤궁한 사람들을 폐하지 않는 것'[21]이니, 일상의 매우 절실한 것이다. 예컨대 지금 지위가 조금 높은 사람이 지위가 조금 낮은 사람을 만나면 그를 예의에 맞지 않게 대한다. 비록 장점이 있더라도 그를 취하지 않으니, 이는 무고한 사람을 학대하는 것이고, 곤궁한 사람을 폐하는 것이다."

|8-37| 問"近讀『大禹謨』得甚意思?" "且不要說堯·舜是一個至聖的帝王, 我是一個書生, 學他不得. 只這不虐無告, 不廢困窮, 日用甚切. 如今人地步稍高者, 遇一人地步稍低者, 便不禮他, 雖有善亦不取他, 卽是虐無告, 廢困窮."

|8-38| 고요皐陶가 구덕九德을 말함[22]은 모두 기질과 일을 행하는 차원에서 말한 것이다. 고요는 상商과 주周에 이르러서야 예의와 성명으로 이름이 났다. 송대 사람들은 도리어 성명만을 말하면서 도학이라고 하며, 행위와 일을 가리켜 거친 자취라고 하는데, 무슨 소린지 모르겠다.

|8-38| 皐陶說九德, 皆就氣質行事上說, 至商·周始有禮義性命之名. 宋人卻專言性命, 謂之道學, 指行事爲粗跡, 不知何也?

---

21 불학무고(不虐無告): 『상서』「대우모-3」: "帝曰: 兪. 允若玆, 嘉言, 罔攸伏, 野無遺賢, 萬邦, 咸寧, 稽于衆, 舍己從人, 不虐無告, 不廢困窮, 惟帝, 時克."

22 구덕(九德): 『상서』「고요모-3」: "皐陶曰: 都. 亦行有九德, 亦言其人, 有德, 乃言曰載采采. 禹曰: 何. 皐陶曰: 寬而栗, 柔而立, 愿而恭, 亂而敬, 擾而毅, 直而溫, 簡而廉, 剛而塞, 彊而義, 彰厥有常, 吉哉."

|8-39| 하정인(何廷仁, 1483-1551)이 말하길, "양명 선생은 양지로 사람을 가르쳤는데, 배우는 사람들에게 큰 도움이 되었습니다." 선생이 말했다. "이는 두루뭉술하게 말한 것이다. 성인이 사람을 가르친다면 그렇게 하지 않는다. 사람의 자질에는 상급과 하급이 있고, 공부에는 초보와 숙련된 것이 있고, 학문에는 얕은 수준과 깊은 수준이 있으니, 개괄적으로 이렇게 말해서는 안 된다. 이 때문에 성인은 사람을 가르치는 데 혹 그 사람의 병통으로 인하여서 말하는 경우가 있고 혹 그 사람의 부족한 부분을 인하여서 말하는 경우가 있고 사람의 학술 가운데 치우친 부분을 인하여서 말하는 경우가 있으니, 하나를 고집해서 확정적으로 말하지 않았다. 성법(成法: 확정된 법도)을 세우고 후세에 알리는 경우에 이르러서는 '사물에 이르러 이치를 궁구하여 앎을 지극히 한다.' '글을 넓게 배우고, 예로써 단속한다.'[23] 등으로 말하였다. 포괄하는 말은 원칙으로 세울 수는 있으나, 사람의 특성에 따라 가르침을 베풀 수는 없다."

|8-39| 何廷仁言 "陽明子以良知教人, 於學者甚有益." 先生曰: "此是渾淪的說話, 若聖人教人, 則不然. 人之資質有高下, 工夫有生熟, 學問有淺深, 不可概以此語之. 是以聖人教人, 或因人病處說, 或因人不足處說, 或因人學術有偏處說, 未嘗執定一言. 至於立成法, 詔後世, 則曰格物致知, 博學于文, 約之以禮. 蓋渾淪之言, 可以立法, 不可因人而施."

|8-40| 혹자가 물었다. "주자는 성의와 정심으로 군주에게 고하였는데, 어떻게 생각하십

|8-40| 或問: "朱子以誠意正心告君

---

23 박문약례(博文約禮): 『논어』「12-15」: "子曰: 博學於文, 約之以禮, 亦可以弗畔矣夫."

니까?" 말했다. "비록 바른 방법이지만, 또한 최상은 아니다. 군주는 구중궁궐에서 나고 자랐는데, 공부에 착수하자마자 그에게 이렇게 공부하라고 가르치면, 그가 어떻게 할 수 있겠으며, 내 말이 어떻게 들어갈 수 있겠는가? 반드시 어떤 경우에는 그의 특별한 장점을 좇아서 한번 말해야 하고, 어떤 경우에는 그의 잘 아는 부분을 좇아서 한번 말해야 하고, 어떤 경우에는 그의 좋아하는 부분을 좇아서 말해야 하니, 그런 뒤에 성의와 정심을 가지고 말하면 그 말이 이해될 수 있다. 만약 처음 초빙되어 와서도 이 말을 고집해서 말하고, 두 번 세 번 초빙되어 와서 또 이 말을 고집해서 말하면, 어떻게 이 말을 알아 듣게 할 수 있겠는가? 군주에게 고할 때는 반드시 하나의 활법(活法: 융통성이 있는 방법)이 있어야 할 것이니, 예컨대 맹자가 군주의 여색을 탐함과 재화를 탐함을 질책하지 않았던 것이 이에 해당한다."

如何?" 曰: "雖是正道, 亦未盡善. 人君生長深宮, 一下手就教他做這樣工夫, 他如何做得? 我言如何能入得? 須是或從他偏處一說, 或從他明處一說, 或從他好處一說, 然後以此告之, 則其言可入. 若一次聘來, 也執定此言, 二次三次聘來, 也執定此言, 如何教此言能入得? 告君須要有一個活法, 如孟子不拒人君之好色·好貨便是."

|8-41| 물었다. "신독 공부는 어떻게 하는 것입니까?" 말했다. "이는 단지 마음의 차원에서 하는 공부이다. 예컨대 마음에 편협한 부분, 욕망을 좇길 좋아하는 부분, 이기길 좋아하는 부분은 다만 모두 염려가 하늘의 이치에 있지 않은 것이고 다른 사람은 알 수 없지만 나만 홀로 아는 것이다. 이런 부분은 마땅히 삼가고 스스로 반성할 줄 알면 극복하여 제거할 수 있

|8-41| 問"愼獨工夫." 曰: "此只在於心上做, 如心有偏處, 如好欲處, 如好勝處, 但凡念慮不在天理處, 人不能知而己所獨知, 此處當要知謹自省, 即便克

다. 만약 살피고 반성하는 것이 점점 쌓여서 완전한 경지에 이르게 되면, 저절로 힘차게 진보하여 상승할 수 있는 것이다. 비록 넓고 두텁고 높고 밝은 경지라고 하더라도 모두 이 공부가 쌓인 것이다."

去. 若從此漸漸積累, 至於極處, 自能勃然上進. 雖博厚高明, 皆是此積."

|8-42| 물었다. "마음을 보존한다는 주장은 무엇입니까?" 말했다. "사람은 모든 일에 대해서 다 이 마음을 보존해야 한다. 예컨대 부모와 연장자를 섬기는 일은 말할 필요도 없다. 비록 낮은 위치와 어린 나이의 경우에 처해 있더라도 낮은 사람과 어린 사람으로서의 마음을 보존해야 한다. 친구의 경우라면 친구로서 마음을 보존해야 한다. 외부에서 주인의 지위에 처하게 되는 경우라면 또한 마땅히 주인으로서의 마음을 보존해야 한다. 노복의 경우에 이르러서는 또한 한 점의 마음을 보존하여 처신해야 한다. 모두 소홀히 해서는 안 되는 것이다. 다만 이 같은 것은 바로 하학하여서 상달하는 것이다. 『역경』의 이치는 단지 변화하여서 만물을 낳는 것이다. 그러므로 군자는 변화하여서 백성을 살리는 것이다."

|8-42| 問"存心之說." 曰: "人於凡事皆當存一個心, 如事父母兄長不待言矣. 雖處卑幼, 則存處卑幼之心; 處朋友, 則存處朋友之心. 至於外邊處主人, 亦當存處主人之心. 以至奴僕, 亦要存一點心處之. 皆不可忽略, 只如此便可下學上達. 『易』之理, 只是變易以生物, 故君子變易以生民."

|8-43| 동곽자(東郭子: 鄒守益)가 말했다. "성인이 사람을 가르치는 것은 단지 행(行: 실천) 한 가지이다. 예컨대 '넓게 배우고, 상세하게 묻고, 신중하게 생각하고, 밝게 분변하는 것'[24]

|8-43| 東郭子曰: "聖人教人只是一個行, 如博學之, 審問之, 愼思之, 明辨之,

이 모두 실천하는 것이다. '독실하게 실천하는 것'은 이 여러 가지를 실천하여 그침이 없는 것이니, '공손함을 독실하게 행하면 천하가 평안해진다.'[25]의 '독실하게 행함'이다." 선생이 말했다. "이는 도리어 성인의 말이 아니다. '학學' 자는 오로지 지知를 가지고 말한 경우가 있고 지와 행을 겸해서 말한 경우가 있다. 예컨대 '배우고 때때로 익힌다.'의 '학' 자는 앎과 행위를 겸해서 말한 것이다. '넓게 배움[博學]'을 '독실하게 행함[篤行]'과 대비해서 말하면, '넓게 배움'은 분명히 지이니 어떻게 행이겠는가? 예컨대 '학문을 좋아함은 지知에 가깝고, 힘써 행함은 인仁에 가까움'[26]이 또한 이 같은 경우이다. 여기 '공손함을 독실히 행함'의 '독실히 행함'은 넓고 두터워서 조그마한 인욕의 사사로움도 없다고 말하는 부류이다. '독실하게 행함'의 '독실함'은 바로 뜻을 독실하게 하여 노력한다는 부류이니, 어찌 서로 나란히 비견할 수 있겠는가? '넓게 배움'은 분명히 격물치지의 공부이니, 어찌 행이겠는가?" 동곽자가 말했다. "대저 성인이 말한 하나의 '학學' 자는 모두 행行이지 지知가 아니다. '지知가 이르렀지만 인仁으

皆是行也. 篤行之者, 行此數者不已是也, 就如篤恭而天下平之篤." 先生曰: "這卻不是聖人言. 學字有專以知言者, 有兼知行言者, 如'學而時習之'之學字, 則兼言之. 若博學之對篤行之而言, 分明只是知, 如何是行? 如好學近乎知, 力行近乎仁, 亦如是. 此篤恭之篤, 如云到博厚而無一毫人欲之私之類. 若篤行之篤, 卽篤志努力之類, 如何相比得? 夫博學分明是格物致知的工夫, 如何是行?" 東郭子曰: "大抵聖人言一學

24 넓게 배우고 … 밝게 분변하는 것: 『중용』 20장: "博學之, 審問之, 愼思之, 明辨之, 篤行之."

25 독공(篤恭): 『중용』 33장: "詩曰: 不顯惟德, 百辟其刑之, 是故, 君子篤恭而天下平."

26 호학역행(好學力行): 『중용』 20장: "好學, 近乎知, 力行, 近乎仁, 知恥, 近乎勇."

로 이를 지킬 수 없다.'에서 '이르렀다'는 것 또한 행함이다. 예컨대 '하루나 한 달에 한 번 인에 이른다.'에서 '이른다'도 역시 같은 의미이다. 지킴은 그 이른 것을 지켜서 항상 잃어버리지 않는 것이다. 예컨대 공자 문하의 자로子路 같은 제자는 지가 이른 자이다. 안연이 '삼개월 동안 인을 어기지 않음'[27]은 바로 인으로 능히 지킨 경우이다." 선생이 말했다. "'지가 이르렀다.'는 분명 지知이고, '인으로 이를 지킨다.'는 행行이다. 어떻게 지가 이름을 또한 행으로 삼겠는가? 나는 알지 못하는 바이다."

字, 則皆是行, 不是知. 知及之, 仁不能守之. 及之亦是行, 如日月至焉, 至字便是一般. 守之是守其及之者, 常不失也. 如孔門子路之徒, 是知及之者; 如顏子三月不違, 則是仁能守之者." 先生曰: "知及之分明只是知, 仁守之纔是行. 如何將知及之亦爲行乎? 予之所未曉也."

|8-44| 동곽자[추수익]가 말했다. "정자는, '『대학』은 공씨의 유서遺書이다.'[28]라고 하였는데, 유서遺書라고 말한 것은 바로 그 말이 서로 비슷함을 의미한다. 그러나 성인은 (『대학』에 보이는 그런) 말을 한 적이 없다. 만약 격물을 궁리라고 한다면, 성인의 말과 서로 맞지 않으니, 어찌 『대학』을 유서라고 하였겠는가?" 선생이 말했다. "유서라고 하는 것은 리理를 가리켜 말

|8-44| 東郭子曰: "程子謂『大學』乃孔氏之遺書, 謂之遺書, 正謂其言相似也, 然聖人未嘗言之. 若以格物爲窮理, 則與聖言不相似, 何以謂之遺書?"

---

27 삼월불위인(三月不違仁): 『논어』「옹야」: "回也, 其心三月不違仁, 其餘則日月至焉而已矣."

28 『대학』은 공씨의 유서이다: 『이정유서』 2상-36: "大學乃孔氏遺書, 須從此學, 則不差."

한 것이지, 그 말이 서로 비슷함을 말한 것이 아니다. 또한 성인이 말한 적이 없다고 한 것은 일을 매우 해치는 것이다. 나 또한 어리석지만, 격물을 궁리로 해석함은 먼저 '그칠 데를 아는 것'과 '앎을 지극하게 한다'는 것을 따라서 나온다. 무릇 그칠 데를 알고 앎을 지극히 함을 첫머리에 말했는데, 말한 적이 없다고 함은 어째서인가?"

先生曰: "謂之遺書者, 指理而言, 非謂其言相似也. 且曰聖人未嘗言之, 甚害事. 某也愚, 只將格物作窮理, 先從知止致知起. 夫知止致知首言之, 而曰未嘗言之, 何也?"

|8-45| 동곽자[추수익]가 말했다. "내가 처음에 양명 선생과 격물치지를 강론할 때는 또한 신의가 가지 않았다. 나중에 내가 직접 『논어』, 『맹자』, 『대학』, 『중용』의 말을 가지고 각각 서로 견주어 본 연후에야 비로소 양명의 말을 신뢰하게 되었다." 선생이 말했다. "그대는 애초에 양명을 믿지 않았다. 후에 성인의 말을 가지고 비견해 보고서야 비로소 신뢰하게 되었다. 이는 또한 무엇을 한 것이라고 말하겠는가? 궁리를 한 것이 아님이 없지 않은가?" 동곽자는 웃으며 대답하지 않았다.

|8-45| 東郭子曰: "我初與陽明先生講格物致知, 亦不肯信. 後來自家將『論』·『孟』·『學』·『庸』之言各相比擬過來, 然後方信陽明之言." 先生曰: "君初不信陽明, 後將聖人之言比擬過方信, 此卻喚做甚麼? 莫不是窮理否?" 東郭子笑而不對.

|8-46| 선생이 말했다. "너희 무리는 공부를 하는 데 반드시 핵심을 잡은 연후에야 비로소 장악하여 확신하게 될 것이다. 그렇지 않으면 공부가 엎어지지 않는 경우가 드물다. 그러므로 맞잡은 두 손이 안정되지 않으면 곧 풀어지

|8-46| 先生曰: "汝輩做工夫, 須要有把柄, 然後纔把捉得住, 不然, 鮮不倒了的. 故叉手不定,

게 되고, 딛고 서 있는 다리가 안정되지 않으면 곧 움직이게 된다."

便撒擺; 立脚不定, 便那移."

|8-47| 선생이 말했다. "배우는 사람은 반드시 굳건히 지킴이 있어야 한다. 그런 연후에야 좋지 않은 일이 나에게 오게 하지 않을 수 있다. 『역경』에서 말했다. '솥에 담겨진 것이 있으나 나의 상대가 병이 있으니, 나에게 오지 못하게 하면 길하리라.'[29] 만약 내가 담고 있는 것이 없다면 이 좋지 않은 일이 모두 나에게 올 수 있는 것이다."

|8-47| 先生曰: "學者必是有定守, 然後不好的事不能來就我. 『易』曰'鼎有實, 我仇有疾, 不我能即, 吉.' 若我無實, 則這不好的事, 皆可以來即我也."

|8-48| 방유邦儒가 물었다. "근자에 붕우가 『대학』을 강설하면서 매번 격물에 앞서 성의를 관통하고자 합니다. 성의를 가지고 격물로 나아가면 자연히 그 이치를 터득하지 못하는 경우가 없기 때문입니다. 어떻게 생각하십니까?" 선생이 말했다. "격물치지와 성의정심은 비록 같은 때에 있는 일관된 공부이지만 그 사이에는 본래 약간의 절차가 있다. 예컨대 불교의 적멸과 노자의 청정도 절절하여서 오직 신선이 되지 못하고 성불하지 못할까봐 염려한다. 그 뜻을 성실하게 할 수 있는 것이다. 그렇지만 크게 어긋난 것이 이와 같은 지경에 이름

|8-48| 邦儒問: "近日朋友講及『大學』, 每欲貫誠意於格物之前, 蓋謂以誠意去格物, 自無有不得其理者, 如何?" 先生曰: "格致誠正雖是一時一串的工夫, 其間自有這些節次. 且如佛子寂滅, 老子清靜, 切切然, 惟恐做那仙佛不成,

---

29 솥에 담겨진 … 하면 길하리라: 『역경』 鼎卦: "九二, 鼎有實, 我仇有疾, 不我能即, 吉."

은 바로 격물치지의 공부가 없기 때문이다. 다만 격물치지를 할 때 물론 착실하게 공부를 하지 않아서는 안 되고, 격물치지 공부를 한 후에 성의 공부를 또한 빠뜨려서는 안 된다."

其意可爲誠矣, 然大差至於如此, 正爲無格物之功故也. 但格致之時, 固不可不著實做去, 格致之後, 誠意一段工夫亦是不可缺也."

|8-49| 여잠(呂潛, 1517-1578)이 물었다. "욕망의 뿌리는 마음에 있는데, 무슨 방법으로 한 번에 뽑아서 제거할 수 있습니까?" 선생이 말했다. "이 또한 설명하기 어렵다. 한 번에 뽑아내려고 한다면, 반드시 착실하게 쌓아 오랫동안 지속하는 공부를 해야 비로소 가능할 수 있다. 공자와 같은 성인도 오히려 15세에 학문에 뜻을 두었고, 반드시 30세에 비로소 확립할 수 있었으니, 이에 앞서는 다소 어긋날 때가 있음을 면하지 못하였다. 배우는 사람은 지금 또 한마디 말과 행동의 잘못된 부분에 대해서 마음속으로 점검하고 제재해서 이런 일들이 다시 일어나게 해서는 안 된다. 예컨대 혹 훗날 또 한마디 말과 행동의 잘못된 부분이 있다면 마음속으로 곧장 다시 이와 같이 점검하고 제어해야 한다. 이 같은 경우는 다른 사람이 전혀 알지 못하는 것이고 자기 홀로 아는 것이니, 점검하고 제어해서 다시는 싹이 트지 않게 함이 바로 신독愼獨 공부이다. 착실하게 쌓아 오래 지속하는 공부가 익숙해지면, 움직이고

|8-49| 呂潛問: "欲根在心, 何法可以一時拔得去?" 先生曰: "這也難說. 一時要拔去, 得須要積久工夫才得就. 且聖如孔子, 猶且十五志學, 必至三十方能立, 前此不免小出入時有之. 學者今日且於一言一行差處, 心中卽便檢制, 不可復使這等. 如或他日又有一言一行差處, 心中卽又便如是檢制. 此等處人皆不知, 己獨知之, 檢制不復萌, 便是愼獨工夫. 積久熟後, 動靜自與理

고요함에 자연히 이치와 함께하여 인욕은 자신도 모르는 사이에 저절로 소멸된다. 한때 한 생각의 공부를 가지고 병의 근원을 다 제거하려고 한다면 또한 어려운 일이다."

俱, 而人欲不覺自消. 欲以一時一念的工夫, 望病根盡去, 卻難也."

|8-50| 이락(李樂, 1499-?)이 처음에 선생을 만나서 물었다. "성학聖學의 공부는 어떻게 하는 것입니까?" 선생이 말했다. "또 단지 공부하는 데 달려 있다." 선생이 이로 인해서 물었다. "너는 평소 어떤 공부를 하는가?" 화중(和仲: 李樂)이 침묵하고 오랫동안 대답하지 않았다. 선생이 말했다. "보건대 성학의 공부는 단지 숨김이 없는 데서 공부를 해 나갈 수 있는 것이다. 배우는 사람은 단지 자신에게 옳고 옳지 않음이 있는 것에서 곧 말하니, 가리고 숨기는 바가 없어 내 마음에서 일삼는 것이 항상 맑은 하늘의 태양과 같게 분명할 수 있으면 된다. 그렇지 않으면 오래 지속하여 쌓은 것이 종자를 심어 사사로운 마음을 가지는 데 빠져들게 된다. 그러므로 사마광(司馬光, 1019-1086)이 '평소 남에게 해서는 안 되는 말을 하는 일이 없다.'라고 하였으니, 바로 천지에 세워도 어긋나지 않고 귀신에게 물어도 의심이 없는 것 또한 모두 여기서부터 시작한다."

|8-50| 李樂初見先生, 問: "聖學工夫如何下手?" 先生曰: "亦只在下學做去." 先生因問: "汝平日做甚工夫來?" 和仲默然, 良久不應. 先生曰: "看來聖學工夫只在無隱上就可做得. 學者但於己身有是不是處, 就說出來, 無所隱匿, 使吾心事常如靑天白日纔好. 不然, 久之積下種子, 便陷於有心了. 故司馬溫公謂'平生無不可對人說得的言語', 就是到建諸天地不悖, 質之鬼神無疑, 也都從這裏起."

|8-51| 선생이 말했다. "추동곽(鄒東郭: 鄒守

|8-51| 先生曰:

益, 1491-1562)은 '성현의 가르침은 단지 행(行: 실천)에 있다. 예컨대 『중용』 첫머리에서 하늘이 내려서 받은 것을 성이라 하고 성을 따르는 것을 도라고 말하고서 곧장 보지 않는 데서 경계하고 조심하고 듣지 않는 데서 두려워함으로 이어서 말하고, 결코 지(知: 지식)의 차원에서 말하지 않았다.'라고 하였다. 나는 또한 어떤 것이 인욕인지를 반드시 알아야 한다고 생각한다. 그렇지 않으면 무엇을 경계하고 두려워하겠는가? 알면 모두 행하게 되니, 알지 못하면 행할 수 없다."

"鄒東郭云: '聖賢教人只在行上, 如『中庸』首言天命之性, 率性之道, 便繼之以戒愼不睹, 恐懼不聞, 並不說知上去.' 予謂亦須知得何者是人欲, 不然戒愼恐懼個甚麽? 蓋知皆爲行, 不知則不能行也."

8-52 강서康恕[30]가 물었다. "계신공구는 고요할 때 마음을 보존하는 것이고, 신독은 움직일 때 마음을 살피는 것이 아닙니까?" 선생이 말했다. "단지 하나의 공부이다. 고요함은 움직임을 주도하고, 움직임은 고요함에 부합하는 것이다. 보지 않고 듣지 않음은 고요함이다. 그런데 계신공구(戒愼恐懼: 경계하고 조심하며 염려하고 두려워함)는 깨어 있는 것이니, 이는 바로 움직임에 속한다. 예컨대 『역경』에서 '삿됨을 막고 그 성실함을 보존한다.'[31]라고 말한 것

8-52 康恕問: "戒愼恐懼是靜存, 愼獨是動察否?" 先生曰: "只是一個工夫, 靜所以主動, 動所以合靜. 不睹不聞靜矣, 而戒愼恐懼便惺惺, 此便屬動了. 如『大易』'閑邪存其誠'一般, 邪閑

30 강서(康恕): 미상.

31 한사존성(閑邪存誠): 『역경』 건괘: "九二曰: 見龍在田利見大人, 何謂也. 子曰: 龍德而正中者也, 庸言之信, 庸行之謹, 閑邪存其誠, 善世而不伐, 德博而化, 易曰: 見龍在田利見大人, 君德也."

과 같은 뜻이다. 삿됨이 막히면 성실함이 보존된다. 그러므로, 존양과 성찰 공부는 하나이며 다시 분리할 수 없다."

則誠便存, 故存養省察工夫, 只是一個, 更分不得."

|8-53| 장조章詔[32]가 "격물"을 물었다. 선생이 말했다. "격물의 물은 바로 『맹자』에서 말한 '만물의 이치가 모두 나에게 갖추어져 있다.'[33]의 '물' 자와 같은 것이지 범범하여 나에게 절실하지 않은 것이 아니다. 그러므로 몸이 이르는 곳, 일이 생겨나는 곳, 염려가 일어나는 곳이 모두 물이고 모두 격해야 하는 것이다. 어떤 곳도 물 아닌 것이 없으니, 그 공부를 한때라도 그치거나 쉴 수 없는 것이다." 섭근聶靳이 말했다. "내가 밤에 자면서 상상하는 것이 있으면 염두(念頭: 의식)가 깨어나 발동하게 되니, 이 부분이 또한 격할 만한 사물이겠지요?" 선생이 말했다. "어떻게 격할 만한 사물이 없겠는가? '군자는 밥을 다 먹는 동안에도 인을 어기지 말아야 하고, 잠깐 사이에도 반드시 인에 있어야 하고, 엎어지는 사이에도 인에 있어야 하니,'[34] 이 또한 모두 격물이다." 장조가 이로 인해서 말했다. "선생이 격물을 말씀하신 것은

|8-53| 章詔問"格物." 先生曰: "這個物, 正如『孟子』云'萬物皆備於我'物字一般, 非是泛然不切於身的. 故凡身之所到, 事之所接, 念慮之所起, 皆是物, 皆是要格的. 蓋無一處非物, 其功無一時可止息得的." 聶靳曰: "某夜睡來有所想像, 念頭便覺萌動, 此處亦有物可格否?" 先生曰: "怎麽無物可格? 君子無終食之間違仁, 造次必於是, 顚沛必於

32 장조(章詔): 미상의 인물.

33 만물개비어아(萬物皆備於我): 『맹자』「13-5」: "孟子曰: 萬物皆備於我矣. 反身而誠, 樂莫大焉."

34 조차전페(造次顚沛): 『논어』「4-5」: "君子無終食之間違仁, 造次必於是, 顚沛必於是."

절실하고 중요하니, 이는 성인의 문하에 큰 공이 있는 것입니다." 선생이 말했다. "또한 이렇게 말하는 것도 곤란하다. 다만 이러한 말은 어느 정도 분명하게 알았으면, 너희들은 가서 착수하여 공부를 하는 것이 좋다."

是, 亦皆是格物." 章詔因曰: "先生格物之說切要, 是大有功於聖門." 先生曰: "也難如此說, 但這等說來, 覺明白些, 且汝輩好去下手做工夫矣."

|8-54| 선생이 말했다. "성현은 매번 성性과 명命을 말하였는데, 여러 유생은 성과 명을 하나라고 생각하는가 아니면 두 개라고 생각하는가?" 장조가 말했다. "하늘로부터 부여된 것은 명이고, 사람이 부여받은 것으로부터는 성이 됩니다." 선생이 말했다. "이는 바로 『역경』의 '한 번 음하고 한 번 양하는 것을 도라고 한다.'[35]와 같은 것이다. 자사子思가 '하늘로부터 부여받은 것을 성이라고 한다.'라고 말하였으니 여전히 하나일 뿐이다. 주자가 '기가 형체를 이루면 리 또한 부여된다.'[36]라고 말하였으니, 여전히 선함을 완전히 다한 것이 아니다. 하늘이 사람에게 음양오행의 기를 부여하면, 리는 그 안에 있는 것이니, 리를 하나의 어떤 것이라고 설명하려 해도 기술할 수 없다." 진

|8-54| 先生曰: "聖賢每每說性命來, 諸生看還是一個·是兩個?" 章詔曰: "自天賦與爲命, 自人稟受爲性." 先生曰: "此正是『易』'一陰一陽之謂道'一般. 子思說'自天命便謂之性', 還只是一個. 朱子謂'氣以成形而理亦賦', 還未盡善. 天與人以陰陽五行之氣, 理便在裏面了, 說個亦字

35 일음일양(一陰一陽): 『역경』「계사상」: "一陰一陽之謂道, 繼之者善也, 成之者性也."

36 기가 형체를 … 부여된다: 『어류』「1:6」: "天下未有無理之氣, 亦未有無氣之理. 氣以成形, 而理亦賦焉." 銖(67 이후).

덕부陳德夫가 이어서 물었다. "공자가 '성은 서로 비슷하다.'라고 말한 부분은 기질을 겸해서 말한 것입니까?" 선생이 말했다. "겸하여 말했다고 하는 것은 또한 옳지 않으니, 도리어 성이 두 가지가 되는 것이다. 공자의 이 말은 자사와 원래 동일한 것이다. 공자는 성이 본래 선한 것으로 서로 가깝지만, 단지 습관되고 오염되면 현저하게 차이가 남을 말한 것이다. 자사는 성을 원래 부여받은 것이지만 잠시라도 떨어지면 성이 되지 않음을 말한 것이다. 다만 자사는 사람들이 성의 내원을 알지 못할 것을 두려워했으므로 시초에 근원을 둔 것이다. 공자는 사람들이 습관되고 오염됨에 떨어지는 것을 따라서 나중의 상태에서 궁구한 것이다. 말의 의도가 서로 정반대되는 차이가 있게 된 것이다." 장조가 물었다. "수도지교修道之敎는 무엇입니까?" 선생이 말했다. "수는 수양의 의미이고, 계구신독은 도를 닦는 공부이다. 교는 '밝힘으로부터 성실해지는 것을 교라고 한다.'와 같은 것이다. 성인은 천하에 모범이 되고, 배우는 사람은 성인에게 모범을 취하는 것이 모두 이에 해당한다. 장재가 '찌꺼기와 타고 남은 나머지도 가르침 아닌 것이 없다.'[37]라

不得." 陳德夫因問: "夫子說性相近處, 是兼氣質說否?" 先生曰: "說兼亦不是, 卻是兩個了. 夫子此語與子思元是一般. 夫子說性元來是善的, 便相近, 但後來加著習染便遠了; 子思說性元是打命上來的, 須臾離了, 便不是. 但子思是恐人不識性的來歷, 故原之於初, 夫子因人墮於習染了, 故究之於後, 語意有正反之不同耳." 詔問: "修道之教如何?" 先生曰: "修是修爲的意思, 戒懼愼獨便是修道之功. 教卽'自明誠謂之教'一般. 聖人爲法於

37 찌꺼기와 … 아닌 것이 없다: 『횡거역설』 권3: "糟粕煨燼, 无非教也, 心所以萬殊者, 感外物而不一也."

고 말하지 않았는가? 그는 이와 같이 매우 거친 부분을 가지고도 하늘과 땅이 사람을 가르치는 의미를 알았으니, 이 도리는 매우 볼 만하다."

天下, 學者取法於聖人, 皆是. 橫渠不云'糟粕煨燼, 無非教也'? 他把這極粗處, 都看做天地教人的意思, 此理殊可觀."

|8-55| 물었다. "계구신독을 천리를 보존하고, 인욕을 막는 두 가지 것으로 나누어 봄은 또한 옳지 않은 것 같다." 선생이 말했다. "이는 단지 하나의 공부이다. 예컨대 『역경』에서 '삿됨을 막으면 성실함이 자연히 보존된다.'라고 말한 것과 같다. 다만 홀로인 곳은 오히려 범위가 넓으니, 단지 사물과 아직 접하지 않을 때만 홀로가 아니라, 비록 사물과 응접하는 때에라도 홀로인 경우가 있다. 다른 사람들이 어떻게 알겠는가? 오직 스스로 알면, 여기서 공부가 도리어 긴밀하게 이루어져야 한다. 오늘 여러 학생이 모여서 강학하는 것과 유사하니, 가령 내가 말한 데 합당하지 않은 것이 있거나 마음에 온당하지 않은 것이 있는데 혹 단지 그냥 참고 지나가는 경우가 있고, 친구 중에 말한 것이 옳지 않은 부분이 있는데도 혹 참고 지나가는 경우가 있으니, 이 같은 경우는 또한 신독이 아니다." 선생의 설명이 아직 끝나지 않았는데, 하견何堅이 갑자기 질문하였다. "희로애락이 드러나기 전의 기상은 어떻습니까?" 선생이 말했다. "다만 이는 신독이 아니다. 내

|8-55| 問: "戒懼慎獨, 分作存天理·遏人欲兩件看, 恐還不是." 先生曰: "此只是一個工夫, 如『易』'閑邪'則誠自存. 但獨處卻廣著, 不但未與事物接應時是獨, 雖是應事接物時也有獨處. 人怎麽便知? 惟是自家知得, 這裏工夫卻要上緊做. 今日諸生聚講一般, 我說得有不合處, 心下有未安, 或只是隱忍過去; 朋友中有說得不是處, 或亦是隱忍過去, 這等也不是慎獨." 先生語意猶未畢, 何堅遽問: "喜怒哀樂前

가 막 설명하여 아직 마치지 않았는데, 모르겠지만 너는 이해할 수 있는가? 만약 내가 입에서 나오는 대로 대답한다면 또한 단지 공허한 설명일 뿐이다. 이 같은 부분은 반드시 마음으로 점검해 나가야 하니 신독 공부가 아닌 것이 없다." 하견이 이로 말미암아 명료하게 생각하기를 오래 하였다. 선생이 비로소 말했다. "만약 희로애락 이전에 어떤 기상이 있다고 말하면 옳지 않다. 반드시 우선 계구의 공부를 한 연후에야 희로애락이 아직 드러나기 전의 중(中: 치우침이 없음)을 알 수 있다. 만약 평소 공부를 하지 않았다면 어떻게 이 중의 기상을 알 수 있겠는가?" 물었다. "맹자가 인의예지를 말하였는데, 자사는 단지 희로애락을 말했다고 하는데, 무슨 말입니까?" 선생이 말했다. "사람의 희로애락은 곧 하늘의 음양오행이 또한 단지 하늘이 명한 성으로 부여되었다는 것이다. 다만 인의예지는 형체가 없는 것으로 감추어져 있고, 희로애락은 모습이 있는 것으로 드러나니, 다만 착수하여 공부하기에 매우 절실하고 긴요하다. 배우는 사람들은 진실로 이 중을 기를 수 있으면, 즉 기쁠 때를 당해서는 몸소 이 기쁜 마음을 살펴서 혹 잘못된 데로 흐르지 않게 해야 하고, 성낼 때에는 이 성내는 마음을 몸소 살펴서 혹 포악한 데로 흐르지 않게 한다. 슬프고 즐거울 때 또한 그렇게 한다면 공부에 조금이라도 빠트리거나 새는 것이 없

氣象如何?" 先生曰: "只此便不是愼獨了. 我纔說, 未曾了, 未審汝解得否? 若我就口答應, 亦只是空說. 此等處須是要打點過, 未嘗不是愼獨的工夫." 堅由是澄思久之. 先生始曰: "若說喜怒哀樂前有個氣象便不是, 須先用過戒懼的工夫, 然後見得喜怒哀樂未發之中, 若平日不曾用工夫過來, 怎麽便見得這中的氣象?" 問: "孟子說個仁義禮智, 子思但言喜怒哀樂, 謂何?" 先生曰: "人之喜怒哀樂, 卽是天之二氣五行, 亦只是打天命之性上來的. 但仁義禮智隱於無形, 而喜怒哀樂顯於有象, 且切緊好下手做工夫耳. 學者誠能養

게 되고 마음이 발동함에 중절하지 않은 것이 없으니 인의예지가 또한 저절로 거기에 있게 된다." 숙절叔節이 또 물었다. "안자는 마음이 발동할 때 모두 중절한 경지에 이르지 않았겠습니까?" 선생이 말했다. "그가 화남을 옮기지 않고, 즐거움을 바꾸지 않았음을 보면, 오히려 공부를 한 것이다."

得此中了, 卽當喜時體察這喜心, 不使或流, 怒時體察這怒心, 不使或暴, 哀樂亦然, 則工夫無一毫滲漏, 而發無不中節, 仁義禮智亦自在是矣." 叔節又問: "顏子到得發皆中節地位否?" 先生曰: "觀他怒便不遷, 樂便不改, 卻是做過工夫來的."

|8-56| 장조가 말했다. "근래 인사(人事: 사무적인 일)가 많아 배움을 폐할까 염려됩니다." 선생이 말했다. "이는 인사에 나아가서 배우면 된다. 지금 사람들은 일은 일이고 배움은 배움이라고 여겨서 두 가지로 나누어 보고 있는데, 반드시 일이 바로 배움이고 배움이 바로 일임을 알아야만 비로소 마음과 일이 합일된 것이고 본체와 작용의 근원이 하나라는 도리를 알 수 있다." 이어서 물었다. "너는 인사에서 마음과 일이 합일된 도리를 능히 드러내고 있지 않는가?" 장조가 말했다. "만나러 온 이들 중에는 또한 일부 속된 사람들이 없지 않습니다." 선생이 말했다. "속된 사람을 만나면, 곧 일을 하고 대상과 접하는 가운데 세속의 말을 가지고

|8-56| 詔云: "近日多人事, 恐或廢學." 先生曰: "這便可就在人事上學. 今人把事做事, 學做學, 分做兩樣看了, 須是卽事卽學, 卽學卽事, 方見心事合一, 體用一原的道理." 因問: "汝於人事上亦能發得出來否?" 詔曰: "來見的亦未免有些俗人." 先生曰: "遇著俗人,

비유를 들면서 그들을 깨우친다면 또한 안 될 것이 없다. 예컨대 순임금이 깊은 산, 물가에 거처할 때 모두 세속 사람들이었다." 장조가 허상선을 돌아보며 말했다. "우리 무리가 지금 어찌 이러한 도량을 갖추고 있겠는가!"

便卽事卽物, 把俗言語譬曉得他來, 亦未嘗不可. 如舜在深山·河濱, 皆俗人也." 詔顧語象先曰: "吾輩今日安得有這樣度量!"

|8-57| 선생이 배우는 사람들에게 말했다. "근래 어떤 공부를 하는가?" 말했다. "다만 긍지矜持의 공부를 하고 있습니다. 도에 대해서는 아직 터득하지 못한 부분이 있습니다." 선생이 말했다. "긍지는 또한 좋지 않은 것이 아니다. 이는 '군자가 종일토록 힘쓰고 힘쓰고 저녁에도 두려워한다.'[38]와 같은 것이고, 이는 보지 않는 데서 삼가고 조심하며 듣지 않는 데서 두려워하는 공부이다. 다만 이 마음은 때때로 중단되고 쉼이 있음을 면하지 못할까 염려된다." 말했다. "그러나 중단되고 쉬는 마음을 가지는 것이 아니라, 단지 잊을 뿐입니다." 선생이 말했다. "또한 알지 못하기 때문이다. 예컨대 몸이 추움을 느끼면 반드시 의복을 입으려고 궁리하고, 배고픔을 느낀다면 반드시 한 그릇 밥을 먹고자 궁리할 것이다. 이 도리가 굶주릴 때 먹고 추울 때 옷을 입는 것과 같음

|8-57| 先生語學者曰: "近日做甚工夫來?" 曰: "只是做得個矜持的工夫, 於道卻未有得處." 先生曰: "矜持亦未嘗不好, 這便是'君子終日乾乾, 夕惕若', 戒愼不睹, 恐懼不聞的工夫. 但恐這個心未免或有時間歇耳." 曰: "然非有間歇的心, 只是忘了." 先生曰: "還是不知. 如知得身上寒, 必定要討一件衣穿, 知得腹中饑, 必定要討一

38 종일건건(終日乾乾): 『역경』 건괘: "九三, 君子終日乾乾, 夕惕若, 厲无咎."

을 안다면, 도에 맞지 않을 때 그만두겠는가? 이렇게 본다면, 배우고 묻고 생각하고 변별하는 공부가 반드시 계신공구 공부보다 앞서야만 비로소 명백하게 천리는 실행해 나가고 인욕은 곧 잘라서 끊어 버릴 수 있다. 그런 뒤에 중단되고 쉬지 않을 수 있다. 그러므로 나는 평소 성인 문하의 '지知' 자 공부가 가장 중요한 것이어서, 비록 앞세우지 않으려 해도 그렇게 할 수 없다고 말한다."

盂飯吃, 使知得這道如饑寒之於衣食一般, 不道就罷了? 恁地看來, 學問思辨的工夫, 須是要在戒愼恐懼之前, 方能別白得天理使做將去, 是人欲卽便斬斷, 然後能不間歇了. 故某常說聖門知字工夫, 是第一件要緊的, 雖欲不先, 不可得矣."

|8-58| 오우吳佑가 물었다. "사람들이 마음속으로 대부분 명예를 좋아하는 것은 어째서입니까?" 선생이 말했다. "명예를 좋아해도 또한 무방하다. 다만 너의 마음속에 어떤 명예를 좋아하는지 모르겠다. 만약 마음속에 직은 다만 백성을 기른 사람의 이름이고, 부열은 다만 백성을 교육한 사람의 이름인데 어떻게 그 이름이 천만년 동안 없어지지 않을 수 있는가를 생각하여, 이 명성의 근거를 가지고 명예를 추구하면, 명예를 얻어서 좋지 않은 것이 없다. 만약 다만 헛되이 이름만 사모하고, 착수하여 하려고 하지 않으면, 이름조차 얻음이 없게 된다."

|8-58| 吳佑問"人心下多是好名如何?" 先生曰: "好名亦不妨, 但不知你心下好甚麽名來. 若心下思稷只是個養民的名, 契只是個教民的名, 怎麽便能千萬世不泯, 把這個名之所以然上求, 則得之未嘗不善; 若只是空空慕個名, 不肯下手去做, 卻連名也無了."

|8-59| 하정인何廷仁이 찾아와 물었다. "선지

|8-59| 何廷仁來

宣之가 1년 동안 서울에서 지냈는데, 또한 뜻이 있는 사람이라고 할 수 있습니까?" 선생이 말했다. "선지는 가난을 달게 받아들이고 고통을 감내했다. 7개월 동안 노복이 병이 나서 위중하여, 선지는 한 방에서 홀로 거처하면서 자신이 직접 불을 때서 밥을 지어 먹고 자신을 수고롭게 하면서도 성내는 기색을 보이지 않았는데, 이는 어려운 경지라고 할 수 있다." 하정인이 대답했다. "제갈공명과 도연명은 재주 없는 사람이 아니지만, 초가와 시골 생활의 고단함을 감내했고, 안자는 재주 없는 사람이 아니지만 거친 먹거리와 누추한 마을 생활을 즐겼으니, 보건대 군자의 학문은 내면을 중시하는 것 같습니다." 선생이 말했다. "그렇다. 옛사람들은 공부할 때 먹고 입는 것으로부터 했다. 그러므로 안자는 자신의 즐거움을 바꾸지 않았고, 제갈공명과 도연명이 홀로 지낸 것이 모두 그 뜻이 머무는 곳이 있었던 것이니, 먹는 것에 배부름을 추구하지 않고 거처함에 편안함을 추구하지 않는 것일 뿐이다. 내가 늘상 말하지만, '계씨가 뜰에서 팔일무八佾舞를 행하고,'[39] '세 집안이 옹雍의 음악을 연주하여 제기를 거두면서'[40] 분수에 어긋난 짓을 하면서도

見, 問: "宣之在京一年, 亦可謂有志者?" 先生曰: "宣之甘得貧, 受得苦. 七月間其僕病且危, 宣之獨處一室, 躬執爨, 自勞筋骨, 未嘗見其有慍色, 可以爲難矣." 廷仁對曰: "孔明·淵明非無才也, 而草廬田園之苦, 顏子非無才也, 而簞瓢陋巷之窮, 看來君子之學, 惟重乎內而已." 先生曰: "然. 古人做工夫, 從飮食衣服上做起, 故顏子之不改其樂, 孔明·淵明之所以獨處, 皆其志有所在, 食無求飽, 居無求安耳. 某常云'季氏八佾舞於庭', '三家以『雍』

39 팔일(八佾): 『논어』「3-1」: "孔子謂季氏, 八佾, 舞於庭, 是可忍也, 孰不可忍也."
40 옹철(雍徹): 『논어』「3-2」: "三家者以雍徹. 子曰, '相維辟公, 天子穆穆', 奚取於三家之堂?"

아랑곳하지 않았던 것은 모두 단지 좋지 않은 의복과 음식을 부끄러워하는 마음에서 나왔을 뿐이다. 이 부분을 잘 터득하기만 하면, 분수에 맞게 도리를 따르는 삶을 고수할 수 있다.”

徹', 犯分不顧, 都只是恥惡衣惡食一念上起. 此處最要見得, 則能守得.”

|8-60| 유시惟時가 물었다. “선생은 평소 윤언명(尹彦明: 尹焞, 1071-1142)과 주원회(朱元晦, 朱熹)가 다르다고 말씀하셨는데, 어째서입니까?” 선생이 말했다. “성인 문하의 정통한 전수자는 윤자尹子일 뿐이다. 그 행실이 진실하고 정직하며, 그 말이 간단하고 쉽다. 예컨대 주자는 대체로 엄격하고 강고한 부분이 많아서 군주에게 간하는 데 이르러서는 격물치지와 성의정심을 벗어나지 않는다. 다른 사람들이 혹 물어보면, 주자는 ‘평소 배운 것은 오직 이 네 글자뿐이다.’라고 했다. 이와 같은 말은 사람들이 모두 멀리서 보고 꺼리는 것이니, 어찌 황제에게 신의를 얻을 수 있겠는가?” 이어서 후세 사람들이 간쟁하고 의론한 것이 대부분 군주에게 신의를 얻지 못하는 까닭은 또한 준엄하고 매섭게 의론을 일으키는 것을 면하지 못했기 때문임을 논하였다. 또 물었다. “주자朱子와 이정二程을 어떻게 생각하십니까?” 선생이 말했다. “명도의 사람됨은 성대한 봄볕처럼 다른 사람을 길러 줄 수 있으므로 왕안석의 무리라고 하더라도 명도의 말을 들으면 탄복하였다. 이천의 경우에는 사람들을 깨우치고 거짓

|8-60| 惟時問: “先生常論尹彦明·朱元晦不同者何?” 先生曰: “得聖門之正傳者, 尹子而已, 其行慤而直, 其言簡而易. 若朱子大抵嚴毅處多, 至於諫君, 則不離格致誠正. 人或問之, 則曰‘平生所學, 惟此四字.’ 如此等說話, 人皆望而畏之, 何以見信於上耶!” 因論後世諫議多不見信於人君者, 亦未免峻厲起之也. 又問: “朱子與二程何如?” 先生曰: “明道爲人, 盎然陽春之可掬, 故雖安石輩, 亦聞其言而嘆服. 至於正叔, 則

학문을 의론하는 데 반드시 엄격하고 매서움이 과도한 바가 없지 않았다." 잠시 있다가 탄식하며 말했다. "다른 사람과 말을 하는 데는 봄과 같은 따뜻함을 귀중하게 생각하고 가을과 같은 살벌함을 천하게 여긴다. 봄의 따뜻함이 많으면 다른 사람들이 그 사람을 만나면 반드시 공경하고 그 사람을 사랑하면 반드시 친하게 된다. 그러므로 그 말이 다른 사람을 쉽게 감동시키고 깊이 공감되어 신뢰를 구하지 않더라도 자연히 신뢰하지 않음이 없게 된다. 가을의 살벌함이 많으면, 사람들이 그의 말을 들으면 반드시 두려워하고 두려워하면 반드시 싫어한다. 두려워하고 싫어하는 마음이 생기면 말을 하더라도 공감시키기 어려우니, 신의를 얻고자 하더라도 오히려 불신하게 된다."

啓人僞學之議, 未必無嚴厲之過耳." 頃之歎曰: "凡與人言, 貴春溫而賤秋殺. 春溫多, 則人見之而必敬, 愛之而必親, 故其言也, 感人易而入人深, 不求其信, 自無不信也. 秋殺多, 則人聞之而必畏, 畏之而必惡, 畏惡生則言之入人也難, 將欲取信而反不信也."

|8-61| 선생이 말했다. "부모님이 나를 낳아 주신 일이 가장 어려운 것이니, 반드시 성인의 언행을 하나하나 내 몸에 체득해서 이 몸을 성현의 몸으로 바꾸어야 비로소 효순孝順이라고 하겠다. 그러므로 지금 나를 예악禮樂과 규구規矩의 중절에 맞추는 것이 부모가 나를 낳아 주신 뜻을 저버리지 않는 것이다." 물었다. "격물의 격에 대해서 격식格式의 격으로 말한 경우가 있으니, 나의 양지를 다함은 격물에 달려 있다고 했는데, '격'자를 다른 것으로 대체해서 '궁구'라는 글자를 붙여서는 안 될 것 같은데, 어

|8-61| 先生曰: "父母生身最難, 須將聖人言行, 一一體貼在身上, 將此身換做一個聖賢的肢骸, 方是孝順. 故今置身於禮樂規矩之中者, 是不負父母生身之意也." 問: "格物之格, 有說是格式之格, 謂致吾之良知在

떻습니까?" 선생이 말했다. "격물의 의미는 복희 이래로 바뀐 적이 없었다. 위로 천문을 관측하고 아래로 지리를 살피고 멀게는 사물에서 구하고 가까이는 자신에게 취하니, 관찰하고 추구하여 얻음이 바로 철저히 궁구한다는 뜻이다. 격식의 격은 아마도 공자가 뜻을 언어로 나타낸 취지가 아니다. 그러므로 복희 이래로 그 뜻이 바뀐 적이 없다."

格物, 格字不要替他添出窮究字樣來, 如何?" 先生曰: "格物之義, 自伏羲以來未之有改也. 仰觀天文, 俯察地理, 遠求諸物, 近取諸身, 其觀察求取卽是窮極之義. 格式之格, 恐不是孔子立言之意, 故曰自伏羲以來未之有改也."

|8-62| 해楷가 물었다. "인仁을 구하는 요체는 놓아 버린 마음을 구하는 데 있지 않겠습니까?" 선생이 말했다. "놓아 버린 마음은 각 사람의 분수에서 보면 모두 다른 것이다. 혹 재화와 이익에서 마음을 놓아 버리는 경우가 있고, 혹 궁실에서 마음을 놓아 버리는 경우가 있고, 혹 권세와 지위에서 마음을 놓아 버리는 경우가 있다. 놓아 버린 마음이 다르므로 사람들은 각각 그 놓아 버린 곳을 따라서 수렴하면 인이 된다." 선생이 말했다. "여러분이 인을 구한다면 반드시 천지 만물이 모두 나와 같은 기임을 알아야 한다. 하나의 초목이라도 자신의 자리를 얻지 못하면 이 마음도 또 불안해져야 비로소 인을 구하는 것이 된다. 이윤伊尹이 '한 사내라도 자신의 거처를 얻지 못하면 마치 자

|8-62| 楷問: "求仁之要在放心上求否?" 先生曰: "放心各人分上都不同, 或放心於貨利, 或放心於飮食, 或放心於衣服, 或於放心於宮室, 或放心於勢位. 其放心有不同, 人各隨其放處收斂之, 便是爲仁." 先生曰: "諸君求仁, 須要見得天地萬物皆與我同一氣, 一草一木不得其所, 此心亦不

기가 그 사내를 구렁텅이에 몰아넣은 것과 같이 생각했다.'[41]라고 했는데, 이는 무슨 마음인지 알아야 한다." 왕언王言이 말했다. "이 기상은 또한 얻기 쉽지 않습니다. 지금 사람들은 부모 형제에 대해서 어떤 경우든 마음을 다할 수 있습니다. 만약 외부 사람을 만난다면 어떻게 이 마음을 가질 수 있겠습니까?" 선생이 말했다. "단지 이 마음을 씀이 익숙하지 않은 것이다. 공부는 다만 쌓는 데 있다. 예컨대 지금 여행 숙소에서 머무르면 주인에게 합당하게 처신하여 오직 주인의 마음을 상하게 할까 걱정하고, 벗과 만나서는 공경함을 다하는 데 힘써 벗의 마음을 상하게 할까 걱정하고, 집안에서의 처신은 말할 필요가 없으니, 일에 따라서 모두 이 마음을 보존한다. 수년이 지나고 나면 스스로 천지만물이 일체가 되는 기상을 터득하게 될 것이다."

安, 始得. 須看伊尹謂'一夫不獲, 若己推而內之溝中', 是甚麽樣心." 王言曰: "此氣象亦難. 今人於父母兄弟間, 或能盡得, 若見外人, 如何得有是心." 曰: "只是此心用不熟, 工夫只在積累. 如今在旅次, 處得主人停當, 惟恐傷了主人; 接朋友務盡恭敬, 惟恐傷了朋友; 處家不消說, 隨事皆存此心. 數年後, 自覺得有天地萬物爲一體氣象."

|8-63| 선생이 말했다. "사람이 자신을 반성할 수 있으면 사통팔달이 모두 평탄한 길이 된다. 만약 다른 사람에게 요구하는 것으로 자신의 마음을 삼으면 발걸음이 모두 가시밭길이 된다."

|8-63| 先生曰: "人能反己, 則四通八達皆坦途也. 若常以責人爲心, 則擧足皆荊棘也."

---

41 한 사내라도 … 같이 생각했다: 『맹자』「9-7」: "思天下之民匹夫匹婦有不被堯舜之澤者, 若己推而內之溝中. 其自任以天下之重如此, 故就湯而說之以伐夏救民."

|8-64| 물었다. "일이 없을 때 마음이 깨끗하고, 일이 있을 때 마음이 도리어 깨끗하지 않습니다." 말했다. "이는 마음의 작용이 안정되지 않으므로 일을 싫어하게 되는 것이다. 일을 그만둘 수 없다면, 또한 이해하고 처리해야 할 것이다."

|8-64| 問"無事時心淸, 有事時心卻不淸." 曰: "此是心作主不定, 故厭事也. 如事不得已, 亦要理會."

|8-65| 너희들에게 예를 배우게 하니, 예는 강물에 대한 제방과 같다. 만약 예로써 자신을 단속함이 없으면 온몸에 사의私意가 가득하여 이리저리 사방으로 넘쳐나오게 된다.

|8-65| 敎汝輩學禮, 猶隄防之於水, 若無禮以隄防其身, 則滿腔一團私意, 縱橫四出矣.

|8-66| 물었다. "요순의 기상은 어떠합니까?" 말했다. "이 기상을 구하는 것은 고원한 데 있지 않으니, 너의 한마디 말과 하나의 행실에 나아가 이 기상을 구하면 두 눈에 가득한 것이 모두 이 기상이다."

|8-66| 問"堯·舜氣象." 曰: "求這氣象, 不在高遠, 便就汝一言一動處求之, 則滿目皆此氣象矣."

|8-67| 자공은 "선생은 성인이고 또한 다재다능하십니다."라고 했으니, 다재다능함을 성인의 덕목에서 제외한 것이다. 공자가 이에 말하길, "군자가 다재다능하겠는가? 다재다능하지 않다."[42] 다재다능하지 않다고 말하였으니,

|8-67| 子貢言"夫子之聖又多能也", 則以多能爲聖之外. 夫子乃謂"君子多乎哉! 不多也." 言不

42 다능(多能): 『논어』「9-5」: "大宰問於子貢曰, '夫子聖者與? 何其多能也?' 子貢曰, '固天縱之將聖, 又多能也.' 子聞之曰, '大宰知我乎! 吾少也賤, 故多能鄙事. 君子多乎哉? 不多也.'"

모두 성의 본분 가운데 일이다. 따라서 다재다능함 또한 성인의 덕목에서 제외되지 않는 것이다. 여기서 '마당 쓸고 물 뿌리고 손님을 응대함'[43]과 '의리를 정밀하게 연구하여 신묘한 경지에 들어감'[44]이 둘이 아님을 알 수 있다.

是多, 皆性分中事, 則多能又不在聖之外矣. 斯可見灑掃應對, 精義入神, 無二也.

|8-68| 물었다. "말을 다듬어 성실함을 세움이 무슨 뜻입니까?" 말했다. "예컨대 제기한 말은 모두 참된 이치로 마땅히 행해야 할 바를 알고 있고, 형세에 흔들리지 않고 외물에 얽매이지 않고 단연코 말한다면, 이는 성실함[誠]을 세우는 것이다. 행할 수 없는데도 말한다면 이는 거짓이다."

|8-68| 問"修詞立誠." 曰: "如所說的言語, 見得都是實理所當行, 不爲勢所撓, 不爲物所累, 斷然言之, 就是立誠處. 如行不得的, 言之, 卽是僞也."

|8-69| 학생 가운데 기의 운수가 어떠한지, 외부 인사人事가 어떤지 언급하는 이가 있었다. 말했다. "이는 모두 하늘을 원망하고 남을 탓하는 심술心術이다. 다만 스스로 닦은 것이

|8-69| 諸生有言及氣運如何, 外邊人事如何者. 曰: "此都是怨天尤人的心

---

43 쇄소응대(灑掃應對): 『소학』「가언」: "橫渠張先生曰, 敎小兒, 先要安詳恭敬. 今世學不講, 男女從幼便驕惰壞了, 到長益凶狠. 只爲未嘗爲子弟之事. 則於其親, 已有物我, 不肯屈下, 病根常在, 又隨所居而長, 至死只依舊. 爲子弟則不能安灑掃應對, 接朋友則不能下朋友, 有官長則不能下官長, 爲宰相則不能下天下之賢. 甚則至於徇私意, 義理都喪也. 只爲病根不去, 隨所居所接而長."

44 정의입신(精義入神): 『역경』「계사하」: 易曰, "憧憧往來, 朋從爾思." 子曰, "天下何思何慮? 天下同歸而殊塗, 一致而百慮, 天下何思何慮? 日往則月來, 月往則日來, 日月相推而明生焉, 寒往則暑來, 暑往則寒來, 寒暑相推而歲成焉. 往者屈也, 來者信也, 屈信相感而利生焉. 尺蠖之屈, 以求信也, 龍蛇之蟄, 以存身也. 精義入神, 以致用也, 利用安身, 以崇德也. 過此以往, 未之或知也, 窮神知化, 德之盛也."

조그마한 모양을 이루었다면, 만약 등용되면 백성들이 약간의 복을 받을 것이고, 설령 등용되지 않아도 향당의 붕우들과 함께 일부 학술을 논하여 몇 사람이라도 변화시킬 것이니, 이는 모두 사업으로 바로 이른바 사지에 펼쳐지고 사업에서 드러나는 것이다. 어찌 반드시 관직을 맡은 연후에야 사업을 함이 있겠는가?"

術. 但自家修爲, 成得個片段, 若見用, 則百姓受些福; 假使不用, 與鄉黨朋友論些學術, 化得幾人, 都是事業, 正所謂暢於四肢, 發於事業也, 何必有官做, 然後有事業."

사무 괴헌 여잠 선생

司務呂愧軒先生潛

|8-70| 여잠(呂潛, 1517-1578)은 자가 시견時見이고 호는 괴헌愧軒으로 섬서陝西 경양涇陽 출신이다. 여경야(呂涇野, 呂柟)를 스승으로 모셨고, 스승의 한마디 말과 행동을 모두 모범으로 삼았다. 가정 병오년(1546) 향서鄕書로 추천되어 성균관을 졸업했다. 당시 조신들이 강회를 하는데 선생이 그 가운데 빼어나다고 칭송을 받았다. 어머니의 병이 위중해지자 며느리 얼굴을 보고 싶어서 결혼을 하라고 명하였다. 선생이 아내를 맞았으나 혼례를 치르지 않고 삼년상을 마친 연후에 방으로 들어갔다. 아버지 응상應祥은 예과도급사중禮科都給事中으로 있다가 별세하였는데 봉사를 남기지 않았다. 선생은 궐 아래로 달려가 그 원고를 기록하여 마문장馬文莊에게 묘지명을 써달라고 청하였다. 곽몽천郭蒙泉과 함께 곡구동에서 강학하였는데, 좇아서 배우는 사람이 매우 많았다. 스승 여경야

|8-70| 呂潛字時見, 號愧軒, 陝之涇陽人. 師事呂涇野, 一言一動, 咸以爲法. 擧嘉靖丙午鄕書, 卒業成均. 時朝紳有講會, 先生於其間, 稱眉目焉. 母病革, 欲識其婦面, 命之娶. 先生娶而不婚, 三年喪畢, 然後就室. 父應祥, 禮科都給事中, 旣卒而封事不存. 先生走闕下, 錄其原稿, 請銘於馬文莊. 與郭蒙泉講學谷口洞中, 從

의 적전으로 많은 사람이 그를 추대하였고, 국자감학정에 천거되어 경야가 국자감좨주 때 만든 규약을 들어 시행하였다. 공부사무청에 조용調用되었다. 만력 무인년(1578)에 별세하니, 향년 62세였다.

學者甚衆. 涇野之傳, 海內推之, 薦授國子監學正, 擧行涇野祭酒時學約, 調工部司務. 萬曆戊寅卒, 年六十二.

석곡 장절 선생

張石谷先生節

|8-71| 장절(張節, 1503-1582)은 자가 개부介夫이고 호는 석곡石谷으로, 경양 출신이다. 처음에는 담감천(湛甘泉: 湛若水, 1466-1560)을 좇아서 배웠고, 이어서 여경야(呂涇野: 呂柟)에게 수학했다. 여경야가 시를 지어 주며 그가 도를 지킴이 변함없다고 칭찬하였다. 일찍이 학생들에게 말하였다. "선유가 '말없이 앉아 마음을 맑게 하고 천리를 체인한다.'고 하였고, 또 '고요한 가운데 단예를 길러 낸다.'고 하였다. 우리는 반드시 이를 깨달아 알아야만 비로소 하나로 꿰뚫는 참된 경지를 알게 된다. 그렇지 않으면 설령 일마다 도에 합하길 구하더라도 끝내 안착하기 어려워 조그만 조각도 이루지 못할 것이다." 만력 임오년(1582) 80세에 별세하였다.

|8-71| 張節字介夫, 號石谷, 涇陽人. 初從湛甘泉遊, 繼受學於涇野. 涇野贈詩, 稱其守道不回. 嘗語學者: "先儒云: '黙坐澄心, 體認天理.' 又云: '靜中養出端倪.' 吾輩須理會得此, 方知一貫眞境, 不爾, 縱事事求合於道, 終難湊泊, 不成片段矣." 萬曆壬午, 年八十卒.

정립 이정 선생

李正立先生挺

|8-72| 이정李挺은 자가 정립正立으로, 함령 출신이다. 정덕 가정 연간 제생(諸生: 생원)이 되었고, 여경야를 좇아서 배웠는데, 고고하고 강직하여 시세에 부화뇌동하지 않았다. 일찍이 스스로 암송하길, "살아서는 일대사를 어깨에 짊어져야 하니, 돌아와 『춘추』를 읽는다."라고 하였다. 마계전馬谿田이 강학하던 곳으로 가다가 도둑에게 죽임을 당했는데, 사람들이 모두 안타까워했다.

|8-72| 李挺字正立, 咸寧人. 正・嘉間諸生, 從涇野學, 孤直不隨時俯仰. 嘗自誦云: "生須肩大事, 還用讀『春秋』." 往馬谿田所講學, 死於盜, 人皆惜之.

군수 몽천 곽부 선생

郡守郭蒙泉先生郛

[8-73] 곽부(郭郛, 1518-1605)는 자가 유반惟藩이고 호는 몽천蒙泉으로, 경양涇陽 출신이다. 가정 무오년(1558)에 거인이 되어 획가獲嘉의 교유敎諭로 천거되었다가 국자조교로 옮겼고 호부주사로 승진하였다. 마호馬湖지부知府로 차출되었을 때 나이 88세였다. 선생은 여괴헌呂愧軒과 동학으로 괴헌의 아버지가 스승이었다. 신유년(1561) 회시에 참여하려다가 여 선생의 장례로 인하여 끝내 나아가지 않았으니, 옛 사제의 풍도가 있었다. 그의 학문은 경敬을 견지하기를 위주로 하여, 젊어서부터 늙을 때까지 한 걸음도 감히 법도를 넘어서는 것을 달가워하지 않았다. 일찍이 시를 지어 "도학은 경을 의지하여 경계할 때 온전해지니, 잠시라도 경을 떠나서는 도를 찾기 어렵다. 늘상 외나무다리 가장자리를 따라 지나니, 오직 바라는 건 이때의 마음을 잊지 않는 것이네." 또 말하길, "명

[8-73] 郭郛字惟藩, 號蒙泉, 涇陽人. 嘉靖戊午擧於鄕, 選獲嘉敎諭, 轉國子助敎, 陞戶部主事. 出守馬湖, 年八十八. 先生與呂愧軒同學, 愧軒之父, 其師也. 辛酉計偕, 因呂師會葬, 遂不行, 有古師弟之風. 其學以持敬爲主, 自少至老, 一步不敢屑越. 嘗有詩云: "道學全憑敬作箴, 須臾離敬道難尋. 常從獨木橋邊過, 惟願無忘此際

예를 가까이하면 끝내 자기를 잃게 되고, 사욕이 없으면 절로 신명에 통하네. 지식은 건곤에 의지하니 활달하고, 마음은 의견을 비우니 새로워지네. 문을 닫고 정좌하는 사이 저절로 풍진이 사라지네."

心." 又云: "近名終喪已, 無欲自通神. 識拄乾坤闊, 心空意見新. 閉門只靜坐, 自是出風塵."

거인 천유 양응조 선생

擧人楊天游先生應詔

|8-74| 양응조(楊應詔, 1501-1565)는 호가 천유天遊이고, 복건 건안建安 출신이다. 가정 신묘년(1531)에 거인이 되었고, 남옹(南雍: 남경국자감)에서 학업을 마쳤다. 당시 감천(甘泉: 湛若水)과 경야(涇野: 呂柟) 등 여러 선생이 모두 강학했는데, 선생은 유독 경야와 뜻이 맞아 그 문하에 출입하였다. 돌아와 화양산에 도종당道宗堂을 짓고 염계(濂溪: 周敦頤)와 경야에게 제사를 지내며, 거동할 때는 반드시 분향하고 명을 받았다. 당시 세상의 강학하는 이들과 함께 교류하지 않음이 없었는데, 심재(心齋: 王艮)와 용계(龍溪: 王畿) 등 양명학을 공부한 사람들에 대해서는 모두 다소 소홀함이 있었다. 선생의 학문은 욕구를 줄이고 마음을 바르게 함을 주된 근본으로 삼았고, 하늘에 부끄럽지 않는 것을 귀결처로 삼았으며, 조금이라도 현학적 언설이면 모두 좋아하지 않았다. 그러나 그 말에는 스스

|8-74| 楊應詔, 號天遊, 閩之建安人. 嘉靖辛卯擧於鄕, 卒業南雍. 時甘泉·涇野諸公皆講學, 先生獨契涇野, 出其門下. 歸作道宗堂於華陽山中, 祀濂溪以及涇野, 動止必焚香稟命. 當世講學者無不與往復, 而於心齋·龍溪爲陽明之學者, 皆有微疵. 先生之學, 以寡欲正心爲主本, 不愧天爲歸的, 一切淸虛玄遠之言, 皆所不

로를 과장함이 많았고 변론함이 너무 지나쳐서 또한 도를 갖고 있는 기상이 아니었다. 예컨대 "공부가 본체이다."라고 하였는데, 이 말은 본래 전혀 폐단이 없다. 그런데 "본체가 빛나고 밝음은 거울과 같다. 공부는 이 거울을 닦는 것이다. 만약 공부가 본체라면 갈고 닦는 것이 거울이라고 말하는 것인데 옳겠는가?"라고 하였다. 이 말은 옳은 것 같지만 틀린 것이다. 무릇 거울이라고 하는 것과 닦는 물건이라고 하는 것은 두 가지이다. 갈고 닦는 물건을 거울이라고 할 수 없다. 그러나 공부와 본체는 똑같이 하나의 마음으로 두 가지가 아니다. 만약 나누어서 두 가지로 만들고자 하면, 이는 마음을 둘로 나누는 것이니, 그 주장이 이치에 맞지 않는 점이다.

喜. 然其言多自誇大, 而雌黃過甚, 亦非有道氣象. 如"工夫卽本體", 此言本自無弊, 乃謂"本體光明, 猶鏡也; 工夫, 刮磨此鏡者也. 若工夫卽本體, 謂刮磨之物卽鏡, 可乎?" 此言似是而非. 夫鏡也, 刮磨之物也, 二物也, 故不可以刮磨之物卽鏡. 若工夫本體, 同是一心, 非有二物, 如欲歧而二之, 則是有二心矣. 其說之不通也.

『양천유집』

『楊天遊集』

|8-75| 성인이 그 본체를 온전하게 할 수 있는 까닭은 무욕할 수 있는 것에 불과하다. 우리는 성인과 같이 무욕할 수 없기에 다만 사욕을 줄이는 것으로부터 시작한다. 욕구는 성색聲色과 화리貨利 등 상투적인 것뿐만 아니라, 모든 종류의 안락과 안일한, 사적이고 이기적인 마음은 모두 욕구이다. 이것을 끊어 버려야만

|8-75| 聖人之所以能全其本體者, 不過能無欲耳. 吾人不能如聖人之無欲, 只當自寡欲入. 欲, 不獨聲色貨利窠臼而已, 凡一種便安忻

비로소 사욕을 줄인 것이 되니, 점차 무욕으로 나아갈 수 있다. 성인이 또한 어찌 사람을 피하고 세상과 단절하고 나서야 비로소 무욕이라고 말하겠는가? 성인이 바라는 바는 천리 차원에서 일하는 것이니, 욕구가 있음은 욕구가 없음과 같다. 비록 사모하는 것에 연루되고 이어받는 것에 연루됨이 있어도, 욕구하는 것이 하나라도 천리와 천기의 유행이 아닌 것이 없다.

羨, 自私自利心, 皆是欲. 將此斬斷, 方爲寡欲, 則漸可進於無欲. 聖人亦豈逃人絶世, 始稱無欲哉? 聖人所欲, 在天理上用事, 有欲與無欲同. 雖其有涉於向慕, 有涉於承當, 所欲處無一非天理天機之流行矣.

|8-76| 우리의 학문은 사물이 나를 침범하느냐 나를 침범하지 않느냐를 구하는 데 있지 않고, 단지 사물에 대처하여 도리를 다할 수 있느냐 없느냐에 있을 뿐이다. 그러므로 거처할 때는 거처하는 일이 침범하고 어지럽힘이 있음을 면하지 못한다. 그렇지만 내가 단지 공손하게 일을 하면 그 침범은 또한 천기가 유행하는 것이 된다. 일을 집행하면 일을 집행하는 일이 침범하고 어지럽힘이 있음을 면하지 못하게 된다. 다른 사람과 함께하면 다른 사람과 함께하는 일이 침범하고 어지럽힘이 있음을 면하지 못하게 된다. 나는 단지 경敬과 충忠에서 공부하면, 그 침범은 또한 천기의 유행이 아님이 없다. 옛부터 성현이 시대에 대처하고 평상시에 대처하고 변고에 대처할 때, 누군들

|8-76| 吾人之學, 不在求事物之侵擾我不侵擾我, 只在處事物道理能盡不能盡, 是故居處時則不免有居處事之侵擾, 然吾只在恭上做工夫, 卽其侵擾, 亦天機之流行矣. 執事不免有執事之侵擾, 與人不免有與人之侵擾, 吾只在敬上·忠上做工夫, 卽其侵擾, 亦無非天機之流行矣. 從古聖賢處

침범하고 어지럽히는 가운데로부터 하지 않았던가? 만약 침범하고 어지럽히는 것을 싫어하여 짜증내는 마음을 일으키면, 공부하는 것이 아니다.

世處常處變, 其誰不自侵擾中來? 若惡其侵擾而生厭怠, 便非學也.

|8-77| 주희와 육구연의 차이를 변별하고 의론할 수 있는 것은 그들의 말이다. 주희와 육구연의 차이를 변별할 수 없고 의론할 수 없는 것은 그들의 사람됨이다. 도가 사람에게 보존됨에 말을 귀하게 여기지 않음은 오래되었다. 만약 사람을 가지고 학문을 논하지 않고 언론으로 학문을 논하고, 사람으로 주희와 육구연을 궁구하지 않고 언어로 주희와 육구연을 궁구하면, 지금 어지럽게 떠드는 것이 이상할 게 없다. 지금 배우는 사람들은 나아가고 물러나는 데 주희와 육구연이 세 번 읍하고 나아가며 한 번 사양하고 물러가는 것이 전광석화 같음이 없고, 취하고 주는 데 주희와 육구연이 돌을 깨고 쇠를 자르는 것 같은 과감함이 없다. 의와 리를 분별하지 않고 소리와 낯빛을 분별하지 않고, 주희와 육구연처럼 맑은 하늘의 밝은 태양처럼 분명함이 없이 하는 짓이 어리석고 더러우면서도 스스로는 공자와 맹자를 마음으로 전승한다고 말하지만, 마음속은 요괴의 음험과 도척의 악랄함이 있고 파리나 개처럼 구차하여 장의, 소진, 신불해, 상앙과 같이 간사한 짓거리를 하면서 도리어 주희와 육구

|8-77| 朱·陸之所可辨所可議者, 其言也. 朱·陸之不可辨不可議者, 其人也. 道之存於人, 不貴於言久矣. 苟不以人論學, 而以言論學, 不以人求朱·陸, 而以言語求朱·陸, 則今之紛紛, 無怪其然. 今之學者, 出處無朱·陸三揖一辭之耿拔, 取予無朱·陸裂石斷金之果決, 義利不分, 聲色不辨, 無朱·陸青天白日之光明, 而所爲黯闒垢濁, 自以爲心傳乎孔·孟, 而胸次則鬼魅跖尤, 蠅營狗苟, 入儀·秦·申·商之奸橐, 而反

연의 장단점을 지껄이고 있으니, 가련하다고 할 만하다.

呶呶於朱・陸之短長, 可悲也夫!

|8-78| 평소 부지런하게 배움에 힘써 노력했으니, 이는 본디 놓아 버린 마음을 구하는 것을 일삼는 것이다. 그러나 의리를 사색하면서 마음으로 이해하지 못하는 부분이 있으면 어떤 때는 잠을 자는 것을 잊어버리고 어떤 때는 밥 먹는 것을 잊어버리고, 밥을 먹을 때나 잠을 잘 때는 또 먹는 것이 무엇인지를 알지 못하고 잠자는 곳이 어디인지를 알지 못한다. 이는 모두 지나치게 마음을 쓰면서도 느끼지 못하는 것이다. 시문詩文의 경우에는 더욱 심한 일이 있다. 내 마음은 이미 시를 사색하는 데 빠져들었다. 평소 성질과 기분에 따라서 매번 자극을 받을 때마다 탄식하고 자기도 모르게 감탄하며 즐거워하지 않고 친구와 대면해서 지껄이며 떠들어대는 것은 모두 한때 감탄하는 의기의 사사로움에서 나온 것이니, 내 마음은 이미 세상의 변화 가운데 의기를 놓아 버린 것이다.

|8-78| 平生矻矻, 苦力於學, 固以收放心爲事也. 然思索義理, 有未會心處, 或至忘寢忘食, 當食當寢, 亦不知所食何物, 所寢何地, 此皆過用其心而不覺. 至於詩文尤甚. 吾之心, 已放於詩之思索上去矣. 生平負性氣, 每觸時艱, 不覺感歎不樂, 對友朋呶呶大言, 此皆出於一時感憤意氣之私, 吾之心已放於世變意氣上去矣.

|8-79| 지금 배우는 사람들은 뜻을 성실하게 하여 의리를 쌓는 것을 일삼을 수 없으니, 이에 공중에 매달려 "마음에 잊지 말고 조장하지 말라."[1]는 공부를 하려고 한다. 뜻을 성실하게 하여서 "중화를 이룰 수 없고, 보지 않고 듣지

|8-79| 今之學者, 不能實意以積義爲事, 乃欲懸空去做一個勿忘勿助; 不能實意致中和, 戒懼乎不

않는 데서 경계하고 두려워"[2]할 수 없으니, 이에 공중에 매달려 하나의 미발기상未發氣象을 보려고 한다. 뜻을 성실하게 하여 공자와 안연의 학문을 배울 수 없으니, 이에 공중에 매달려 공자와 안연이 즐거워하던 것을 찾으려고 한다. 외면에서 재미와 즐거움을 찾아서 수용하는 것이 앞으로 나아가면서 뒤에 있는 것을 구하는 것과 무슨 차이가 있는가? 이를 괴이한 것이라고 한다.

睹不聞, 乃欲懸空去看一個未發氣象; 不能實意學孔·顏之學, 乃欲懸空去尋孔·顏之樂處. 外面求討個滋味快樂來受用, 何異卻行而求前者乎? 茲所謂舛也.

|8-80| 성인의 마음은 마치 밝은 거울과 고요한 물과 같으므로, 이 마음의 본체가 광명함이 거울과 같다. 공부는 이 거울을 갈고 닦는 것이다. 공부가 본체라고 말했으니, 갈고 닦는 것이 거울이라고 하면 옳겠는가? 거울이 밝고 빛나면 먼지로 더럽혀지지 않을 수 없다. 사람의 마음이 밝고 빛나면 물욕에 의해서 뒤섞이지 않을 수 없다. 물욕을 극복하고 다스린다고 하면서 또 내 마음이 밝고 빛난다고 하면 옳다. 극복하고 다스리는 공부가 바로 내 마음의 본체라고 말하면 옳지 않다. 먼지를 갈고 닦음이 또 내 거울의 밝고 빛남이라고 말하면 옳지만, 갈고 닦는 공부라고 말하면서 이것이 바로

|8-80| 聖人之心, 如明鏡止水, 故此心本體光明, 猶鏡也; 工夫, 磨刮此鏡者也. 謂工夫卽本體, 謂磨刮之物卽鏡, 可乎? 鏡光明, 不能不爲塵垢所慁; 人心光明, 不能不爲物欲所雜. 謂克治物欲, 還吾心之光明, 則可; 謂克治工夫, 卽吾心之本體, 則不可. 謂

1 물망물조(勿忘勿助): 『맹자』「3-2」: "必有事焉, 而勿正, 心勿忘, 勿助長也."

2 계신공구(戒愼恐懼): 『중용』 수장: "道也者, 不可須臾離也. 可離, 非道也, 是故君子戒愼乎其所不睹, 恐懼乎其所不聞. … 致中和, 天地位焉, 萬物育焉."

내 거울의 본체라고 말하면 옳지 않다. 어째서 인가? 공부는 점차로 쌓아 나감이 있지만, 본체는 점차로 쌓아 나감이 없다. 공부는 순수하고 잡박하고 치우치고 온전함의 차이가 있지만, 본체는 치우치거나 온전하거나 순수하거나 잡박함이 없는 것이다.

刮磨塵垢, 還吾鏡之光明, 則可; 謂磨刮工夫, 卽吾鏡之本體, 則不可. 何也? 工夫有積累之漸, 本體無積累之漸, 工夫有純駁偏全不同, 本體無偏全, 無純駁也.

|8-81| 용계(龍溪: 王畿, 1498-1583)가 말했다. "배우는 사람들은 다만 깨우쳐야 한다." 내가 말했다. "우리 유학이 선불교의 시비를 분변할 수 없다면 진정한 깨달음이라고 할 수 없다." 용계가 말했다. "배우는 사람은 진정한 종자라야만 비로소 터득할 수 있다." 내가 말했다. "소리와 낯빛, 재화와 이익의 두 관절을 투철하게 터득하지 못하면 참된 종자라고 할 수 없다."

|8-81| 龍溪曰: "學者只要悟." 余謂: "不解辯吾道禪說是非, 不算作眞悟." 龍溪曰: "學者只要個眞種子方得." 余謂: "不能透得聲色貨利兩關, 不算作眞種子."

|8-82| 지금 세상의 배우는 사람들이 안자의 학문을 배울 수 없는 것을 병통으로 삼아야 하는데, 우선 증점의 광狂[3]을 배우려고 하니, 입문하여 착수하는 부분에서부터 잘못된 것이

|8-82| 今世學者, 病於不能學顏子之學, 而先欲學曾點之狂, 自其入門下手處

3 증점지광(曾點之狂): 증점(曾點)은 증삼(曾參)의 아버지로, 부자가 함께 공자의 제자였는데, '노지광사(魯之狂士)'라고 불렀다.

다. 이는 극기복례克己復禮하지 못하면서 천하가 인하다고 인정해 주길 바라는 것이고, 부모를 섬기고 형을 따르지 못하면서 자기도 모르게 손발이 춤을 추는 경지에 이르려고 하는 것이고, 부부로부터 단서가 시작됨을 이해하지 못하면서 연비어약鳶飛魚躍의 경지를 말하려고 하는 것이고, 비단옷을 입고 홑옷을 덧입는 경지를 이해하지 못하면서 소리도 없고 냄새도 없는 경지를 탐하는 것이고, 형이하를 배워서 형이상에 통달함을 이해하지 못하면서 나를 아는 자는 하늘일 것이라고 자처하는 것이다. 한번 경솔하게 방일하게 인식하고서 천기天機라고 하거나 그 안락과 즐거움을 취하고서 진취眞趣라고 하면 어찌 괴이하지 않겠는가? 그러므로 나는 배우는 사람들에게 이르기를 일용상행의 인륜에서 근본을 구해야지 현묘하고 허황되고 과장되는 데서 찾으면 안 된다고 했다. 오직 마음을 분발시키고 성질을 참고 어려움 가운데 힘을 붙이는 데에 달려 있지, 어떤 구속에서도 벗어나 제멋대로 시원스럽게 해 나가길 펼쳐 나가는 데 달려 있지 않다.

便差; 不解克己復禮, 便欲天下歸仁; 不解事親從兄, 便欲手舞足蹈; 不解造端夫婦, 便欲說鳶飛魚躍; 不解衣錦尙絅, 便欲無聲無臭; 不解下學上達, 便自謂知我者其天. 認一番輕率放逸爲天機, 取其宴安磬樂者爲眞趣, 豈不舛哉? 故余嘗謂學者, 惟在日用平實倫紀處根求, 不在玄虛誇大門戶處尋討; 惟在動心忍性苦楚中著力, 不在擺脫矜肆灑落處鋪張.

|8-83| 정좌靜坐는 혹 선정으로 잘못 흘러갈 수 있고, 조존操存은 혹 호흡을 조정하는 데로 잘못 흘러갈 수 있고, 경敬을 위주로 하는 것은 혹 망령되어 의식을 성성惺惺하게 깨어 있는 것으로 여기게 되고, 사물에 나아가 이치를 궁구

|8-83| 靜坐者, 或流於禪定; 操存者, 或誤於調息; 主敬者, 或妄以爲惺惺; 格物窮理者, 或

하는 것은 혹 모든 것을 깨닫는 데 빠져들게 되고, 마음을 보존하고 성을 기르는 것은 혹 마음에 나아가 성을 보는 데 빠지게 된다.

自溺於圓覺; 存心養性者, 或陷於卽心見性.

명유학안 권9,
삼원학안

明儒學案 卷九,
三原學案

|9-1| 관학關學은 대개 설선薛瑄을 종장으로 받들었는데, 삼원三原은 그 별파이다. 그 문하에 기절로 이름난 사람들이 많다. 풍토가 돈후한 가운데 또한 학문을 더한 사람들이다.

|9-1| 關學大概宗薛氏, 三原又其別派也. 其門下多以氣節著, 風土之厚, 而又加之學問者也.

단의 석거 왕서 선생

端毅王石渠先生恕

|9-2| 왕서(王恕, 1416-1508)는 자가 종관宗貫이고, 호號는 개암介菴이며, 만년에는 또 호를 석거石渠라고 하였다. 섬서陝西 삼원三原 출신이다. 정통正統 무진戊辰에 진사가 되어 서길사庶吉士로 선발되었다. 그러나 선생의 뜻은 경제에 있었다. 대리시좌평사大理寺左評事로 출사하여, 대리시좌시부大理寺左寺副로 옮겼다. 지양주부知揚州府로 발탁되어 기근이 들자 진휼할 것을 건의하고, 조정의 회보를 기다리지 않은 채 진휼미를 나누어 주어 백성들이 굶주림에서 면하였다. 강서우포정사江西右布政使로 승진하였다가 하남좌포정사河南左布政使로 옮겼다. 당시 양남襄南 지역에 산이 험하여 진秦과 초楚 지역의 유민들이 모여들었는데, 약탈 사건이 빈번하였다. 이에 전담 부서를 특별히 설치하여 선생을 우부도어사右副都御史로 임명하여 지휘하게 하였다. 도적들의 변란을 여러 차례 평정

|9-2| 王恕字宗貫, 號介菴, 晩又號石渠, 陝之三原人. 正統戊辰進士, 選庶吉士, 而先生志在經濟. 出爲左評事, 遷左寺副, 擢知揚州府. 歲饑請賑, 不待報而發粟, 民免溝壑. 超拜江西右布政使, 轉河南爲左. 時以襄南地多山險, 秦・楚之流民萃焉, 日出剽略, 於是特設治院, 以先生爲右副都御史領之. 累平寇亂, 又平湖廣劉千

하고 또 호광湖廣의 류천근劉千觔, 석화상石和尚의 변란을 평정하고, 방문을 붙여 유민들을 타일러서 본업에 복귀하게 시켰다.

觔·石和尚, 榜諭流民, 各使復業.

모친상으로 귀향하였다가, 상중에 기용되어 하남순무河南巡撫가 되었고, 남경형부좌시랑南京刑部左侍郎으로 자리를 옮겼다. 부친상으로 귀향하였다가 상복을 벗자 형부좌시랑刑部左侍郎으로 기용되어 조운하는 수로를 정비하였다.

母憂歸. 起復巡撫河南, 轉南京刑部左侍郎. 父憂歸. 服除, 起刑部左侍郎, 治漕河.

남경호부南京戶部로 자리를 옮겼다가 다시 좌부도어사左副都御史로 옮기고 운남순무雲南巡撫가 되어 시찰하였는데 환관 전능錢能의 횡포가 심하였다. 전능은 휘하의 지휘사 곽경郭景을 통해, 안남安南과 사통하여 부정한 이득을 취하였다. 선생이 사람을 파견하여 길에서 곽경을 체포하였는데, 곽경은 급박하자 우물에 몸을 던져 죽었다. 탐학한 실상을 모두 드러내자, 천자가 결국 전능을 돌아오게 하고 남경에 안치시켰다.

改南京戶部, 復改左副都御史, 巡撫雲南. 而中人錢能橫甚, 使其麾下指揮郭景, 私通安南爲奸利. 先生遣人道執景, 景迫投井死. 盡發能貪暴諸狀, 上遂撤能還, 安置南京.

우도어사右都御史에 나아갔다가 징소되어 남경의 정무를 담당하였고, 남경병부상서南京兵部尚書로 자리를 옮겨 남경수비南京守備를 도왔다. 얼마 뒤 부함겸좌부도어사部銜兼左副都御史로 강남지역을 시찰하여 이익을 흥기시키고 폐단을 제거하자, 삼오三吳에 순무가 설치된 이래 오직 주침周忱[1]과 선생뿐이라는 칭송이 있었다. 환관 왕경이 자신의 천호千戶[2] 왕신王臣을 끼고 술수를 부려 천자의 뜻을 취해서 서화와 서적,

進右都御史, 召掌留臺. 遷南京兵部尚書, 參贊守備. 尋以部銜兼左副都御史, 巡撫南畿, 興利除害. 三吳自設巡撫以來, 獨周忱與先生耳. 中人王敬, 挾其千戶王臣, 以妖術

진귀한 물건 등을 구입하는 등 위세가 대단하였다. 선생이 그 죄상을 열거하여 왕경은 금의위錦衣衛에 하옥되고 왕신은 사형에 처해졌다. 2년 뒤에 남경으로 돌아와 남경수비南京守備를 도왔는데, 전능錢能이 권세에 빌붙어서 남경수비가 되어 선생과 함께 업무를 같이 하였다. 선생이 넓은 마음으로 이전의 일을 마음에 두지 않자, 전능은 사람들에게 "왕공은 대인이다. 내가 오직 공경할 뿐이다."라고 하였다. 태자소보太子少保의 직이 더해졌다. 임견소林見素가 요승 계효繼曉를 탄핵한 일로 하옥되었는데, 선생이 신원하여 나올 수 있었다.

取中旨, 收市圖籍珍玩, 張皇聲勢. 先生列其罪狀, 敬下錦衣獄, 臣論死. 二年而復還參贊, 錢能夤緣爲守備, 與先生共事, 先生坦然, 不念前事. 能語人曰: "王公, 大人也, 吾惟敬事而已." 加太子少保. 林見素以劾妖僧繼曉下獄, 先生救之得出.

선생이 더욱 의견을 개진하여 천하의 일을 논하자 천자도 선생에게 기대하는 뜻이 없지 않았다. 그로 인해 태자소보에 낙점되었는데, 선생은 상서尙書로 치사하였다. 효종이 즉위하자 불러서 이부상서吏部尙書로 기용하고 태자소보太子少保의 직을 더하였다. 천자가 문묘에 석전례를 올리자 선생이 태뢰太牢를 사용하고 폐백을 더할 것을 요청하였다. 천자가 그 의견에

先生益發舒言天下事, 天子不能無望意, 因批落太子少保, 以尙書致仕. 孝宗即位, 召用爲吏部尙書, 加太子太保. 上釋奠文廟, 先生請用太牢加幣, 從之.

---

1 주침(周忱): 1381-1453. 자는 순여(恂如), 호는 쌍애(雙崖)이고, 江西 吉水 출신이다. 1404년(永樂2) 진사에 오르고 1430년(宣德5), 공부우시랑(工部右侍郎)이 되어 강남지역에 순무사로 활동하면서 각종 폐단을 제거하고 賦稅의 견감 등 백성들의 부담을 줄이는 조치를 행하여, 명성이 높았다. 시호는 문양(文襄)이고, 저서에 『雙崖集』이 있다.

2 천호(千戶): 여기서는 무관의 관직 명칭을 뜻한다.

따랐다.

선생은 예를 존숭하고 의리의 풍도가 있는 선비였다. 따라서 한때 조정의 후진들, 예컨대 서길사 추지鄒智, 어사 탕내湯鼐, 주사 이문상李文祥 등 10여 명이 정의를 따르며 일을 도모하기를 좋아하였는데 선생을 종주로 삼았다. 선생이 경연에 참여할 때 천자가 더위로 피곤해하자 잠시 강의를 중단할 것을 요청하였다. 그러자 탕내가 즉시 "천자가 막 학문에 열중하고 있는데 어찌하여 그 진보를 저지하는 것이요? 왕서는 옳지 않았음을 말하시오."라고 하였다. 선생은 황공히 죄를 청하고, "여러 신료들이 저를 책망한 것은 옳습니다. 그러나 여러 신료들은 잘 다스리기를 추구하는 마음이 너무 급해서 조정에서 저를 과중하게 대우하는 것을 알기 때문에 신을 책망한 것 역시 과도하게 심한 것입니다. 송나라 사마광처럼 신이 조정의 일을 모두 취해서 경장시키기를 바라는 것이지만, 제가 감히 사마광과 같이 되기를 바랄 수 없음은 말할 것도 없고, 지금이 또 어찌 희령熙寧, 원풍元豊의 시대이겠습니까?"라고 하였다. 천자가 치하하는 조서로 답하였다.

先生崇禮風義之士, 故一時後進在朝者, 如庶吉士鄒智・御史湯鼐・主事李文祥十餘人, 皆慷慨喜事, 以先生爲宗主. 先生侍經筵, 見上困於酷暑, 請暫輟講. 鼐即言"天子方向學, 奈何阻其進? 恕請非是". 先生惶恐待罪, 謂"諸臣責臣是也. 然諸臣求治太急, 見朝廷待臣太重, 故責臣太深, 欲臣盡取朝事更張之, 如宋司馬光. 毋論臣不敢望光, 今亦豈熙・豐時也?" 上優詔答之.

얼마 있다가 탕내가 내각의 만안萬安, 유길劉吉, 윤직尹直 등에 대하여 탄핵하였는데, 환관이 상소문이 궁중에 계류 중임을 보이자. 탕내가 큰 소리로 "상소문이 처리되지 않으면 궁중의 환관도 함께 탄핵하겠다."고 하였다. 환관

已而鼐劾閣臣萬安・劉吉・尹直, 中官示以疏已留中, 鼐大言"疏不出, 且併劾中官". 中官避匿.

이 피하여 숨고, 오래지 않아 만안과 윤직이 모두 면직되었다. 탕내와 이문상은 연일 술을 마시며 노래하길, "군자가 등용되고 소인은 내쳐졌으니 유길이 아직 조정에 있다고 해도 거리낄 것이 없다."라고 하였다. 이때 유길이 문객 서붕徐鵬과 위장魏璋을 시켜 탕내를 엿보게 하였다. 탕의 집은 수주壽州에 있었는데, 지수주知壽州 유개劉概가 편지를 보내 "한 노인이 소를 끌고 물에 들어가는데 공이 끌어서 올리는 것을 꿈에 본 적이 있습니다. 소[牛]는 나라의 성씨에 가깝습니다. 이것은 국세가 멸망에 임박하였는데 공에 의지하여 다시 안정을 찾는 징조입니다."라고 하였다. 탕내가 크게 기뻐하여 편지를 꺼내 손님들에게 보였다. 위장이 이것으로 탄핵하여 탕내와 유개가 모두 하옥되었다. 도어사 마문승馬文升이 고의로 탕내의 탄핵을 받아 요망한 말이라고 탕내를 얽어매고자 하였으나, 선생이 힘써 구하여 사태가 비로소 풀릴 수 있었다. 환관과 측근 가운데 은택이 과도한 자들에 대해서 선생은 곧 제재를 가하여, 천자가 허락한 뒤에도 반드시 계속 주장하였다.

亡何安·直皆免, 鼐與文祥等日夜酣呼, 以爲"君子進, 小人退, 雖劉吉尚在, 不足忌也". 於是吉使門客徐鵬·魏璋伺鼐. 鼐家壽州, 知州劉概與書: "嘗夢一叟牽牛入水, 公引之而上. 牛近國姓, 此國勢瀕危, 賴公復安之兆也."鼐大喜, 出書示客. 璋以此劾之, 鼐·概皆下詔獄. 都御史馬文升故爲鼐所劾, 欲以妖言坐之, 先生力救, 事始得解. 凡中官倖人, 恩澤過當者, 先生輒爲裁止, 雖上已許, 必固執也.

구준丘濬은 예부상서였기 때문에 반열이 선생의 아래였다. 문연각文淵閣에 당직을 설 때 선생이 스스로 선배로서 상서尙書의 차서를 두었는데, 구준은 좋지 않게 생각하였다. 구준은 매번 논의하고 상주하는 일이 있을 때마다 남

丘濬以禮部尚書故班先生下, 及直文淵閣, 先生自以前輩仍序尚書之次, 濬意弗善也. 每有論奏,

모르게 저지하였다. 또한 자신과 사적인 관계에 있던 태의원원판太醫院院判 유문태劉文泰를 시켜 선생이 판각한 전기[3]를 들추어내서, 비답을 받지 못한 상주문이 선제가 간언을 거부한 것을 널리 드러내기 위함이었음을 상세히 열거하였다. 선생은 "제 전기에 실려 있는 내용은 모두 선제가 간언을 받아들인 것이 성대하였음을 밝히기에 충분한데, 악행을 널리 드러낸 것으로 어떻게 이름을 붙이는가? 유문태는 무식한 소인이다. 이런 교묘하고 가혹한 글을 올린 것은 문장 법식에 노숙하여 속임수를 남모르게 모의하는 자가 아니면 할 수 없다. 그 교사한 사람을 어찌 추적하지 않을 수 있겠는가?"라고 하였다. 이에 유문태가 금의위錦衣衛에 하옥되었는데 과연 구준이 시킨 것이었다. 천자는 선생이 자신이 충직으로 명성을 산 것을 여기고 그 전기 초고를 불태우게 하였다. 유문태가 옥에서 나오자 선생이 위축되었다. 결국 물러나 고향에서 여생을 마칠 것을 요청하여 돌아왔다. 2년 뒤에 구준이 별세하였다. 유문태가 조문을 갔는데 구준의 부인이 소리질러 좇아내면서 "너는 왕공을 우리 상공과 화를 얽어 놓았으니 소인이다. 어떻게 조문을 오

陰抑之, 且使其私人太醫院判劉文泰, 訐先生所刻傳文, 詳列不報之章, 爲彰先帝之拒諫. 先生言"臣傳所載, 皆足以昭先帝納諫之盛, 何名彰惡? 文泰無賴小人, 其逞此機巧深刻之辭, 非老於文法, 陰謀詭計者不能, 盍無追其主使之人?"乃下文泰錦衣獄, 則果丘濬所使也. 上以先生賣直沽名, 俾焚其傳草. 文泰出而先生絀矣. 遂乞骸骨歸. 又二歲濬卒, 文泰往弔, 其夫人叱之出, 曰: "汝搆王公於我相公, 憸人也, 何弔爲?" 聞者快之.

3 선생이 판각한 전기: 王恕가 관직에서 물러나 고향에 머무를 때 다른 사람에게 자신의 전기를 쓰게 하고 판각하였던 것을 말한다. 『明史』 권182, 「列傳」70, 「王恕」에 나온다.

는가?"라고 하였다. 듣는 사람들이 통쾌하게 여겼다.

선생은 집에 머물면서 『역대명신간의록歷代名臣諫議錄』 124권을 모아 책으로 묶었다. 또한 경서의 전傳과 주註를 취하여 의심나고 막히는 곳이 있으면 여러 번 체인해 보고, 통하지 않는 부분에 대해서는 자신의 의견으로 미루어 변석하여 『석거의견石渠意見』이라고 이름을 붙였다. '의견'이란 개인적 소견으로 헤아린 견해로 자신이 옳다고 감히 자신하지 않는 것이다. 대개 80세에 『석거의견』을 저술하고, 86세에 『습유拾遺』를 저술하고, 88세에는 『보결補缺』을 지었다. 늙어서도 학문을 좋아함이 이와 같았다.

先生家居, 編集『歷代名臣諫議錄』一百二十四卷. 又取經書傳註, 有所疑滯, 再三體認, 行不去者, 以己意推之, 名曰『石渠意見』. 意見者, 乃意度之見耳, 未敢自以爲是也. 蓋年八十四而著『意見』, 八十六爲『拾遺』, 八十八爲『補缺』, 其耄而好學如此.

선생의 학문은 대체로 실제 행하는 일에서 미루어 헤아려서 자신의 마음에 편안한 것을 얻었다. 따라서 어디에서도 자신을 알 수 있었다. 대본大本이 있는 곳에 관련해서는 더러 이해가 미치지 못하였다. 90세가 되자 천자가 사자를 보내 문안하였고, 3년 뒤에 별세하자 특진좌주국태사特進左柱國太師로 추증하였다. 시호는 단의端毅이다.

先生之學, 大抵推之事爲之際, 以得其心安者, 故隨地可以自見. 至於大本之所在, 或未之及也. 九十歲, 天子遣行人存問. 又三年卒, 贈特進左柱國太師, 謚端毅.

『석거의견』

|9-3| 계신공구戒愼恐懼 2절.[4] 천리와 인욕은 서로 한쪽이 성하면 한쪽은 쇠퇴하여, 천리가 있으면 인욕은 없고, 인욕이 있으면 천리는 없다. 어떻게 앞 한 단락은 천리의 본연인데, 뒤 한 단락은 인욕이 장차 싹트려 할 때 막는다는 것인가?[5]

|9-4| 중화中和절.[6] 중中과 화和는 곧 사람의 성정性情이 지니는 덕으로, 동動과 정靜의 차이가 있기는 하지만, 애시당초 두 가지가 아니다. 계구(戒懼: 미리 경계하고 두려워함)와 신독(愼獨: 자신은 자각하고 있지만 남은 모르는 때에 조심함)은 모두 함부로 소홀히 하지 않는다는 뜻이다. 어찌 저것과 이것으로 나뉘는 차이가 있겠는가? 어떻게 미리 경계하고 두려워하며 단속하는 것으로부터 하면 중을 다 발휘하고, 혼자 자각할 때를 조심하여 정밀하게 살피는 것으로부터 하면 화和를 다 발휘하는데 이르겠는

『石渠意見』

|9-3| 戒愼恐懼二節. 天理人欲相爲消長, 有天理即無人欲, 有人欲即無天理. 如何前一段是天理之本然, 後一段是遏人欲於將萌?

|9-4| 中和節. 中和乃人性情之德, 雖有動靜之殊, 初無二物. 戒懼愼獨, 皆是不敢忽之意, 豈有彼此? 如何自戒懼而約之, 止能致中? 自愼獨而精之, 止能致和? 如何致中獨能位天地, 致和獨能育萬物? 恐非子思

---

4 계신공구(戒愼恐懼) 2절: 『중용장구』 1장, "君子戒愼乎其所不睹, 恐懼乎其所不聞. 莫見乎隱, 莫顯乎微, 故君子愼其獨也."

5 어떻게 앞 … 막는다는 것인가: 주희가 "君子戒愼乎其所不睹, 恐懼乎其所不聞."에 대해 "所以存天理之本然"이라고 주석하고, "莫見乎隱, 莫顯乎微, 故君子愼其獨也."에 대해 "所以遏人欲於將萌"이라고 주석한 것을 가리킨다.

6 중화(中和)절: 『중용장구』 1장, "致中和, 天地位焉, 萬物育焉."

가? 어떻게 중을 다 발휘하면 천지를 제 자리에 있게 하고, 화를 다 발휘하면 만물을 기를 수 있겠는가?[7] 아마도 자사子思의 뜻이 아니다.

之意.

|9-5| 귀신장.[8] "귀신이 덕이 된다."에서 "귀신"은 대개 제사에 감응하는 귀신을 말하고, "덕이 된다."는 것은 만물을 생장시키고 선에게는 복을 주고 악에게는 재앙을 주어 그 성대함이 더 가할 것이 없음과 같은 것이다. 형태가 없기 때문에 보아도 보이지 않고, 소리가 없기 때문에 들어도 들리지 않는다. "사물의 체體가 되어 어떤 사물도 이탈할 수 없다."는 귀신이 사물을 체體로 삼아 어떤 사물에도 없는 곳이 없음을 말한다. 예를 들면 문에는 문의 신이 있고 부엌에는 부엌의 신이 있고, 신주는 귀신이 머무는 곳이 되는 것이 그것이다. 그러나 감촉하는 것이 있으면 반드시 응대하는 것이 있다. 따라서 사람들이 경외하면서 제사를 드리고, 위에 계신 듯 그 좌우에 계신 듯 여기면서 감히 소홀히 하지 않게 한다. "있는 듯하다."라고 하였으니 실제로 있는 것이 아니

|9-5| 鬼神章. "鬼神之爲德". "鬼神", 蓋言應祀之鬼神. "爲德", 如生長萬物, 福善禍淫, 其盛無以加矣. 以其無形也, 故視之而弗見, 以其無聲也, 故聽之而弗聞. "體物而不可遺", 言鬼神以物爲體, 而無物不有, 如門有門神, 竈有竈神, 木主爲鬼神之所棲是也. 然其有感必應, 是以使人敬畏而致祭祀, 如在其上, 如在其左右而

---

7 어떻게 미리 … 수 있겠는가: 주희가 "自戒懼而約之, 以至於至靜之中無所偏倚而其守不失, 則極其中而天地位矣; 自謹獨而精之, 以至於應物之處無少差謬而無適不然, 則極其和而萬物育矣."라고 주석한 것을 가리킨다.

8 귀신장: 『中庸章句』 16장, "鬼神之爲德, 其盛矣乎! 視之而弗見, 聽之而弗聞, 體物而不可遺. 使天下之人, 齊明盛服, 以承祭祀, 洋洋乎如在其上, 如在其左右. 『詩』曰: '神之格思, 不可度思, 矧可射思?' 夫微之顯 · 誠之不可揜如此夫."

라는 말이다. 『집주集註』에서 "드러나 보임이 밝게 나타난다."는 말로 "있는 듯하다."를 풀이하였는데,[9] 아마도 옳지 않은 듯하다.

不敢忽也. 謂之"如在", 言非實有也.『集註』以"發見昭著"釋"如在", 恐非是.

|9-6| 식무구포食無求飽장.[10] "(식사할 때) 배불리 먹기를 바라는 일이 없고", "(거처할 때) 편안하기를 바라는 일이 없다."는 것은 뜻이 일을 민첩하게 행하고 말을 신중히 하는 데 있기 때문이다. "도가 있는 사람에게 나아가 바로잡는다."는 것은 말한 바와 행한 바의 시비를 바로잡는 것이다. 대개 옛날에 배우는 이는 모두 말하고 행동하는 것으로 학문을 삼았다.

|9-6| 食無求飽章. 無求飽求安者, 志在敏事愼言也. "就有道而正"者, 正其所言・所行之是非, 是者行之, 非者改之. 蓋古之學者皆以言行爲學也.

|9-7| 동용모動容貌장.[11] "사斯"는 반드시의 뜻과 같다. 이것은 힘을 쓴다는 글자이다. 용모를 움직일 때에는 함부로 하고 소흘히 하는 태도를 힘써 멀리해야 한다. 안색을 바로잡을 때에는 힘써 신실함에 가깝게 해야 한다. 말로 표현할 때에는 비루하고 어긋남을 힘써 멀리해야 한다. "사斯"를 저절로 그렇게 하는 것으

|9-7| 動容貌章. "斯", 猶須也, 是用力的字. 動容貌, 須要遠暴慢; 正顏色, 須要近信; 出辭氣, 須要遠鄙倍. 若以斯爲自然, 未安.

---

9 『집주(集註)』에서 드러나 … 듯하다를 풀이하였는데: 『집주(集註)』는 『中庸章句』를 가리킨다. 주희는 "使天下之人, 齊明盛服, 以承祭祀, 洋洋乎如在其上, 如在其左右."에 대하여 "能使人畏敬奉承, 而發見昭著如此, 乃其'體物而不可遺'之驗也."로 풀이하였다.

10 식무구포(食無求飽)장: 『논어』「학이」, "君子食無求飽, 居無求安, 敏於事而愼於言, 就有道而正焉, 可謂好學也巳."

11 동용모(動容貌)장: 『논어』「泰伯」, "君子所貴乎道者三: 動容貌, 斯遠暴慢矣; 正顏色, 斯近信矣; 出辭氣, 斯遠鄙倍矣. 籩豆之事, 則有司存."

로 여기면 옳지 않다.

|9-8| 홍어시興於詩장.[12] 시는 성정에 근본을 두고 있어 사사로운 것과 올바른 것이 있다. 읽으면 선을 좋아하고 악을 미워하는 마음을 일으킬 수 있다. 그러므로 "시로써 일으킨다."고 한 것이다. 예를 가지고 절도 있게 하고 아름답게 하면 곡례曲禮와 경례經禮를 사람들이 알 수 있다. 그러면 공경하고 신중한 것이 절도에 맞고 말과 행동에 잘못됨이 없어 향에서 자리에 설 수 있고 조정에서 자리에 설 수 있다. 그러므로 "예를 통해 자리에 선다."라고 한 것이다. 악樂은 귀신과 사람을 화합시킨다. 교제와 종묘제사에서 사용하면 선조가 내려와 이르고, 연회에서 사용하면 손님과 주인이 마음으로 친해진다. 이것뿐이 아니다. 일이 크건 작건 간에 화목함이 아니면 성사되지 않는다. 그러므로 "음악을 통해 성사시킨다."라고 한 것이다.

|9-8| 興於詩章. 詩本性情, 有邪有正, 讀之可以興其好善惡惡之心, 故曰"興於詩". 禮以謹節文, 曲禮經禮, 人能知之, 則敬愼威儀, 言動無失, 可以立於鄕, 立於朝, 故曰"立於禮". 樂以和神人, 用之於郊廟, 則祖考來格, 用之於燕享, 則賓主情洽. 不特此也, 事無大小, 非和不成, 故曰"成於樂".

|9-9| 안연위연顔淵喟然장.[13] 높고 견고하고 앞에 있다가 어느새 뒤에 있다는 것은 자신에

|9-9| 顔淵喟然章. 高堅前後, 言己

---

12 홍어시(興於詩)장: 『논어』「泰伯」, "興於詩, 立於禮, 成於樂."

13 안연위연(顔淵喟然)장: 『논어』「顔淵」, "顔淵喟然嘆曰: '仰之彌高, 鑽之彌堅, 瞻之在前, 忽焉在後, 夫子循循然善誘人, 博我以文, 約我以禮, 欲罷不能, 既竭吾才, 如有所立卓爾, 雖欲從之, 末由也已.'" 아래 인용문은 주희의 주석에 나온다.

게 정해진 견해가 없음을 말하는 것이지 성현의 도가 높고 견고하고 앞에 있다가 어느새 뒤에 있음을 말하는 것이 아니다. 『논어집주』에서 "안자가 선생의 도가 무궁무진하여 고정된 형태가 없음을 깊이 알아서 탄식하였다."고 하였는데, 만일 그렇다면 인仁에 머물고 경敬에 머물고 자애로움에 머물고 효에 머물고 신실함에 머무는 것은 도가 아닌가?

無定見, 非聖道之有高堅前後也. 『集註』謂"顏子深知夫子之道無窮盡・無方體而歎之也", 若然, 則止仁・止敬・止慈・止孝・止信非道歟?

|9-10| 훼예毁譽장.[14] 오늘날 이 백성은 곧 삼대의 백성이다. 그런데, 삼대의 백성은 곧은 도리로 행하여 함부로 다른 사람을 훼방하거나 칭찬하지 않았다. 오늘날 백성이 실정에 맞지 않게 훼방하고 칭찬하는 것은 왜 그런가?

|9-10| 毁譽章. 今斯之民, 即三代之民, 而三代之民, 直道而行, 不妄毁譽人, 何今之民毁譽之過情也?

|9-11| 어떤 이가 물었다. "정전의 법을 오늘날에도 실행할 수 있습니까?" 『석거의견石渠意見』은 불가능하다고 생각한다. "왜 그렇게 생각합니까?" "오늘날 사람은 많고 땅은 좁은데 사람마다 전지 100무를 받는 것이 가능하겠는가?" "어찌 꼭 100무일 필요가 있겠습니까? 50무, 또는 70무로 균등하게 하면 곧 정전의 취지입니다." "호구는 해마다 변동이 생기는데,

|9-11| 或問: "井田之法, 今可行乎?" 『意見』以爲不可. 曰: "何也?" 曰: "今之時, 人稠地狹, 人人授田百畝, 其可得乎?" 曰: "何必百畝? 或五十畝, 或七十

14 훼예(毁譽)장: 『논어』「衛靈公」, "吾之于人也, 誰毁誰譽? 如有所譽者, 其有所試矣. 斯民也, 三代之所以直道而行也."

균일하게 하려면 매년 조사해서 나누어 주고 전지의 경계를 정해야 한다. 만일 그렇게 하면 정부나 백성이 모두 그 번거롭고 힘든 것을 견디지 못할 것이요, 농업에 방해가 되서 전지를 받는 사람도 반드시 '이 땅이 올해는 내게 속해 있지만, 내년에는 누구에게 속할지 모른다.'고 할 것이다. 이로 말미암아 사람들은 대충 임시변통으로 하는 마음을 가져 경작하고 거름 주고 논둑을 만드는 일에 게을리할 것이고 전지는 황폐해질 것이다." "십년에 한 번 재분배하면 되겠습니까?" "십년에 한 번 재분배하면 단지 한 차례 균등하게 되고 그 뒤로 호구의 변동이 생기면 다시 불균등하게 될 것이다."

畝, 使彼此均一, 即井田之意." 曰: "戶口年年有消長, 苟欲均之, 必須年年取勘分授, 經畫疆界. 若然, 則官民不勝其煩勞, 又且妨誤農業. 受田之人必曰: '此田今年屬我, 明年不知又屬何人.' 由是人懷苟且之心, 怠於耕作糞壅, 田必瘠矣." 曰: "十年一分可乎?" 曰: "十年一分, 止可均一次, 其後戶口有消長, 則又不均矣."

|9-12| 진심盡心장.[15] 사람이 자신의 생각을 다 발휘하여 궁구하면 그 본성의 이치를 알 수 있다. 대개 본성은 하늘이 부여한 것이요 사람이 받은 것이다. 그 이치가 매우 미묘하니, 마음을 다하여 궁구하지 않으면 어떻게 쉽게 알겠는가? 그 본성을 알면 천리가 유행流行하여

|9-12| 盡心章. 人能竭盡其心思而窮究之, 則能知其性之理. 蓋性乃天之所命, 人之所受, 其理甚微, 非盡心而窮

15 진심(盡心)장: 『맹자』「盡心上」, "盡其心者, 知其性也. 知其性, 則知天矣. 存其心, 養其性, 所以事天也. 殀壽不貳, 脩身以俟之, 所以立命也."

사물에 부여된 것 또한 이것에서 벗어나지 않음을 알게 된다. 아래 문장 "그 마음을 보존하고 그 본성을 기르는 것은 하늘을 섬기는 방법이다."와 문세가 서로 같다. 『맹자집주孟子集註』에서 "본성을 알면 곧 마음을 다 할 수 있다."라고 한 말은 앞뒤가 전도된 바가 없지 않다.

究之, 豈易知哉! 既知其性, 則知天理之流行, 而付於物者, 亦不外是矣. 與下文"存其心, 養其性, 所以事天也", 文勢相同. 『集註』言"知性乃能盡心", 不無顚倒.

|9-13| 『춘추春秋』. 『춘추』는 좌구명左丘明이 지은 노나라 역사를 가지고 공자가 정리한 것이다. 『춘추좌씨전春秋左氏傳』을 전傳으로 삼으면서, 어째서 『춘추공양전春秋公羊傳』과 『춘추곡량전春秋穀梁傳』을 함께 포함하여 『춘추』삼전이라고 부르는가? 이제 『춘추공양전』과 『춘추곡량전』을 보면, 공자가 기록하고 포폄한 뜻을 밝힌 것에 불과하고, 좌씨가 기록한 사실을 벗어나 근거 없이 신설을 만든 것이 없다. 이것이 『춘추좌씨전』이 전이 될 수 없는 첫 번째 이유이다. 공자는 "좌구명이 부끄럽게 여겼었고, 나도 또한 부끄럽게 여긴다."[16]라고 하였다. 이 말을 보면, 좌구명이 공자 이전에 살아서 공자의 존경과 신뢰를 받았음을 안다. 뒤에 산 사람이 경經을 쓰고 앞서 산 사람이 전傳을

|9-13| 『春秋』. 『春秋』者, 孔子因左丘明所作魯史而修之也. 何爲以『左氏』爲傳, 而以『公羊』『穀梁』並行, 謂之『三傳』乎? 今觀『公』·『穀』傳, 不過發明孔子筆削褒貶之意, 未嘗外左氏所記之事, 而鑿空爲之說. 此『左氏』不可爲傳一也. 孔子言: "左丘明恥之, 丘亦恥之." 觀此, 則知左丘明生乎孔

16 좌구명이 부끄럽게 … 부끄럽게 여긴다: 『논어』「公冶長」.

지어 경을 해석했을 리는 없다. 이것이 『춘추좌씨전』이 전이 될 수 없는 두 번째 이유이다.

子之前, 而爲孔子之所敬信者也. 不應生乎後者爲之經, 而生乎前者爲之傳以釋經也. 此『左氏』不可爲傳二也.

|9-14| 중화中和. 천하의 일에 대처함이 중(中: 중정함)을 얻으면 성사되고 중을 얻지 못하면 성사되지 않는다. 그러므로 중이 천하에 일에 대처하는 대본(大本: 큰 근본)이 된다. 천하의 일에 화(和: 화목함)로 행하면 행해지고 화목하지 못하면 행해지지 않는다. 그러므로 화和가 천하에서 일을 행하는 달도(達道: 어디서나 통용되는 도)가 된다.

|9-14| 中和. 天下之事, 處之得中則成, 不得中則不成, 故中爲天下處事之大本. 天下之事, 行之以和則行, 不和則不行, 故和爲天下行事之達道.

|9-15| 도불원인道不遠人장.[17] 자신이 알 수 있고 행할 수 있으면 남도 할 수 있다. 자신이 할 수 없으면 남도 할 수 없다. 이 자신의 도가 어찌 다른 사람과 멀리 떨어져 있었던 적이 있는가? 사람이 도를 행하면서 자신을 미루어 외물을 헤아리지 못하고, 남이 알기 어렵고 행하기 어려운 일을 가지고 남을 다스리면, 이것이 인정에 가깝지 않고 남과 멀리 떨어진 것을 도로 삼는 것이다.

|9-15| 道不遠人章. 己之能知能行, 人亦能之; 己之不能, 人亦不能. 是己之道, 曷嘗遠於人哉? 人之行道, 不能推己度物, 而以人之難知難行之事治人, 則是不近人情, 而遠

17 도불원인(道不遠人)장: 『중용장구』 제13장, "道不遠人, 人之爲道而遠人, 不可以爲道."

|9-16| 성자자성誠者自成장.[18] 성誠은 성실하다는 뜻이다. 사람의 마음이 성실하지 않음이 없어야 곧 스스로 자신을 이룰 수 있고 나에게 있는 도리가 자연히 행해지지 않음이 없다. 『중용장구』에서 성실함[誠]과 도리[道]를 두 가지 일로 여겼는데 옳지 않다.

"물物의 시작이자 끝이다."라고 할 때의 '물物'은 일과 같은 의미이다. 성실한 사람은 일을 행함에 자연히 시작과 끝이 있다. 성실하지 않은 사람은 비록 하는 바가 있어도 처음에 부지런하다가 끝에 가서 나태하여 일을 성사시키지 못한다. 그러므로 "성실하지 않으면 물이 없다."고 말한 것이다.

|9-17| 기갈饑渴장.[19] 사람이 굶주리고 목마르며 가난하고 천한 처지 때문에 자신의 마음을 동요하지 않을 수 있다면, 큰 근본이 확립

人以爲道也.

|9-16| 誠者自成章. 誠, 實也. 人之心無不實, 乃能自成其身, 而道之在我者, 自無不行矣. 『註』以誠與道對言, 以人與物爲二事, 非也. "物之終始"之物, 猶事也. 人之誠實者, 作事自然有始有終; 不誠實者, 則雖有所爲, 始勤終怠, 所以成不得事, 故曰"不誠無物".

|9-17| 饑渴章. 人能不以饑渴貧賤動其心, 則大本立而

---

18 성자자성(誠者自成)장: 『中庸章句』제25장, "誠者自成也, 而道自道也. 誠者物之終始, 不誠無物, 是故君子誠之爲貴. 誠者非自成己而已也, 所以成物也. 成己仁也, 成物知也." 주희는 성과 도에 대하여 "誠者物之所以自成, 而道者人之所當自行也. 誠以心言, 本也; 道以理言, 用也."라고 주석하였다. 주희는 성실함[誠]이 인위적 안배 없이 사물이 자연적으로 사물을 이루는 도리로 본(本)이 되고, 도(道)는 사람들이 응당 행해야 하는 도리로 용(用)이 된다고 하여 본과 용의 관계로 풀이하였다. 반면, 왕서는 일을 할 때 시종 성실함으로 해야 나의 도리가 행해진다는 취지로 이해하여 성과 도를 둘로 나누는 주희의 견해를 반박하였다.

19 『맹자』「盡心上」, "飢者甘食, 渴者甘. 飮是未得飮食之正也, 飢渴害之也. 豈惟口腹有飢渴之害? 人心亦皆有害. 人能無以飢渴之害爲心害, 則不及人不爲憂矣."

되어 다른 사람을 능가함이 현저한 것이다. 그 밖의 작은 일들이야 비록 다른 사람에게 못 미치더라도 걱정거리가 되지 않는다.

過人遠矣. 其他小事末節, 雖不及人, 不爲憂矣.

| 9-18 | 진덕수업進德修業 효爻.[20] "충직하고 신실함[忠信]"은 마음에 보존하고 있는 것이 성실하지 않음이 없는 것이다. "말을 할 때 그 성실함을 세운다[修辭立其誠]."는 말을 할 때 성실하지 않음이 없음을 말한다. 충직하고 신실함은 덕이 아니다. 덕을 닦는 수단이 충직하고 신실한 것이다. 말을 할 때 성실함을 세우는 것은 사업이 아니다. 사업에서 처신하는 수단이 바로 말을 할 때 그 성실함을 세우는 것이다.

"이르는 것을 알아 이른다[知至至之]."는 것은 덕이 이를 곳을 알아 닦아서 이르는 것이다. 그러므로 "더불어서 기미를 논할 수 있다." "끝나는 것을 알아 마친다[知終終之]."는 사업이 끝나는 것을 알아 닦아서 마치는 것이다. 그러므로 "더불어서 올바름을 보존할 수 있다." 지知와 행行으로 말하면, 이르는 것을 알고 끝나는 것을 아는 것은 지와 유사하다. 이르고 마치는 것은 행과 유사하다. 『이천역전伊川易傳』에서

| 9-18 | 進德修業爻. "忠信", 謂存諸心者無不誠也; "修辭立其誠", 謂出諸口者亦無不誠也. 忠信非德也, 所以進德者忠信也; 修辭立誠非業也, 所以居業者修辭立其誠也.

"知至至之", 知德之所至而進以至之, 故"可與幾也"; "知終終之", 知業之所終而修以終之, 故"可與存義也". 以知行言之, 知至知終, 似知也; 至之終之, 似行也.『傳』謂"'知

---

20 진덕수업(進德修業) 효(爻):『주역』「乾卦 · 文言」, "九三曰'君子終日乾乾, 夕惕若, 厲无咎', 何謂也? 子曰: '君子進德修業. 忠信, 所以進德也, 修辭立其誠, 所以居業也. 知至至之, 可與幾也, 知終終之, 可與存義也. 是故居上位而不驕, 在下位而不憂, 故乾乾因其時而惕, 雖危, 无咎矣.'"

"'이르는 것을 알아 이른다.'는 것은 앎을 지극하게 하는 것이요, '끝나는 것을 알아 마친다.'는 것은 힘써 행하는 것이다."라고 하였는데 의문이 없을 수 없다.

至至之', 致知也; '知終終之', 力行也", 不能無疑.

|9-19| 염시오복용부석斂時五福用敷錫.[21] 오복이 사람에게 있어도 예악과 법도가 없으면 강한 자는 약한 자를 능멸하고, 많은 쪽은 적은 쪽에 포악하게 굴고, 부유한 자는 가난한 자를 병탄하고, 멋대로 나쁜 짓을 행하여 스스로 죄에 빠지니 어찌 오복을 누릴 수 있겠는가? 오직 인군이 표준을 세워 예악과 형정을 제정해 놓으므로 천하 사람들이 일을 맡은 사람에게 죄를 범하지 않고 오복을 누릴 수 있다. 이것이 인군이 (오복을) 거두어 베풀어서 백성들에게 제공하는 것이다.

|9-19| 斂時五福用敷錫. 五福在人, 若無禮樂法度, 則強凌弱, 衆暴寡, 富呑貧, 放僻邪侈, 自陷於罪, 豈能安享五福? 惟人君建極, 有禮樂刑政, 是以天下之人, 不犯於有司, 得以安享五福, 則是人君收斂敷布以與之也.

|9-20| 무은無隱장.[22] 공자가 진陳, 채蔡, 초楚, 위衛 등 여러 나라에 갈 때, 어디를 가도 여러 사람과 동행하지 않은 적이 없다. 모든 행동거

|9-20| 無隱章. 夫子之適陳・蔡・楚・衛諸國, 無行而

---

21 염시오복용부석(斂時五福用敷錫): 『상서』「홍범」, "五皇極皇建其有極, 斂時五福, 用敷錫厥庶民, 惟時厥庶民, 于汝極, 錫汝保極." 蔡沈은 『書集傳』에서 '極'을 인륜으로, '皇建其有極'을 인군이 인륜을 스스로 행하여 모범을 보이는 것으로 해석하였다. 반면 왕서는 '極'을 예악형정의 제도로 해석하고 '皇建其有極'을 인군이 예악형정의 제도를 제정해 놓는 것으로 해석하였다.

22 무은(無隱)장: 『논어』「述而」, "二三子以我爲隱乎? 吾無隱乎爾. 吾無行而不與二三子者, 是丘也."

지를 많은 사람들이 함께 보고 들었으니, 어떻게 숨기는 것이 있었겠는가?

不與二三子同行, 動靜云爲, 衆所共見 · 共聞, 曷嘗有所隱乎!

|9-21| 심칙려深則厲.[23] 여(厲)는 무섭다는 뜻이다. 물이 깊으면 두렵기 때문에 응당 멈추고 건너지 않아야 한다.

|9-21| 深則厲. 厲者, 嚴厲也. 水深可畏, 當止而不涉也.

|9-22| 지지기차志至氣次.[24] 뜻[志]이 이르는 곳에 기氣가 곧 뜻을 따라서 이른다. 장수가 이르는 곳에 병사의 무리가 또한 장수를 따라서 이르는 것과 같다.

|9-22| 志至氣次. 志之所至之處, 氣即隨之而至, 如帥所至之處, 卒徒亦隨之而至也.

|9-23| 왕자사王者師절.[25] 공貢 · 조助 · 철徹 등의 법은 삼대에 백성을 기르던 법이요, 상庠 · 서序 · 학교學校는 삼대에 백성을 가르치던 법이다. 후대에 왕도를 행하는 왕이 나오면 반드

|9-23| 王者師節. 貢 · 助 · 徹是三代養民之法, 庠 · 序 · 學校是三代教民之

---

23 심칙려(深則厲): 『논어』「述而」, "子擊磬於衛, 有荷蕢而過孔氏之門者曰: '有心哉, 擊磬乎!' 既而曰: '鄙哉, 硜硜乎! 莫己知也, 斯已而已矣. 深則厲, 淺則揭.' 子曰: '果哉, 末之難矣.'" 何晏의 『論語集解』나 주희의 『論語集註』에서는 '厲'를 옷을 입은 채 강을 건너는 것을 뜻한다고 풀이하였다.

24 지지기차(志至氣次): 『맹자』「公孫丑上」, "夫志, 氣之帥也; 氣, 體之充也. 夫志至焉, 氣次焉. 故曰: '持其志, 無暴其氣.'" 주희는 『孟子集註』에서 '至'를 지극하다의 뜻으로 풀이하였다. 곧 志는 지극한 것이 되고 氣는 그다음에 있는 것으로 설명하였다.

25 왕자사(王者師)절: 『맹자』「滕文公上」, "滕文公問爲國 … 有王者起, 必來取法, 是爲王者師也." 주희는 『孟子集註』에서 인륜이 위에서 밝혀지고 백성이 아래에서 친애하도록 정치를 펼치기를 맹자가 등문공에게 권유하면서, 그렇게 되면 뒤에 왕도를 행하는 왕이 나왔을 때 본받을 것이고, 그것이 왕도를 행하는 왕의 스승이 되는 것이라고 말한 것으로 풀이하였다.

시 와서 삼대에 가르치고 길렀던 법을 취하여 법으로 삼을 것이다. 이것이 삼대의 가르치고 기르던 법이 후대 왕도를 행하는 왕에게 스승이 되는 것이다.

法. 後來有王者起, 必來取三代教養之法以爲法. 是三代教養之法, 爲後來王者之師也.

|9-24| 언성言性장.[26] 천하 사람들이 성을 말할 때, 단지 이미 이루어진 자취가 곧 성이라고 말할 뿐, 이미 이루어진 자취에 선함과 악함이 있음을 모른다. 리理에 따라 선한 것은 성의 근본이 되지만, 리에 따르지 않아 악한 것은 성의 근본이 아니다. 그러므로 "이미 이루어진 자취[故]를 가지고 성을 말하는 것은 리利[27]를 근본으로 삼는 것이다."라고 한 것이다.

|9-24| 言性章. 天下人之言性, 只說已然之跡便是性, 不知已然之跡, 有善有惡. 順理而善者, 爲性之本, 不順理而惡者, 非性之本, 故曰"古❶者以利爲本".

|9-25| 『맹자』마지막 장.[28] "무유호이無有乎

|9-25| 『孟子』末

---

26 언성(言性)장: 『맹자』「離婁下」, "天下之言性也, 則故而已矣. 故者以利爲本."

27 리(利): 주희는 집주에서 '利'를 '순(順: 따른다, 순응한다)'는 뜻으로 풀이하였다. 性 자체는 형체가 없어 논하기 어렵지만, 본성이 드러난 자취에는 본성에 따르는 자연적인 형세가 드러나 있다고 생각하기 때문이다. 따라서 밖으로 드러난 자취가 본성에 따른 것인가 아닌가 자연스런 것인가 아닌가를 판단하는 것을 통해 거꾸로 본성을 논한다. 반면 王恕는 '利'를 이익으로 풀이하였다. 그리고 '드러난 자취[故]'에는 선함과 악함이 함께 있다고 여기고, 드러난 자취를 가지고 판단하는 것은 이익을 위주로 삼는 것이 된다고 해석하였다.

28 『맹자』마지막 장: 『맹자』「盡心下」, "由文王至於孔子, 五百有餘歲, 若太公望·散宜生則見而知之, 若孔子則聞而知之. 由孔子而來至於今, 百有餘歲, 去聖人之世若此其未遠也, 近聖人之居若此其甚也. 然而無有乎爾, 則亦無有乎爾." 두 '無有乎爾'에 대하여 주희는 앞의 것은 '보고서 아는 자가 없다.'는 의미로, 뒤의 것은 '전해 듣고서 아는 사람이 없다.'는 뜻으로 풀이하였다.

❶ 古: 사고전서본에 '故'로 되어 있다.

爾"는 반어적으로 말한 것이다. '어찌 없겠는가?'라고 말하는 것과 같다. 맹자의 생각은 '공자 문하의 제자 중에 잘 이어받은 제자가 72명인데 어찌 공자를 직접 보고 아는 자가 없겠는가? 보고 아는 자가 있다면, 오늘날 어찌 그 전해지는 것을 듣고 아는 자가 없겠는가?'라고 여긴 것이다. 따라서 맹자가 은연중에 들어서 아는 사람으로 자임한 것이다.

章. "無有乎爾"者, 是反說之詞, 猶言"豈無有也". 孟子之意, 以爲孔門弟子克肖者七十二人, 豈無有見而知之者? 既有見而知之者, 則今日豈無有聞而知之者? 觀於此言, 則孟子隱然以聞知自任也.

강희 평천 왕승유 선생

康僖王平川先生承裕

|9-26| 왕승유(王承裕, 1465-1538)는 자가 천우天宇, 호가 평천平川, 총재冢宰 왕서王恕의 막내아들이다. 홍치弘治 계축(癸丑: 1493)년에 진사에 급제하였다. 병과급사중兵科給事中에 제수되었다가 이과도급사중吏科都給事中으로 옮겨 부서를 관장하였다. 환관 유근劉瑾에게 거슬려, 유근이 자신을 멀리한다고 원망하였다. 또한 "군자를 등용하고 소인을 물리칠 것"을 상소하자 유근이 더욱 한을 품었다. 속죄미를 내서 변방에 수송하도록 벌이 내려졌으나 부친상을 당하여 물러 나왔다. 유근이 주벌되자 원래의 관직에 기용되어, 태복소경太僕少卿, 태복정경太僕正卿, 남태상경南太常卿 등을 역임하였다. 주신호朱宸濠[1]가 반란을 일으키자, 남경에서 내응하

|9-26| 王承裕字天宇, 號平川, 冢宰之季子也. 弘治癸丑進士, 授兵科給事中, 遷吏掌科, 逆瑾恨其遠己, 又疏"進君子, 退小人", 益恨之. 罰粟輸邊, 以外艱去. 瑾誅, 起原官, 歷太僕少卿・正卿, 南太常卿. 宸濠反, 發留都之爲內應者. 嘉靖初, 遷戶部右侍郎, 晉南戶部尙書,

1 주신호(朱宸濠): 1479-1520. 朱元璋의 17번째 아들인 寧獻王 朱權의 5世孫이다. 寧康王 朱覲鈞의 아들로, 1519년 寧王의 난을 일으켰다가 贛南巡撫였던 王守仁에게 패하

려던 자들을 색출해 냈다. 가정嘉靖 초에 호부우시랑戶部右侍郎, 진남호상서晉南戶部尚書를 지내다가 치사하였다. 10년을 전원에서 지내고 무술(戊戌: 1538)년 5월에 별세하니, 향년 74세였다. 시호는 강희康僖이다.

致仕. 林居十年, 戊戌五月卒, 年七十四. 謚康僖.

|9-27| 14-15세 무렵 보전莆田의 소蕭 선생에게 배웠는데, 소 선생은 3일 동안 곁에서 서 있게 해 놓고 한 번도 가르침을 주지 않았다. 선생은 돌아와 단의(端毅: 王恕)에게 "소 선생이 저를 이렇게 대한 것은 제가 가르치기에 부족하다고 생각한 것이 아니겠습니까?"라고 고하였다. 단의는 "이것이 곧 가르침이다. 참으로 너의 스승이다."라고 하였다. 과거에 급제한 뒤에 단의를 모시고 돌아와 홍도서원弘道書院에서 강의하였는데, 제자가 수용할 수 없을 정도에 이르렀다. 관혼상제를 예를 따라 행하여, 삼원三原의 사풍과 민속이 그로 인해 크게 변하였다. 풍소허(馮少墟: 從吾)는 선생의 학문은 모두 가학에 근본을 둔 것이라고 하였다.

|9-27| 十四·五時, 從莆田蕭某學, 蕭令侍立三日, 一無所授. 先生歸告端毅曰: "蕭先生待某如此, 豈以某爲不足教耶?" 端毅曰: "是即教也, 眞汝師矣." 登第後, 侍端毅歸, 講學於弘道書院, 弟子至不能容. 冠婚喪祭必率禮而行, 三原士風民俗爲之一變. 馮少墟以爲先生之學, 皆本之家庭者也.

여 체포되고 처형되었다.

광록 계전 마리 선생

光祿馬谿田先生理

|9-28| 마리(馬理, 1474-1556)는 자가 백순伯循, 호가 계전谿田이고, 섬서 삼원三原 사람이다. 거인擧人이 되었을 때 태학에 유학하여 경야涇野 여남呂柟, 후거後渠 최선崔銑과 교제하면서 서로 절차탁하마하여 도성에 명성을 떨쳤다. 조선에서 온 사행使行도 알고서 흠모하여 그의 문장을 필사하여 돌아갔다. 부모의 상이 연달아 일어나 회시에 두 번 참여하지 못하였다. 안남安南의 공물 사행이 예부주사禮部主事 황청黃清에게 "관중關中의 마리 선생은 어째서 아직도 관원명부에 오르지 못하는가?"라고 물었다. 그 이름이 나라 밖까지 중시된 것이 그와 같았다.

정덕正德 갑술(甲戌: 1514)년에 진사에 급제하였다. 당시 『대학연의大學衍義』를 가지고 묻자 선생은 "『대학』은 곧 요, 순, 우, 탕, 문왕, 무왕의 도이다. 『대학』의 전傳에 '큰 덕을 능히

|9-28| 馬理字伯循, 號谿田, 陝之三原人. 爲孝廉時, 遊太學, 與呂涇野・崔後渠交相劘, 名震都下. 高麗使人亦知慕之, 錄其文以歸. 父母連喪, 不與會試者兩科. 安南貢使問禮部主事黃清曰: "關中. 馬理先生何尚未登仕籍?" 其名重外夷如此.

登正德甲戌進士第. 時以『大學衍義』爲問, 先生對曰: "『大學』之書, 乃堯・舜・

밝혔다.', '탕湯의 반명(盤銘: 대야에 새긴 명)', '순舜은 천하를 인仁으로 이끌었다.'는 등의 말이 있는데, 진덕수가 부연한 한, 당, 송의 일은 『대학』의 본지가 아니다. 진덕수가 부연한 설명은 제가齊家에 그쳤으니, 나라를 다스리는 것과 천하를 평안하게 하는 것이 모두 신독愼獨 공부에 근본을 두고 있음을 몰랐던 것이다. 송대 유학자들이 도달하였던 바는 대체로 정밀하지 못하다."라고 대답하였다. 이 대답이 질문자의 의도를 놓쳤기 때문에 장원에 두려다 낮추었다. 이부계훈주사吏部稽勳主事에 임명되어 문선사주사文選司主事로 바뀌었는데, 낭중郎中과 의견이 맞지 않아 병을 핑계로 사직하고 돌아와 3년을 머물렀다.

禹·湯·文·武之道也. 『傳』有'克明峻德'·'湯之盤銘'·'堯·舜帥天下以仁'之語, 眞氏所衍唐·漢·宋之事, 非『大學』本旨也. 眞氏所衍, 止於齊家, 不知治國平天下皆本於愼獨工夫. 宋儒所造, 大率未精." 以此失問者之意, 故欲塡首甲而降之. 授稽勳主事, 改文選, 與郎中不合, 引疾告歸者三年.

무인(戊寅: 1518)년 무종武宗이 남쪽 지방으로 순행을 가려 하자 황백고黃伯固 등과 함게 대궐에 엎드려 극력 반대하였다가 정장(廷杖: 궁중의 공개 장형)에 처해졌다. 얼마 되지 않아 적모嫡母의 상을 위해 고향으로 돌아와서, 무안왕(武安王: 관우) 사당에 교육과정을 개설하였다. 관리가 그를 위해 차아정사嵯峨精舍을 건립하여 생도들을 거주하게 하였다. 적모의 상복을 마치고 이부계훈원외랑吏部稽勳員外郎에 임명되었으나 대례의大禮議[1] 논의에 참여하였다가 다시 정장에 처해졌다. 얼마 뒤 계훈사고공낭중稽勳

戊寅, 値武廟將南巡, 與黃伯固等伏闕極諫, 杖於廷. 未幾送嫡母還鄕, 乃設教於武安王祠. 藩臬爲建嵯峨精舍以居生徒. 嫡母喪畢, 起員外郎, 議大禮, 復杖於廷. 尋轉考功郎中.

司考功郎中으로 자리를 옮겼다.

병술(丙戌: 1526)년 정례에 지방 관원에 대한 인사고과가 있었는데, 내각과 총재가 각기 사적인 원한을 이유로 광동, 하남, 섬서 세 성의 제학을 쫓아내려고 하였다. 선생이 먼저 주창하여 "위교魏校, 소명봉蕭鳴鳳, 당룡唐龍은 오늘날 유수한 인물들입니다. 만일 이 세 사람을 내치려거던 청컨대 먼저 저를 내치십시오."라고 하였다. 이로 인해 세 사람은 화를 면했다.

丙戌, 例當考察外官, 內閣冢宰各挾私忿, 欲去廣東·河南·陝西三省提學. 先生昌言曰: "魏校·蕭鳴鳳·唐龍, 今有數人物, 若欲去此三人, 請先去理." 由是獲免.

정해(丁亥: 15127)년, 남경통정사우통정南京通政司右通政을 승진하고, 하지역河池驛을 지나다가 관리 중 황백고皇伯考와 모습이 비슷한 사람을 발견하고 물으니 그의 동생 황숙개黃叔開였다. 당시 황백고는 이미 별세한 터라 선생은 눈물을 쏟고 시를 지어 전별하기를 "6년 만에 선생의 얼굴을 다시 뵈었는데, 하지역을 지나다 숙개叔開를 본 것이었오."라고 하였다. 무자(戊子: 1528)년 병을 이유로 귀향하였다가 신묘(1531)년에 광록시경光祿寺卿에 임명되었고 자리에 부

丁亥, 陞南通政, 過河池驛, 見其丞貌類黃伯固, 問之, 乃其弟叔開也. 時伯固已死, 先生泫然泣下, 作詩贈之云: "六年復見先生面, 爲過河池見叔開." 戊子, 引疾歸. 辛卯, 起光祿卿. 蒞事未幾, 又

1 대례의(大禮議): 명 世宗이 출계하여 武宗의 황위를 계승하고 본생부모의 추존을 진행하면서 호칭을 어떻게 할 것인가를 두고 1521년에서 1524년에 걸쳐 논쟁한 사건을 가리킨다. 최종적으로 세종은 자신의 본생부모에 대하여 "皇考"와 "聖母"로 무종과 무종비에 대하여 "皇伯考"와 "皇伯母"로 칭하였고, 별묘에 두었던 신주를 태묘에 들여 武宗 앞에다 봉안하였다. 이것은 私親보다 종통의 계승을 우선시하는 종법의 정신과 배치되는 것이어서 대다수 관료들의 반대에 부딪쳤지만, 세종은 반대자들을 극형과 廷杖 등에 처하여 무력화시켰다.

임한 지 얼마 안 되어 돌아와 10년을 은거하였다. 계묘(1543)년 다시 남광록시경南光祿寺卿에 임명되었으나 임소에 이르러 곧장 나이를 들어 치사하고 상산서원商山書院에 은거하였다. 그리고 10년 뒤에 별세하니 가정嘉靖 을묘(1555)년 12월로 향년 82세였다.

歸林下者十年. 癸卯, 復起南光祿, 至即引年致仕, 隱於商山書院. 又十年而卒, 嘉靖乙卯十二月也, 年八十二.

|9-29| 선생은 강희(康熙: 王恕)를 스승으로 모셨고, 경야(涇野: 呂柟)와 후거(後渠: 崔銑)를 얻어 벗으로 삼으면서, 경敬을 위주로 하고 리理를 궁구하는 전통을 고수하였다. 일찍이 "도가 행해질 것을 알고 벼슬에 나아가는 것은 오직 공자가 거기에 해당될 수 있다."라고 말한 적이 있다. 따라서 매번 벼슬에 나아가면 한두 해 만에 돌아왔고, 돌아오면 십수년 뒤에 벼슬에 나아갔던 것이니, 나아가고 물러가는 처신에 여유가 있었다. 후거는 "도를 소중히 여기는 것이 관직을 아끼는 것보다 심하였다."라고 칭찬하였는데 참으로 빈말이 아니다.

|9-29| 先生師事王康僖, 又得涇野·後渠以爲之友, 墨守主敬窮理之傳. 嘗謂"見行可之仕, 唯孔子可以當之, 學聖人者當自量力." 故每出不一二年即歸, 歸必十數年而後起, 綽綽然於進退之間. 後渠稱其"愛道甚於愛官", 眞不虛也.

공간 완락 한방기 선생

恭簡韓苑洛先生邦奇

|9-30| 한방기(韓邦奇, 1479-1556)는 자가 여절汝節, 호가 원락苑洛이고 섬서 조읍朝邑 사람이다. 정덕正德 무진(1508)년에 진사에 급제였다. 이부고공주사吏部考功主事에 임명되었다가 이부원외랑吏部員外郞으로 옮겼다. 신미(1511)년 인사고과에서 도어사都御史가 개인적인 서류를 소매에 감추어 두고 보자, 선생이 빼앗아 제거하면서 "인사고과는 공적인 일이다. 공적인 서류들이 있다."라고 하였다. 도어사가 그 때문에 사과하였다. 문선사주사文選司主事에 선발되었다. 서울에 지진이 일어나자 상소하여 정사의 실정을 논하였다가 평양平陽통판으로 좌천되었다.

갑술(1514)년 절강안찰첨사浙江按察僉事로 자리를 옮겼다. 신호宸濠가 장차 모반하려고 내감반승內監飯僧을 천축사天竺寺로 보냈는데, 모인 자가 수천 명에 이르렀다. 선생이 화란을

|9-30| 韓邦奇字汝節, 號苑洛, 陜之朝邑人. 正德戊辰進士. 授吏部考功主事, 轉員外郎. 辛未考察, 都御史袖私帙視之, 先生奪去曰: "考覈公事, 有公籍在." 都御史爲之遜謝. 調文選. 京師地震, 上疏論時政缺失, 謫平陽通判.

甲戌遷浙江按察僉事. 宸濠將謀反, 遣內監飯僧於天竺寺, 聚者數千人. 先

미리 막아 즉각 해산시켰다. 또한 부마국[儀賓]의 공물을 바치는 사행이라는 명목으로 구주衢州의 길로 통과하려고 하자 선생이 허락하지 않고 "공물의 사행은 장강을 따라 내려가야 한다. 어찌 육로로 통과할 필요가 있겠는가?"라고 하였다. 이에 절강으로 들어가려는 계획이 좌절되었다. 얼마 뒤 진수鎭守 환관(王堂을 가리킴)의 참소로 체포되고 관작이 삭탈되었다. 세종이 즉위하자 산동참의山東參議로 기용되었지만 휴가를 청하였다.

生防其不測, 立散遣之. 又以儀賓進貢, 假道衢州, 先生不可, 曰: "貢使自當沿江而下, 奚俟假道?" 於是襲浙之計窮. 尋爲鎭守中官誣奏, 逮繫奪官. 世宗即位, 起山東參議, 乞休.

갑신(1524)년 대동大同에 병란이 발생하자 산서좌참정山西左參政으로 기용되어 대동에 안찰사로 나아갔다. 선생이 단독으로 성에 들어가자 인심이 비로소 안정되었다. 순무 채천우蔡天祐가 대주代州에 이르자 선생이 군복차림으로 알현하였다. 채천우가 놀라 "공이 어째서 이렇게 하시오?"라고 하자 선생은 "대동에 병란이 있은 뒤로 순무의 위엄이 깎인 것이 심합니다. 이제 대동 사람들은 제가 있는 줄만 알고 있습니다. 제가 예를 낮추어 일에 종사하는 것은 사람들에게 순무를 경시해서는 안 됨을 알게 하려는 것입니다."라고 하였다. 조정에서 다시 호찬胡瓚을 총독으로 파견하여 군대를 출동시켰다. 당시 주동자들은 이미 사형에 처해졌으나, 호찬은 재조사를 계속하였다. 선생이 만류시켰지만 듣지 않았다. 성 안에서 다시 난이 발생하여 한참 뒤에 평정되었다. 선생은 또한

甲申大同兵變, 起山西左參政, 分守大同. 先生單車入城, 人心始安. 巡撫蔡天祐至代州, 先生戎服謁之, 天祐驚曰: "公何爲如此?" 曰: "大同變後, 巡撫之威削甚. 今大同但知有某, 某降禮從事者, 使人知巡撫之不可輕也." 朝廷復遣胡瓚以總督出師, 時首惡業已正法, 而瓚再索不已. 先生止之, 不聽. 城中復變, 久之乃定. 先生亦

치사하고 돌아갔다.

무자(1528)년 사천제학부사四川提學副使로 기용되어 우춘방우서자右春坊右庶子로 옮겨 한림수찬翰林修撰을 겸직하였다. 순천順天에서 향시를 주관하였는데, 시록試錄의 서문에 경전의 말을 인용한 것이 착오가 있어 남태복시승南太僕寺丞으로 좌천되었고, 두 번 상소를 올려 귀향하였다. 얼마 뒤 산동부사山東副使로 기용되어 대리시좌소경大理寺左少卿이 되었고, 좌첨도어서左僉都御史로 선부宣府에 순무로 나아갔고, 조정에 들어와 좌원사佐院事가 되었다. 다시 산서山西에 순무로 나아갔다가 다시 치사하였다. 갑진(1544)년, 천거로 총리하도總理河道로 기용되어, 형부우시랑刑部右侍郎으로 승진하고 이부우시랑으로 옮겼다. 정미(1547)년 유당留堂을 관장하고, 남경병부상서南京兵部尚書로 나아가 군사업무를 도왔다. 귀향한 뒤 7년째인 을묘(1555)년 지진으로 별세하니 향년 77세였다. 태자소보太子少保에 추충되었고, 시호는 공간恭簡이다.

致仕去.

戊子, 起四川提學副使, 改右春坊右庶子, 兼翰林修撰. 其秋主試順天, 以錄序引用經語差誤, 左遷南太僕寺丞, 再疏歸. 尋起山東副使, 大理左少卿, 以左僉都御史巡撫宣府, 入佐院事. 又出巡撫山西, 再致仕. 甲辰薦起總理河道, 陞刑部右侍郎, 改吏部. 丁未, 掌留堂, 進南京兵部尚書, 參贊機務. 歸七年, 乙卯地震而卒, 年七十七. 贈少保, 謚恭簡.

|9-31| 문인 백벽白璧이 말하였다: "선생은 타고난 자질이 고명하고 학문이 정밀하여 수학에 밝았고 마음이 쇄락하였으니 대체로 요부(堯夫: 邵雍)와 같은 유형이었다. 그러나 도체道體에 대한 논의는 유독 횡거(橫渠: 張載)에게서 취하였다. 젊어서부터 기절을 마음에 품어 기

|9-31| 門人白璧曰: "先生天稟高明, 學問精到, 明於數學, 胸次灑落, 大類堯夫, 而論道體乃獨取橫渠. 少負氣節,

이한 절조를 조금도 행하지 않으려 하였고, 함양이 깊었고 자신을 지키는 것이 견실하였으니, 또 한 사람의 설경헌(薛敬軒: 薛瑄)이었다."

既乃不欲爲奇節一行, 涵養宏深, 持守堅定, 則又一薛敬軒也."

내[황종희]가 생각건대, 선생의 저술에서 주요한 것은 『지락志樂』 한 부로, 판각하기 시작한 날 아홉 마리 학이 뜰에 날아들었다. 선생의 학문을 전한 사람은 양숙산(楊椒山: 楊繼盛)이다. 손수 12율관을 제작하여 불었는데 그 소리가 음률에 합하였다. 현재는 그 자세한 내용을 알 수 없다. 그러나 소리[聲氣]의 근본이 황종(黃鍾: 12율의 첫째 음)의 길이와 둘레에 달려 있으니 의심이 없을 수 없다. 선생은 『율려신서律呂新書』의 주[1]에 나온 계산법에 의거하였다. 황종은 길이 9촌, 둘레 9분, 체적 810분이었다. 원전술圓田術[2]을 사용하여 3등분해서 그 하나를 더하면 12를 얻는다. 개방법開方法으로 나누면 3.46분하고 약간 남는 것[強][3]을 얻는데, 실제 지름의 길이가 되며, 다 나누지 못한 나머지 부분은 0.0284분이 된다. 지름을 이용하여 체적을 구하면, 지름을 서로 곱하여 11.9716분을 얻고, 거기에 개방법으로 나누지

某[4]按: 先生著述, 其大者爲『志樂』一書. 方其始刻之日, 九鶴飛舞於庭. 傳其術者爲楊椒山, 手製十二律管, 吹之而其聲合, 今不可得其詳. 然聲氣之元, 在黃鐘之長短空圍, 而有不能無疑者. 先生依『律呂新書』註中算法, 黃鐘長九寸, 空圍九分, 積八百一十分. 用圓田術, 三分益一, 得一十二, 以開方法除之, 得三分四釐六毫強, 爲實徑之數, 不

1 『율려신서(律呂新書)』: 남송의 유학자 蔡元定(1135-1198)이 지은 음악이론서.
2 원전술(圓田術): 『九章算術』에서 제시된 원형의 면적을 계산하는 방법.
3 약간 남는 것[強]: 1/2 이하로 남아 반내림의 대상이 되는 정도로 남는 것을 뜻한다.
4 某: 賈本(사고전서본)에는 '羲'로 되어 있다.

못하고 남은 나머지 수[0.0284분]을 더하여 12분을 얻고, 거기에 관의 길이 90분을 곱해서 1084분을 얻는데, 방적方積의 수가 된다. 3/4을 취하면 원적圓積 814분이 된다.

盡二毫八絲四忽. 以徑求積, 自相乘得十一分九釐七毫一絲六忽, 加入開方不盡之數, 得一十二分, 以管長九十分乘之, 得一千八十分, 爲方積之數, 四分取三, 爲圓積八百一十分.

대개 채계통(蔡季通: 蔡元定)은 관의 길이 9촌이 90분이 되기 때문에 면적 9분을 관의 길이로 곱하여 810분을 얻었다. 그러나 사실은 9를 사용하지, 10을 사용하는 이치는 없다. 무릇 길이를 측량할 때 10이라고 말하는 것은 모두 9로 나누는 것을 10으로 삼는 것으로 계산의 편의를 위해서다. 현재 삼오三吳 지역에서 길의 거리를 나타낼 때 여전히 9로 계산하는 것에서도 알 수 있다. 따라서 황종 길이 9촌인 것은 길이 81분에 면적 9분을 곱하는 것으로, 황종의 체적은 729분이 된다.

蓋蔡季通以管長九寸爲九十分, 故以面積九分乘管長得八百一十分. 其實用九, 無用十之理, 凡度長短之言十者, 皆分九爲十, 以便算也. 今三吳程路, 尚以九計, 可知矣. 則黃鐘長九寸者, 八十一分, 以面積九分乘之, 黃鐘之積七百二十九分也.

충개 곡산 양작 선생

忠介楊斛山先生爵

|9-32| 양작(楊爵, 1493-1549)은 자가 백수伯修, 호가 곡산斛山으로 섬서 부평富平 사람이다. 어려서 빈궁하여 책을 끼고 몸소 농사를 지었다. 형의 사건에 연루되어 옥에 구금되자, 읍의 수령에게 글을 올렸는데 글의 뜻이 격렬하였다. 수령이 이상하게 여기며 "이 사람은 기이한 선비다."라고 하고, 옥에서 나오자 예를 더하여 대하였다. 가정嘉靖 기축(1529)년에 진사에 급제하였다. 행인行人을 역임하고 고과에서 어사로 선발되었다. 어머니상을 당해서 여묘살이를 마치고 원래 관직에 임명되었다.

신축(1541)년 봉사를 올려 당시 위란을 초래한 것 다섯 가지를 말하였다: 첫째 재상의 지위에 있는 하언夏言은 습관적으로 인군을 속이고, 익국공翊國公 곽훈郭勳은 나라의 큰 도둑이 되어 있으니 급히 제거해야 할 바이다. 둘째 추위에 떨고 굶주린 백성을 구휼하지 않고 방

|9-32| 楊爵字伯修, 號斛山, 陝之富平人. 幼貧苦, 挾冊躬耕. 爲兄所累, 繫獄, 上書邑令, 辭意激烈. 令異之曰: "此奇士也", 出而加禮. 登嘉靖己丑進士第. 官行人, 考選御史. 母憂, 廬墓畢, 補原官.

辛丑上封事, 謂今日致危亂者五: 一則輔臣夏言習爲欺罔, 翊國公. 郭勳爲國巨蠹, 所當急去; 二則凍餒之民不憂恤,

사(方士: 도술가)를 위해 제단을 쌓는 것이다. 셋째, 예법을 갖춘 조정의 모습을 모든 관원들이 보지 못하였으니 그 기대를 위로해야 한다. 넷째, 나라의 주요한 기무들이 함부로 승려와 도사들의 손에 미쳐 황궁을 출입하는 것은 법제에 없는 것이다. 다섯째, 양최楊最, 나홍선羅洪先 등 국사를 논한 여러 신하들이 극형이 아니면 내쳐지니 국체를 손상시키는 바가 작지 않다. 소疏가 들어오자 인군이 크게 격노하여, 체포해서 진무사鎭撫使에 하옥시키고 온갖 고문을 가하여 수갑에 채워 밤낮으로 가두어 놓는 바람에 피가 흐르고 살이 떨어져 나가 죽는 자가 여럿이었다. 그러나 선생은 기가 안정되어 있었기 때문에 다시 소생할 수 있었다. 주사主事 주천좌周天佐와 어사 포횡浦鋐이 선생을 신원하다가 태형으로 옥에서 사망하였다. 그러자 감시가 더욱 엄해져 인군이 날마다 사람을 시켜 선생을 정탐하게 시키고 말 한마디 동작 하나도 모두 기록하게 시켰다. 탐하는 자가 말을 할 수 없는 것에 괴로워하다 인정으로 선생에게 알려서 좋은 말을 많이 하게 시켰다. 선생은 "의도를 가지고 말하면 곧 속이는 것이다." 라고 하였다.

而爲方士修雷壇; 三則大小臣工弗覩朝儀, 宜慰其望; 四則名器濫及緇黃, 出入大內, 非制; 五則言事諸臣若楊最·羅洪先等非死即斥, 所損國體不小. 疏入, 上大怒, 逮繫鎭撫司, 拷掠備至, 匣鎖晝夜, 血肉淋漓, 死者數矣. 而先生氣定, 故得再甦. 主事周天佐·御史浦鋐, 俱以救先生箠死獄中. 於是防守益嚴, 上日使人偵先生, 一言一動皆籍記. 偵者苦於不得言, 以情告先生, 使多爲善言. 先生曰: "有意而言, 便是欺也."

낭관 전서산(錢緖山: 錢德洪)과 유청천(劉晴川: 劉魁), 급사중給事中 주납계(周訥谿: 周怡) 등이 앞뒤로 일로써 하옥되자, 서로 더불어 강학하기를 쉬지 않았다. 서산이 먼저 석방되자 선생이

部郎錢緖山·劉晴川, 給事周訥谿, 先後以事下獄, 相與講學不輟. 緖山先

전별하는 말이 있기를 원하였다. 서산은 "고요한 가운데 정신을 수렴하여 통섭하여 방일하지 않게 하면 심체가 맑고 전일해져 고명하고 광대함이 순조롭게 이룰 수 있다. 성인이 되는 공부가 여기에 있다."라고 하였다. 선생은 그 말을 공경히 새기면서 청천, 납계와 독서하고 시를 지으며 지내기를 5년 동안 계속하였다.

釋, 先生願有以爲別, 緖山曰: "靜中收攝精神, 勿使遊放, 則心體湛一, 高明廣大, 可馴致矣. 作聖之功, 其在此乎!" 先生敬識之, 與晴川·訥谿讀書賦詩, 如是者五年.

저서에 『주역변록周易辨錄』과 『중용해中庸解』 몇 권이 있다. 을사(1545)년 8월에 천자는 기신箕神의 말을 채택하여 세 선생을 석방하였다. 세 사람은 노潞강으로 길을 잡아 이동하면서 배 안에서도 강학을 하다가 임청臨淸을 지나서 이별하였다. 마침 천자가 기대箕臺를 조성하였는데, 태재太宰 웅협熊浹이 자꾸 간하자 천자가 노하여 웅협을 파직시키고 세 사람을 다시 체포하였다. 당시 선생은 집에 온 지 겨우 열흘, 명령을 듣고 길을 나서 옥에서 또다시 3년을 보냈다. 정미(1547)년 11월 고현전高玄殿에 화재가 났는데 천자가 불 속에서 세 사람의 이름을 부르는 것을 어렴풋이 들었다. 다음 날 석방되어 귀향하였다. 집에 돌아온 지 2년 만에 별세하니 기유(1549)년 10월 9일로, 향년 57세였다. 융경隆慶 초에 광록시소경光祿寺少卿으로 추증되었고 시호는 충개忠介이다.

所著『周易辨錄』·『中庸解』若干卷. 乙巳八月, 上用箕神之言, 釋先生三人. 而三人者猶取道潞水, 舟中講學, 踰臨淸而別. 會上造箕臺, 太宰熊浹驟諫, 上怒, 罷浹, 復逮三人. 時先生抵家甫十日, 聞命就道, 在獄又三年. 丁未十一月, 高玄殿災, 上恍惚聞火中有呼三人姓名者, 次日釋歸. 歸二年而卒, 己酉十月九日也, 年五十七. 隆慶初贈光祿寺少卿, 諡忠介.

|9-33| 처음에 한공간(韓恭簡: 韓邦奇)이 강학을 하고 있었을 때, 선생이 같은 연배로 그 문하에 가서 인사하였다. 공간은 그 기상을 기이하게 여기고 받지 않으려 하였다. 그러나 선생의 학문을 안 뒤에는 자랑하며 "학식이 깊은 노성한 학자 누구도 더 능가할 수 없다. 내가 사람을 잃을 뻔하였다."라고 말하였다. 강단 있고 대담한 기개는 백 번 부러져도 변치 않았다. 사람들은 선생을 숙산(椒山: 楊繼盛)과 더불어 지칭하여, "한방기 문하의 양대 양楊"이라고 불렀다.

|9-33| 初, 韓恭簡講學, 先生輩來往拜其門. 恭簡異其氣岸, 欲勿受. 已叩其學, 詫曰: "宿學老儒莫能過也, 吾幾失人矣." 剛大之氣, 百折不回. 人與椒山並稱, 謂之"韓門二楊".

『학문을 논함』

『論學』

|9-34| 하늘이 부여한 것을 성性이라고 함은 하늘과 사람이 하나의 리理임을 말한다. 성을 따르는 것을 도라고 함은 하늘에 따라 움직이는 것이다. 도를 닦는 것을 교(敎: 가르침)라고 함은 하늘에 부합하기를 구하는 것이다. 계구(戒懼: 사려가 생기기 전에 경계함)와 신독(愼獨: 남이 아직 모르지만 자신은 이미 알고 있을 때 조심함)은 자신을 닦는 노력이 중(中: 치우침이 없음)과 화(和: 모자라거나 지나침이 없음)에 이르는 것이다. 중과 화는 본성과 천명 본연의 법도로, 이룰 수 있으면 곧 하늘에 따라 움직인다. 그러므로 그 효과는 천지가 제 자리에 있고, 만물이 화

|9-34| 天命謂性, 天人一理也. 率性謂道, 動以天也. 修道謂教, 求合乎天也. 戒懼愼獨, 自修之功至於中與和也. 中和, 性命本然之則也, 能致之則動以天矣, 故其效至於天地位, 萬物育.

육되는 데에 이른다.

|9-35| 도는 잠시도 떨어질 수 없으니, 떨어질 수 있다면 도가 아니라는 것은 계구戒懼해야 한다는 뜻이다. 숨겨져 있을 때보다 더 잘 보이는 것이 없고, 미세할 때보다 더 잘 드러나는 것이 없다는 말은 신독愼獨해야 한다는 뜻이다. 응대함은 보고 들음이 있는 때이다. 보이지 않고 들리지 않음은 응대함이 없는 때이다. 밖에 나가서 백성들에게 일을 시킬 때[1]는 응대함이 있고 보고 듣는 것이 있다. 어떤 이가 "정자(程子: 伊川 程頤)께서는 밖에 나가지 않고 백성들에게 일을 시키지 않을 때 어떻게 하십니까?"라고 묻자, 이천 선생은 "이것은 생각에 잠긴 듯이 엄숙히 하는 때이다."[2]라고 대답하였다. 생각에 잠긴 듯 엄숙히 한다는 것은 곧 경계하고 염려한다는 뜻이다. 공부가 아직 지극한 단계에 이르지 않았기 때문에 또 신독愼獨 두 글자를 제시하여 사람들에게 남이 보지 못하는 어두운 방 안에서 한 생각이 일어날 때 바짝 경계하여 조금도 태만하지 않고 감히 잠시도 쉬지 않게 하였다. 그렇게 하면 천리가

|9-35| 道不可須臾離, 可離非道, 是言當戒懼之意. 莫見乎隱, 莫顯乎微, 是言當愼獨之意. 應酬是有睹有聞, 不睹不聞是無所應酬之際也. 如出門使民, 是有所應酬, 則有睹有聞. 或問: "程子未出門使民之時, 當何如?" 曰: "此儼若思時也." 儼若思, 即是戒愼恐懼之意, 爲功夫尚未說到極至處, 故又提愼獨二字, 使人雖在暗室屋漏之中, 一念發動之際, 凜然畏懼, 不可少怠, 不敢少

1 밖에 나가서 … 시킬 때: 『논어』「顔淵」, "仲弓問仁. 子曰: '出門如見大賓, 使民如承大祭.'"

2 정자께서는 밖에 … 하는 때이다: 『주자어류』 17-11: "又曰: '或人問: "出門·使民時是敬, 未出門·使民時是如何?" 伊川答: 『此儼若思時也.'"

항상 보존되고 사의는 싹트지 않고 마음이 순일함을 지속하여 하늘에 부합하게 된다.

息, 則天理常存, 私意不萌, 純一不已, 而合乎天矣.

|9-36| 중과 화는 마음의 본체이다. 미발 때의 중中에 만물이 모두 갖추어져 있다. 그러므로 천하의 큰 근본이 된다. 이미 발동하여 이룬 화和에는 큰 강령과 법도가 존재하여 어길 수 없다. 그러므로 천하의 달도(達道: 통용되는 도)가 된다. 분노하고 슬퍼함이 절도에 부합하면 모두 화和라고 말한다.

|9-36| 中和, 心之本體也, 未發之中, 萬物皆備, 故爲天下之大本. 已發之和, 大經大法所在, 而不可違, 故爲天下之達道. 怒與哀中節, 皆謂之和.

|9-37| 중과 화를 이룬다는 것은 지선至善에 머무름을 말한다. 천지가 자리에 있는 것은 내가 그 자리에 있게 하는 것이요, 만물이 길러지는 것은 내가 기르는 것이다.

|9-37| 致中和, 止至善之云也. 天地之位, 我位之也. 萬物之育, 我育之也.

|9-38| "군자가 중용을 견지하는 것"에서 중용은 사람의 리理로서 정상적인 것이다. "소인은 중용과 반대로 한다."는 것이 어찌 사람의 리이겠는가? "상황에 따라 합당하게 한다."[3]는 것은 그 리를 묵묵히 파악하여 걸림 없이 외물을 주재하는 권도이다. 예禮가 아닌 예와 의義가 아닌 의 같은 경우는 어찌 상황에 따라 합

|9-38| "君子之中庸", 中庸, 人理之常也. "小人反中庸", 豈人理哉! "時中"者, 默識其理而妙宰物之權也. 若非禮之禮, 非義之義, 豈

3 군주가 중용을 … 합당하게 한다: 『중용장구』 2장, "君子中庸, 小人反中庸. 君子之中庸也, 君子而時中; 小人之中庸也, 小人而無忌憚也."

당하게 하는 도리이겠는가? 소인은 생각대로 하고 망령되게 행할 뿐이다.

時中之道哉! 小人則率意妄爲而已.

9-39 천하의 도리는 중용에 이르러 지극해져 리理는 회합하고 같이함을 얻고 의義는 신묘함에 들어가는 경지에 이른다. 지극히 밝은 것이 아니면 그 기미를 능히 살피지 못하고 지극히 굳센 것이 아니면 그 결단을 능히 다하지 못한다. 그러므로 백성 가운데 능한 사람이 적은 것이다.

9-39 天下之道, 至中庸而極, 理得其會同, 義至於入神, 非至明不能察其幾, 非至健不能致其決, 故民鮮能之矣.

9-40 동상董常이 문중자(文中子: 王通)에게 물었다. "성인도 걱정을 하는가?" 문중자가 "천하 사람들이 다 걱정하는데, 나만 어찌 혼자 걱정하지 않겠는가?"라고 하고 또 "천도를 즐기고 천명을 아는데, 내가 무엇을 걱정하겠는가?"[4]라고 말하였다. 굳이 이렇게 말할 필요가 어디 있겠는가? 성인은 본래 미치기 어렵다. 그러나 보통 사람이 한 생각을 일으킬 때 그 본심을 얻으면 성인의 마음과 차이가 없다. 다만 성인은 순일함이 지속되고 일반 사람은 본심을 견지하기도 놓치기도 한다. 걱정하고 즐

9-40 董常問文中子: "聖人有憂乎?" 言: "天下皆憂, 吾何獨不憂?" 又謂: "樂天知命, 吾何憂!" 何必如此說. 聖人固未易及, 然常人一念之發, 得其本心, 則與聖人之心無以異. 但聖人純一不已, 衆人則或存或

---

4 동상(董常)이 문중자(文中子)에게 … 무엇을 걱정하겠는가?": 관련 내용은 『中說』 권5, 「問易篇」에 나온다. 『중설』에는 질문자가 董常이 아니라 魏徵이다. "魏徵曰: '聖人有憂乎?' 子曰: '天下皆憂, 吾獨得不憂乎?' 問疑. 子曰: '天下皆疑, 吾獨得不疑乎?' 徵退, 子謂董常曰: '樂天知命, 吾何憂? 窮理盡性, 吾何疑?'"

거워하는 것은 모두 인정의 정상으로 본성에 뿌리를 둔 것이다. 어지 성인만 유독 즐거워하고 근심하는 것이 없겠는가? "천도를 즐거워하고 천명을 아는데 내가 무엇을 걱정하겠는가?" 라고 하는 말은 말이 안 된다. 부모가 편찮으신데도 성인은 또한 천도를 즐거워하고 천명을 알아서 걱정하지 않겠는가? 어찌 인간의 이치이겠는가?

亡而已. 憂樂皆人情之常, 而本於性也, 豈聖人獨有樂而無憂乎? 若曰"樂天知命, 吾何憂", 不成. 父母病, 聖人亦"樂天知命"而不憂乎? 豈人理也哉!

『만록』

『漫錄』

|9-41| 밤이 시작되면 정좌를 하고 낮에 있었던 언행을 잠시 점검하였는데, 사마온공(司馬溫公: 司馬光)이 마음을 다하여 자신을 도리에 맞게 행하는 요체가 말을 함부로 하지 않는 것으로부터 시작한다[5]고 논한 것에 따랐다. 말을 함부로 하지 않으면 말하는 것이 반드시 모두 이치에 합당하게 된다. 마음에 확고한 중심이 있지 않다면 어떻게 여기에 이르겠는가? 그러므로 경솔하고 부박하며 비루하고 도리에 위반하면서 사무의 번쇄한 일에 미쳐 몸과 마음에 무익한 것을 되는대로 말하고 논하는 것은

|9-41| 夜初靜坐, 少檢點日間言行, 因司馬溫公論盡心行己之要, 自不妄言始. 夫不妄言, 所言必皆當理, 非心有定主, 豈能至此? 故輕躁鄙背, 及事務瑣屑, 無益身心而信口談論者, 皆妄言也. 因書以自戒.

---

5 사마온공(司馬溫公)이 마음을 … 것으로부터 시작한다: 관련 내용은 『宋名臣言行錄』 「後集」 권12, '劉安世' 조에 나온다. "一日避席, 問盡心行已之要, 可以終身行之者. 溫公曰: '其誠乎. 吾平生力行之未嘗須臾離也. 故立朝行己, 俯仰無媿爾.' 公問: '行之, 何先?' 溫公曰: '自不妄語始.' 自是拳拳勿失, 終身行之."

모두 망언이다. 이를 기회로 글로 써서 자신을 경계한다.

|9-42| 한 가지 좋은 일을 하고, 반드시 남에게 말해서 남이 알게 하려는 것은 마음이 안정되지 않은 것이다. 모르겠지만, 내가 행한 좋은 일은 곧 내 직분에서 응당 해야 하는 일이어서, 비록 일을 한 것이 모두 이치에 합당하였다고 하여도 겨우 잘못을 저지르는 것에서 면한 것일 뿐이다. 어떻게 스스로 훌륭하다고 말하겠는가? 훌륭하다고 여기면 곧 과시하는 마음이 된다. 우가 과시하지 않고 자랑하지 않은 것과, 안연이 자신이 잘한 일을 자랑하지 않고 힘든 일을 남에게 시키지 않았던 것은 성현이 도리에 맞게 처신하기를 절실하게 행하는 학문이다.

|9-42| 作一好事, 必要向人稱述, 使人知之, 此心不定也. 不知所作好事, 乃吾分所當爲, 雖事皆中理, 纔能免於過惡耳, 豈可自以爲美? 纔以爲美, 便是矜心. 禹之不矜不伐, 顏淵無伐善無施勞, 此聖賢切己之學也.

|9-43| 다른 사람과 일을 논할 때 말하는 기세에 평순함이 부족한 것은 곧 객기이다. 논한 일이 비록 리理에 합당하더라도 곧 이것은 객기가 작용한 것으로 잘못에 이미 빠진 것이다. 경계하지 않을 수 있겠는가? 글로 써서 자신을 경계한다.

|9-43| 與人論事, 辭氣欠平, 乃客氣也. 所論之事, 雖當於理, 即此客氣之動, 便已流於惡矣, 可不戒哉! 書以自警.

|9-44| 내가 옥에 오래 머물러 있는 동안 거칠고 비루하고 분노에 차서 억누르고 낮추는 것이 전혀 없었다. 곧 굳센 것으로 인한 잘못

|9-44| 予久處獄中, 粗鄙忿戾, 略無貶損. 粗鄙忿戾, 乃

이다. 평생 짊어지고 변할 수 없었으니 참으로 가련하다. 이어서 횡거(橫渠: 張載)가 "가난하고 천하고 걱정이 많은 것이 너를 옥처럼 다듬어 완성시키는 것이다."[6]라고 한 말을 생각하고, 놀라 두려웠고 얼굴이 붉어지고 부끄러웠다. 오늘 겪는 환난이 하늘이 나를 옥처럼 여겨 진보시키고 이루게 하는 것이 아니라고 어떻게 단정하겠는가? 허물을 반성하고 잘못을 생각할 줄 모르고 원망하고 허물하는 마음을 가진다면 이것은 하늘을 배반하는 것이다. 하늘을 배반한 죄가 두렵지 않을 수 있겠는가?

剛惡也, 負以終身而不能變, 眞可哀也. 因思橫渠"貧賤憂戚, 玉汝於成", 乃惕然驚省, 赧然愧恥. 今日患難, 安知非皇天玉我進修之地乎? 不知省愆思咎, 而有怨尤之心, 是背天也. 背天之罪, 可不畏哉!

|9-45| 내가 이곳에 갇혀 있는 것이 41개월이다. 간수가 날마다 내 활동을 감시하였다. 나에게 매우 도탑게 대하여 술을 가져와서 따라 주며 위문하는 이도 있었다. 뒤에 한 사람이 왔는데 매우 횡포하게 굴었다. 내가 옛 문의 판 위에 누워서 자리로 가렸는데 그 사람은 모두 찢어 훼손하면서, 나는 죄인이니 의당 이렇게 해서는 안 된다고 하였다. 또 나에게 도탑게 대하는 이를 발각하여 남이 알게 하고 "어느 날 아무개가 모두 그가 있는 곳에 몰래 제공한 자이다."라고 하였다. 대개 죄를 얻게

|9-45| 予繫此四十一月矣, 邏者日在側覘予動作. 有甚厚予, 攜壺酌以伸問者. 後一人來, 甚橫逆. 予臥於舊門板上, 障之以席, 其人皆扯毀之, 謂予罪人, 不宜如此. 又往往發其厚予者, 使人知之, 曰: "某日某皆

6 가난하고 천하고 … 완성시키는 것이다: 장재의 「西銘」에 나오는 말로 『近思錄』 권2 「爲學」에 인용되어 있다.

하여 자신이 박하게 대한 것이 옳은 것임을 보인 것이다. 소蘇 아무개와 교喬 아무개 두 사람은 모두 나에게 도탑게 대한 이들이었는데, 곧 성을 내고 불평을 하면서 드러내놓고 꾸짖기를 "이것은 본래 개의할 것 없다. 나는 교화되지 않는 사람과 사적으로 교제하는 사람이 아니다. 죄를 받는다 해도 무슨 유감이 있겠는가?"라고 하였다.

潛獻其處者." 蓋令其得罪, 以見己薄之爲是. 有蘇·喬二人, 皆厚予者, 乃忿忿不平, 揚罵曰: "是固無傷也. 予非私交化外人, 雖得罪, 亦何憾?"

|9-46| 내가 유환오(劉煥吾: 劉魁), 주순지(周順之: 周怡) 선생과 식사를 같이한 뒤에 이어서 사람의 재능은 각자 적합한 바가 있다는 것에 대하여 논하였다. 내가 말하였다. "두 공은 어떤 것을 맡는 것이 적합하다고 생각하는가?" 유 선생이 말하였다. "나는 맹공작孟公綽이 되는 것은 할 수 있다.[7]"라고 하였다. 주 선생은 "오늘날 부府와 주州의 지방 수령직이라면 억지로 하게 될 경우 어느 정도 가능하다."라고 하였다. 내가 말하였다. "등滕나라와 설薛나라의 대부는 성인도 물론 허용하지 않았지만, 공작이 춘추 시기에 그 직책을 다하고자 하였던 것도

|9-46| 予與劉子煥吾·周子順之同飯後, 因論人才各有所宜. 予謂: "二公自度宜何責任?" 劉子曰: "吾爲孟公綽可." 周子曰: "今日府州外任勉強幾分." 予曰: "滕·薛大夫, 聖人固不許, 公綽在春秋時, 欲盡其職, 亦非易事, 觀

---

7 나는 맹공작(孟公綽)이 … 수 있다: 孟公綽은 魯나라 대부로 『논어』「憲問」에 "子曰: '孟公綽爲趙魏老則優, 不可以爲滕薛大夫.'"라고 하였고, 또 "子路問成人. 子曰: '若臧武仲之知, 公綽之不欲, 卞莊子之勇, 冉求之藝, 文之以禮樂, 亦可以爲成人矣.' 曰: '今之成人者, 何必然? 見利思義, 見危授命, 久要不忘平之言, 亦可以爲成人矣.'"라고 하였다. 곧 공자는 맹공작이 대부로 조정에 참여하기에는 부족하지만, 대부의 가신으로는 그 우두머리가 될 수 있다고 여겼고, 욕심이 없는 사람으로 평하였다.

또한 쉬운 일이 아니다. 자산子産이 정나라의 재상으로 일하였던 것을 살펴보면 알 수 있다.[8] 따라서 맹공작도 또한 가볍게 볼 수 없다."

於子産相鄭可見, 然則孟公綽亦不可輕看."

|9-47| 한 사람이 정신병으로 잘못 혼미하여 조정에 갑자기 들어와 천자의 자리 위에 서 있었다. 체포되어 형관에 하옥되고 중범죄에 비정되었는데 옥안이 성사되었지만 판결이 아직 내려지지 않았을 때, 그의 모친이 나아가 북을 울려서 억울함을 호소하였다. 순지(順之: 周怡)가 리과吏科에 재직하고 있을 때, 직접 고장(鼓狀: 억울함을 호소한 소장)을 받고 있었는데, 이 사안을 접해서 미처 법에 따라 처리를 하지 못하였다. 순지는 그로 인해 나에게 물었다. 나는 "그가 정신병으로 잘못 죄를 범한 것임을 논해야 하고 벌을 가해서는 안 된다. 다만 문을 지킨 관리가 방범을 잘못한 것에 대하여 죄를 주면 된다."라고 하였다. 유괴劉魁는 "이 사안은

|9-47| 一人因病狂, 迷謬忽入朝, 立於御座上. 捕下法司擬重, 獄成未決, 其母詣登聞鼓稱冤. 順之在吏科時, 直受鼓狀, 遇此事未爲准理. 順之因問予: "使公遇此事, 當何如處之?" 予曰: "當論其狂病誤犯, 不可加罪. 但罪守門者失於防禦則可矣." 劉子曰: "此當封進

---

8 자산(子産)이 정나라의 … 수 있다: 『논어』「公冶長」에 "子謂子産, 『有君子之道四焉, 其行己也恭, 其事上也敬, 其養民也惠, 其使民也義.』"라고 하였고, 「憲問」에 "或問子産. 子曰: '惠人也.' 問子西. 曰: '彼哉, 彼哉!' 問管仲. 曰: '人也. 奪伯氏騈邑三百, 飯疏食, 沒齒無怨言.'"이라고 하였다. 『맹자』「離婁下」에 "子産聽鄭國之政, 以其乘輿濟人於溱洧. 孟子曰: '惠不知爲政. 歲十一月徒杠成, 十二月輿梁成, 民未病涉也. 君子平其政, 行辟人可也, 焉得人人而濟之? 故爲政者每人而悅之, 日亦不足矣.'"라고 하였다. 곧 子産은 정나라의 재상으로 자신의 직분에 충실하였지만, 정치를 공평하게 펼치지 못하고 백성들에게 개인적으로 혜택을 주는 방식으로 행하였던 것에 대하여 맹자의 비판을 받았다.

고장鼓狀을 올려서 정신병으로 혼미하였던 것을 조정이 알게 하여, 형관에 내려 감형시키게 하는 것이 옳다."라고 하였다. 순지가 말하였다. "이 말들이 진실로 모두 옳다. 다만 그와 같이 처리하면 반드시 죄를 받게 된다. 이 사소한 일로 죄를 받는 것을 나는 원치 않는다." 유괴가 "다른 사람이 죄가 없어 죽이면 안 된다는 것을 논함은 사소한 일이 아닐 듯하다."라고 하였다. 내가 말하였다. "이것은 모두 이해를 논하는 것이요 의리의 소재를 논하지 않는 것이다. 의리를 논한다면 해야 하면 곧 하고, 멈추어야 하면 곧 멈추는 것이다. 어찌 죄를 받을 것을 고려하는가?" 순지는 그렇다고 하였다.

鼓狀, 使朝廷知其以病迷, 下法司從末減可也." 順之曰: "此固皆是, 但如此爲之, 必得罪, 以此小事得罪, 吾不欲也." 劉子謂"論人無罪, 不當殺, 恐非小事". 予曰: "此皆論利害, 未說到義理處. 若論義理, 則當爲即爲, 當止即止, 豈計得罪!" 順之以爲然.

|9-48| 남의 장단점을 논하기를 좋아하는 것은 배우는 이의 큰 병이다. 만일 위기爲己의 마음을 정말로 가지고 있다면 시간이 부족하여 보이지 않는 곳에서 경계하고 들리지 않는 곳에서 염려하면서 항상 막고 검속하기에도 겨를이 없는데 어느 겨를에 남을 논하겠는가? 학문은 성性을 이루기 위함일 뿐이다. 다른 사람이 조금이라도 장점이 있으면 취해서 내 것으로 만들고, 남의 단점에 대해서는 또한 보류하고 논하지 않는다. 경솔히 멋대로 변석하면서, 의문을 품고 어렵게 여기며 함양하는 마음이 없다면 덕을 잃은 것[喪德]이라고 말해도 될 것

|9-48| 好議論人長短, 亦學者之大病也. 若眞有爲己之心, 便惟日不足, 戒愼乎其所不睹, 恐懼乎其所不聞, 時時刻刻防檢不暇, 豈暇論人? 學所以成性而已, 人有寸長, 取爲己有, 於其所短, 且置勿論, 輕肆辯折而無疑難涵蓄之心, 謂

이다. 이것이 내 깊은 병통이지만 스스로 극복하지 못하고 있으니 부끄러울 뿐이다.

之喪德可也. 此予之深患不能自克, 可愧可愧.

|9-49| 도심道心인지 인심人心인지는 단지 옳고 그른 것으로 찾는다. 한 생각의 발동이라도 옳지 않으면 인심이다. 도심은 체인하여 확충하기가 지극히 어렵다. 경계하고 염려하는 공부를 잠시라도 중단하면 가려지고 민멸하여 보존되는 것이 적다. 그러므로 "은미하다."고 말한 것이다. 인심은 한번 움직이면 흉하고 험한 길에 들어서게 된다. 덕을 잃고 몸을 망치며 나라를 잃고 집을 망하게 하는 것이 모두 이로부터 말미암는다. 그러므로 "위험하다."라고 한 것이다. "(세 가지 나쁜 풍기로 인한 10가지 잘못 가운데) 경사卿士가 자신의 몸에 하나라도 있으면 집안이 반드시 망하고, 인군이 하나라도 자신의 몸에 있으면 나라가 반드시 망한다."[9]고 하였고, "안으로 호색의 황탄한 짓을 행하고, 밖으로 사냥의 황탄한 짓을 행하고, 술과 음악을 좋아하고, 집을 호사하게 꾸미는

|9-49| 道心人心, 只以是與不是求之. 一念發動的不是, 則爲人心. 道心極難體認擴充, 戒謹恐懼之功, 少有間斷, 則蔽錮泯滅, 而存焉者寡矣, 故曰"惟微". 人心一動, 卽在凶險路上行矣, 喪德滅身·亡國敗家由於此, 故曰"惟危". 所謂"卿士有一于身, 家必喪; 邦君有一于身, 國必亡". "內作色荒, 外作禽荒, 甘酒嗜音, 峻宇雕牆,

9 경사(卿士)가 자신의 … 반드시 망한다: 『상서』「伊訓」, "惟茲三風十愆, 卿士有一于身, 家必喪, 邦君有一于身, 國必亡." 三風은 세 가지 나쁜 風氣를, 十愆은 세 가지 나쁜 풍기가 조성한 허물과 죄를 말한다. 구체적으로는 巫의 풍기로 인한 춤을 좋아하는 것과 노래를 좋아하는 것, 지나친 풍기로 인한 재물욕, 호색, 놀러다니기를 좋아하는 것, 사냥을 좋아하는 것, 어지러움의 풍기로 인한 성인의 말을 업신여기는 것, 충직한 간언을 거부하는 것, 덕이 있는 원로를 멀리하는 것, 그리고 무지한 이와 친하게 지내는 것 등이다.

것 가운데 하나라도 있으면 망하지 않는 경우가 없다."[10]라고 하였으니, 인심의 위태로움은 진실로 두려워할 만하다.

有一于此, 未或不亡". 則人心之危, 眞可畏哉!

|9-50| 『주역』에서 "험한 상황에 처해서도 기뻐하고, 곤경에 처해서도 그 형통하는 바를 잃지 않은 것은 오직 군자일 것이다."[11]라고 하였다. 내가 오랫동안 곤경에 처해서 또한 때로 이 말로 자신을 위로하였다. 그러나 죄악이 깊고 무거워 세도(世道: 시대의 도리)에 손상이 되는 것이 매우 커서, 위로 하늘에 부끄럽고 아래로 사람들에게 부끄러워 마음이 막히고 답답하며 불안한 때가 항상 많았다.

|9-50| 『易』謂"險以說, 困而不失其所亨, 其惟君子乎"! 予久處困難, 亦時以此自慰. 但罪惡深重, 爲世道之損者甚大, 仰愧於天, 俯怍於人, 襟懷滯礙, 鬱抑不安之時常多.

|9-51| 마음이 안정되어 있으면 기미를 능히 알지만, 마음이 어지러우면 위태로운 것을 편안하게 여기고 재앙이 되는 것을 이익으로 생각하고 화란의 기미가 밝게 드러나 있어도 살피지 못한다. 하물며 기미를 알겠는가? 기미[幾]는 움직임이 은미하지만 길흉을 먼저 아는 때이다. 먼저 안다는 것은 또한 나의 움직임이 옳은가 옳지 않은가를 정밀히 파악하는 것일 뿐이다. 움직임이 옳으면 길함이 거기에서 싹

|9-51| 心靜則能知幾, 方寸擾亂, 則安其危, 利其災, 禍幾昭著而不能察矣, 況於幾乎! 幾者, 動之微, 而吉凶之先見者也. 所謂先見, 亦察吾之動是與不是而已. 所動者是, 吉

10 안으로 호색의 … 경우가 없다: 『상서』「五子之歌」.
11 험한 상황에 … 군자일 것이다: 『주역』困卦의 彖傳.

트고, 움직임이 옳지 않으면 흉함이 거기에서 싹튼다. 그러므로 공부하는 이는 신독(愼獨)을 귀하게 여긴다.

即萌於此矣; 所動者不是, 凶即萌於此矣, 故學者以愼獨爲貴.

|9-52| 나는 타고난 것이 거칠고 비루하여 움직임에 걸핏하면 어긋나고 잘못된다. 밤 사이에 정좌를 하여 이 몸의 잘못을 생각하면 참으로 스스로 감당이 안 되고 참으로 자신을 용납하기가 어렵다. 이 인생을 헛되이 저버렸다고 할 만하다. 나이가 오십을 넘으면서 혈기가 조금씩 쇠약해져 노년에 이르려 하니 비로소 스스로 잘못을 알았지만 이미 늦었으니 한탄스러움을 견딜 수 있겠는가? 그나마 요행이 남은 생명이 꺼지지 않았으니 스스로 능히 면려하여 흉악으로 끝나는 데서 면하기에 힘쓰고자 할 뿐이다. 글로 써서 자신을 경계한다.

|9-52| 予稟賦粗鄙, 動輒乖謬. 夜間靜坐, 思此身過惡, 眞不自堪, 眞難自容, 可謂虛負此生矣. 年踰五十, 血氣漸衰, 老景將至, 始自知過, 則已晩矣. 可勝歎哉! 尙幸殘生未泯, 欲自克勵, 求免於惡終耳. 書以自警.

|9-53| 안자(안회)와 맹자 두 위대한 현인은 기상은 달라도 학문은 애시당초 다른 것이 없다. 안자의 학문은 예가 아니면 보고 듣고 말하고 움직이는 것을 하지 않고, 인仁을 어기지 않고, 분노를 다른 사람에게 옮기지 않고, 잘못을 되풀이하지 않는 것에 있다. 맹자가 집의(集義: 의로운 일을 축적해 감)와 양기(養氣: 호연지기를 기름), 사단을 확충하고, 잃어버린 마음을 찾고, 마음을 보존하고 본성을 길러 하늘을 섬기는 것은 또한 안자가 행하였던 극기복례(克

|9-53| 顔·孟二大賢, 雖氣象不同, 而學則未始有異. 顔子之學, 在非禮勿視·聽·言·動, 不違仁, 不遷怒, 不貳過. 孟子之集義養氣, 擴充四端, 求放心, 存心養性以事天, 則亦顔子克己復

己復禮: 자신의 사적인 것을 극복하고 예로 돌아감)의 공부이다.

禮之學也.

|9-54| 천하의 온갖 변화는 참된 것과 망령된 것 두 가지로 다 나눌 수 있다. 치우치고 가리워진 것은 망령된 것이요, 본체는 참된 것이다. 학문은 치우치고 가리워진 망령된 것을 제거하고, 본체의 참된 것을 온전히 하기 위함이다. 온전하면 도리가 본성에 근본하고, 본성이 하늘에 순일하게 부응하여 사람의 도리를 세움에 애시당초 부끄러울 것이 없다. 천지에 옛날이나 지금이나 항상되게 단지 이 하나의 큰 도리가 있다. 따라서 옛날이나 지금이나 성현들에 다른 학문이 있을 수 없다.

|9-54| 天下萬變, 眞妄二字可以盡之. 偏蔽者妄也, 本體則眞也, 學所以去偏蔽之妄, 全本體之眞. 全則道本乎性, 性純乎天, 立人之道始無愧矣. 天地亙古亙今, 但有此一箇大道理, 則亙古亙今之聖賢, 不容更有兩樣學問也.

|9-55| 옥중에서 더러 놀라고 소란스런 일이 발생한 것을 알면 주변 사람들을 불러서 무슨 일인지 물었다. 한참 지나 생각해 보면 이것은 마음에 동요가 있었던 것이다. 자신이 이 옥에 있으면 모름지기 생사를 안중에 두지 않고 형이 집행되어도 차분히 받아들이고 목숨을 바쳐 뜻을 이루면 된다. 이것이 바로 학문을 하고 노력을 가하는 것이다. 이어서 유원성(劉元城: 劉安世)이 코를 골며 잠을 잤던 것이 어떤 기상이었는지 생각하였다. 의연한 대장부라고 할 만하다.

|9-55| 見獄中或有警擾, 呼左右問何事. 久而思之, 此動心也. 身居此地, 須要置生死於度外, 刀鋸臨之, 從容以受, 致命遂志可也. 此正是爲學用功處. 因思劉元城鼾睡是何等胸懷, 可謂毅然大丈夫矣.

|9-56| 오늘은 일찍 일어나 "군자가 남과 다른 것" 한 장을 낭송하였는데 곧 가슴이 시원해지며 마음이 넓어지고 몸이 편해짐을 느꼈다. 「서명西銘」의 만물과 한 몸이 되는 기상이 있었다. 이 마음이란 것은 쉽게 어두워지고 게을러지니 항상 성현의 격언을 가지고 보양해야 날마다 진보함이 있다.

|9-56| 今日早起, 朗誦"君子之所以異於人者"一章, 即覺襟懷開灑, 心廣體胖, 有〈西銘〉與物同體之氣象. 此心易至昏惰, 須常以聖賢格言輔養之, 便日有進益.

|9-57| 선비의 처세는 타협하는 것을 뽑아버리고 홀로 서고, 견지하고 있는 것이 확고할 수 있어야 비로소 일을 도모할 수 있다. 의리를 보면 반드시 똑바로 나아가 행해서 이해관계로 동요하지 않고 시속에 미혹되지 않으면 된다. 예컨대, 자사가 삶은 고기를 사양하고 맹자가 제왕의 초대를 물리친 것[12]은 굳세고 의연한 기상으로 오늘날 헤아려 볼 수 있으니 참으로 홀로 서서 두려워하지 않는 기상이 될 만하다. 만일 '일로는 일단 굽히지만 내 마음은 스스로 다르다.'라고 하면 곧 자신을 속이는 것이다. 처음에는 작은 선행을 지나치는 것도 또한 하지 말아야 하고 조그만 악행을 눈감아 주는 것은 해도 된다고 더러 여긴다. 그러

|9-57| 士之處世, 須振拔特立, 把持得定, 方能有爲. 見得義理, 必直前爲之, 不爲利害所怵, 不爲流俗所惑可也. 如子思辭鼎肉, 孟子却齊王之召, 剛毅氣象, 今可想見, 眞可爲獨立不懼者. 若曰"事姑委曲, 我心自別", 即自欺也. 始或以小善放過且不可爲, 小惡放過且

12 맹자가 제왕의 … 물리친 것: 관련 내용은 『맹자』「공손추하」에 나온다. 맹자는 제왕이 자신을 만나러 오려다 그만두고 거꾸로 자신을 부르자, 탕임금이 이윤에 대하여 그리고 환공이 관중에 대하여 함부로 부르지 않았음을 들어 거절하였다.

다 시간을 두고 점진적으로 익숙해져 시속의 구렁에 빠져들면, 반드시 굳센 것도 유약하게 바뀌고 네모 방정한 것도 둥글게 깎여서 큰 선행도 또한 더러 행하지 않고, 큰 악행도 또한 더러 행하여 관행에 따르고 임시방편을 좇아 천박하고 부끄럽게 되어 결국 악행으로 생을 마쳐도 모르게 된다. 이것은 변별하는 것을 일찍부터 하지 않고 견지하는 것이 확고하지 못한 것에 기인하는 것이다. 글로 써서 자신을 경계한다.

可爲之, 日漸月磨, 墮落俗坑, 必至變剛爲柔, 刻方爲圓, 大善或亦不爲, 大惡或亦爲之, 因循苟且, 可賤可恥, 卒以惡終而不知矣. 此由辯之不早, 持之不固也. 書以自戒.

|9-58| 경야涇野 여남呂柟 선생이 어떤 부府에 들렀는데, 태수가 곁에서 모셨다. 태수의 아들이 누樓 위에서 글을 읽고 있었는데 그 소리가 누 아래까지 들렸다. 태수가 사람을 시켜 제지시키면서 "조그만 소리로 읽게 하라. 목이 쉴까 염려된다."라고 하였다. 조금 있다가는 또 곁에 재촉하여 아이에게 늦지 않게 먹을 것을 주게 하면서 "배고프지 않게 해라."라고 하고, 또 "부축해 주어야 한다. 혹 넘어질 수 있다."라고 하였다. 여 선생은 태수에게 "공이 자식을 사랑하는 것이 지극하다고 할 만하오. 바라건대, 이 마음을 미루어 백성을 소중히 여기면 좋겠습니다."라고 하였다. 여 선생이 순덕부順德府를 들렀는데, 태수가 문 밖에서 전별하였다. 전별하는 장소가 부의 양제원(養濟院: 빈민구호소)에 가까웠다. 선생은 음식 한 상을 두 아

|9-58| 涇野呂先生過某府, 太守侍坐. 太守子讀書樓上, 聲徹於樓下. 太守令止之曰: "當微誦, 恐損傷." 既又促左右以時進食, 曰: "勿令饑." 又戒之曰: "當爲掖之, 恐或蹉跌." 先生謂太守曰: "公之愛子, 可謂至矣, 願推此心以愛百姓可也." 過順德府, 太守餞於門外, 餞所近府養濟院. 先生以饌食一

전을 시켜 양제원으로 보내고 태수에게 "공의 좋은 음식을 오갈 데 없는 사람들과 함께하겠소. 바라건대, 공은 나의 이 마음을 체찰하여 불우한 사람들을 돌보아 주면 좋겠소."라고 하였다. 납계納戒 주이周怡 선생이 조술해서 나에게 알려 주었는데, 내가 이 때문에 한참을 감탄하였다. 옛사람은 이웃과 떨어져서 혼자 사는 것을 깊이 경계하였다. 자공이 인仁을 행하는 것을 묻자 공자는 현철한 대부를 섬기고 어진 친구를 사귀라고 알려 주었다. 도에 뜻을 둔 군자가 항상 선생과 서로 친하게 지내며 유덕한 모습을 보고 지당한 논의를 들으면서 자신을 돌아보고 경계하게 한다면, 덕이 닦이지 않고 정사가 선하게 되지 않음을 걱정하지 않을 것이다. 아, 어진 군자의 말이 그 이로움이 작겠는가?

桌, 令二吏送院中, 謂太守曰: "以公佳饌與無告者共之, 願公體我此心, 以惠恤鰥寡可也." 納溪周子述以告予, 予爲歎息者久之. 古人以離羣索居爲深戒, 子貢問爲仁, 孔子告以事其大夫之賢者, 友其士之仁者. 使志道君子常得與先生相親焉, 獲覩德容, 聞至論以自警省, 不患德之不修而政之不善也. 嗚呼! 仁人君子之言, 其利溥哉!

|9-59| 지혜로운 사람은 스스로 부족하다고 여기지만, 어리석은 사람은 스스로 넉넉하다고 생각한다. 스스로 부족하다고 생각하면 자신을 비우고 남을 받아들이니 선으로 나아감이 무궁하다. 스스로 넉넉하다고 여기면 진보하려고 힘써 노력하는 마음이 반드시 없어서 하나의 선으로 스스로 만족하고 다른 선이 들어갈 여지가 없게 되어 끝내 또한 반드시 망할 뿐이다. 글로 써서 자신을 면려한다.

|9-59| 智者自以爲不足, 愚者自以爲有餘. 自以爲不足, 則以虛受人, 進善其無窮矣. 自以爲有餘, 必無孜孜求進之心, 以一善自滿, 而他善無可入之隙, 終亦必亡而已矣. 書

之以自勵焉.

|9-60| 평소 하는 것에 득실이 반반이라, 잘못을 적게 하려고 노력해도 될 수가 없었다. 옥에 갇혀 오래되니 고요한 가운데 자못 반성이 되고 비로소 학문을 하려는 마음이 생겼다. 그러나 손상되고 남은 목숨에 혈기가 점점 감쇄하여 채찍질하고 면려해도 전진하지 못하여 세상에 헛되이 지내며 초목과 함께 썩어 가니 부끄러울 뿐이다.

|9-60| 平生所爲, 得失相半, 求欲寡過而不可得. 幽囚既久, 靜中頗覺省悟, 始有向學之心. 然殘損餘息, 血氣暫減, 策勵不前, 虛生人世, 與草木同腐矣. 可媿哉!

|9-61| 일찍 일어나 감옥의 계단을 산책하는데, 해가 동쪽 모퉁이에서 올라와 맑은 하늘이 만리에 펼쳐지고 솔개가 교대로 날았다. 불현듯 가슴이 시원해지고 모든 생각이 모두 비워졌다. 이어서 증석曾皙이 기수沂水에서 노닐던 기상도 역시 이와 같았을 것으로 생각하였다. 계묘(1543)년 12월 13일 쓰다.

|9-61| 早起散步圜階, 日升東隅, 晴空萬里, 鳶鳥交飛, 不覺襟懷開灑, 萬慮皆空. 因思曾皙沂水氣象, 亦是如此. 癸卯歲季冬十三日書.

|9-62| 옛사람은 자신을 규율하는 것은 매우 엄하게 하였지만, 남에게 요구하는 것은 매우 관대하였다. 지금 사람들은 자신을 규율하는 것은 매우 관대하지만, 남에게 요구하는 것은 매우 엄하게 한다. 자신의 성숙을 위해 부지런히 힘쓰면서 남이 알아주기를 추구하지 않는 것이 되어야 비로소 학문이다.

|9-62| 古人律己甚嚴, 其責人甚恕. 今人律己甚恕, 其責人甚嚴. 孜孜爲己, 不求人知, 方始是學.

|9-63| 공자가 안연에게 인仁을 행하는 공부

|9-63| 夫子答顏

에 대하여 대답한 것은 예가 아니면 보지도 듣지도 말하지도 움직이지도 말라는 것이었다. 높은 자리에 있으면, 높은 지위에서 보고 듣고 말하고 움직이는 법도가 있고, 낮은 지위에 있으면 낮은 지위에서 보고 듣고 말하고 움직이는 법도가 있고, 환난 가운에 있으면 환난의 처지에서 보고 듣고 말하고 움직이는 법도가 있고, 임종에 이르러서는 임종의 자리에서 보고 듣고 말하고 움직이는 법도가 있으니, 도리는 어디에도 없는 때가 없다.

淵爲仁之功, 在非禮勿視・聽・言・動. 居高位, 有高位的視・聽・言・動; 居下位, 有下位的視・聽・言・動; 處患難, 有患難的視・聽・言・動; 臨死時, 有臨死的視・聽・言・動, 道無不在.

|9-64| 내가 유괴劉魁, 주이周怡 두 공과 함께 옥의 담장에 의지하여 북쪽을 향해 좌정하고 있었다. 한 사람이 북쪽 담장 아래에서 형구를 푼 채 있었는데, 거리가 서로 매우 가까웠다. 두 공은 괴이하게 여기면서 "어째서 조금도 피하지 않는가?"라고 하였다. 내가 "이것은 정나라 맹인이 송조宋朝[13]에게 무관심하였던 뜻이다."라고 하였다. 대개 내가 그에 대하여 들은 바가 없음을 말한 것이다.

|9-64| 予與劉・周二公倚圜牆北向坐, 一人解於北牆下, 相去甚近. 二公訝之曰: "何不少避?" 予曰: "此鄭瞽人旋於宋朝之意", 蓋謂我無所聞也.

|9-65| 이어서 한 개 벽돌판으로 된 음식을 담는 주발을 두는데, 안정되지 않은 곳에 두면

|9-65| 因置一甎瓮食碗, 置之未安之

13 송조(宋朝): 춘추시대 宋나라의 公子로 용모가 뛰어났다. 후대에 용모가 뛰어난 남성을 가리키는 대명사로 사용되었다.

이 마음이 편치 않아 반드시 안정된 뒤에야 그만하려 하였다. 한 사람의 몸과 마음을 안정된 곳에 두지 못하는 것은 뱃사공이 없는 배가 바람부는 파도 위에서 떠다녀 동풍이 불면 서쪽으로 가고 서풍이 불면 동쪽으로 가는 것과 같다. 이것이 무슨 도리인가? 이것은 이 마음을 두는 것이 이 벽돌판을 공경스럽게 두는 것만도 못한 것이다.

處, 此心不已, 必欲既安然後已. 將一個身心不會置之安穩之地, 如個無艄工之舟, 漂蕩於風波之上, 東風來則西去, 西風來則東去, 是何道理? 則是置此身心, 不如置此磚之敬愼也.

|9-66| 6월 8일 밤에 첫 잠이 들자 꿈에 한 남자가 큰 키에 수염이 적은데 수염 사이로 하얀 모습이었다. 작爵하고 내 이름을 부르며 서로 인사하면서 "나는 왕양명이외다."라고 하였다. 몇 마디 말하고 논하였는데, 그가 공부한 것은 스스로 말하지 않았다. 대화가 미처 끝나지 않았는데 갑자기 놀라 깨었다. 내가 두려운 마음으로 말하였다. "이 사람이 이전의 어떤 성현이길래 여기에 와서 나를 가르치는가? 혹 나라를 걱정하는 마음으로 이곳에서 목숨을 바친, 유민충(劉忠愍: 劉球)과 같은 부류의 사람이 꿈에서 서로 해후한 것인가? 내일 아침에 분향하여 사례해야 하겠다." 잠시 뒤에 지붕의 용마루에서 한 개 작은 벽돌 덩어리가 누워 있는 옆자리 목판으로 떨어졌다. 9일 새벽에 적는다.

|9-66| 六月初八日夜, 初寢, 夢一男子長身少鬚, 鬚間白, 呼爵相拜曰: "予王陽明也."數談論, 未嘗自言其所學. 語未畢, 忽驚寤. 予瞿然曰: "是何先聖先賢來此以教我乎? 或慷慨殺身於此地, 如劉忠愍之類者, 相與邂逅於夢寐乎? 明早當焚香拜謝之."俄而屋脊墜一小磚塊於臥傍木板上, 聲震屋中, 守者驚起. 初九日早晨記.

|9-67| (6월) 9일 밤 한 사당 안에 있는 복희伏羲 형상을 꿈에 보았는데, 입고 있는 옷이 매우 예스럽고 홍황(洪荒: 문명 이전) 시대의 초복(草服: 풀로 만든 옷)이 섞여 있었다. 한 사람이 『주역』 13괘에서 기물을 제작하고 상象을 높이는 뜻을 사당에서 강의하였다. 누군가 물으니 곧 정程 선생[14]이었다. 강의를 듣는 사람은 유사儒士 두 사람이었다. 내가 옥에 들어와 41개월이 되는 동안 꿈에 의용무안왕義勇武安王[15] 관우가 나와 만난 것이 세 번이었는데 말이 없었던 때도 있고 몇 마디 서로 말하였던 때도 있었다.

|9-67| 初九日, 夜夢一廟中伏羲像, 所服甚古, 雜以洪荒草服. 一人講『易』十三卦制器尚象之義於廟, 問之, 乃程先生也. 聽者儒士二人. 予入獄中四十一月, 夢關義勇武安王與予遇者三, 亦有無言時, 亦有數相語時.

|9-68| 연일 비가 내려 옥중의 목판이 모두 젖었다. 내가 몸이 약하고 먹는 것도 시원찮았는데, 인하여 밖에 있는 어린 자식이 생각이 났다. 부자 사이에 5년을 서로 보지 못하여 입는 것이나 먹는 것을 서로 돌볼 수 없었다. 당시 장도전張道全, 오천주伍天儔 두 생도가 모두 밖에서 나를 시중들면서 내 어린 자식과 함께 머물고 있었는데, 며칠 동안 소식이 없으면 곧 걱정이 되었다.

환난 가운데 있으면 환난 속에서 도리를 행

|9-68| 連日天雨, 獄中木板皆濕, 予體弱少食, 因思小兒在外, 父子五年不得相見, 衣食不能相顧. 時張道全・伍天儔二生皆在外候予, 與小兒同處, 數日消息未聞, 爲之戚戚.

又思素患難, 行乎

---

14 정(程) 선생: 『易傳』을 지은 程頤를 지칭하는 듯하다.

15 의용무안왕(義勇武安王): 宋 孝宗 때 關羽를 추존하여 봉한 封號 "壯繆義勇武安王"을 줄여 부른 것이다.

하는 것이니 일이 이렇게 된 것이 모두 천명으로 편안히 받아들여야 한다고 또한 생각하였다. 진소양(陳少陽: 陳東), 구양철歐陽徹 두 공은 정식으로 예를 올려 신하가 된 적이 없었지만 말로 자임하였다가 목숨을 바쳤다.[16] 하물며 나는 잘못을 논하는 자리에 있었으니 신하의 미미한 마음을 감히 다하지 않을 수 있겠는가? 이 마음을 다하는 것으로 만족하고자 할 뿐이니 죽고 사는 것에 대하여 어찌 미리 계산하겠는가?

患難, 事至於此, 皆天命也, 當安受之. 陳少陽·歐陽徹二公, 未嘗傳贄爲臣, 以言語自任而殺其身, 況予論思之職, 敢不盡臣子一日之心乎? 盡此心以求自慊, 則或死或生, 豈可逆料?

내가 이 옥에 4년을 머물고 있는데 간수가 내 동정을 살펴서 말을 할 때마다 반드시 기록하였다. 내가 그 사정을 대강 알고 볼 때마다 한 번도 응대하지 않았다. 내가 말을 하지 않았다고 보고하면 위에서는 반드시 그에게 매질을 가하였고, 간수가 자신의 말로 내가 한 말이라고 지어 보고하면 또한 실제 한 말 같지가 않다고 매질을 가하였다. 그러자 간수가 궁해져 인정으로 서로 알려 주면서 내게 말을 요청하여 매를 맞는 것에서 면하는 경우가 많았다. 또한 나에게 "일이 충의忠義에 관련된 것이니 몇 마디 듣고 싶다."고 하였지만, 나는 "내가 상소한 말 수천 마디는 한 글자 한 글자가

予居此四年, 邏者候予, 有言日必錄, 予頗聞之, 每見未嘗一言相答, 有以予不言回報者, 必笞之. 有以其言作予言以回報者, 又以不似笞之. 於是邏者窮矣, 多以情相告, 求予言以免其笞. 且曰: "事關於忠義者, 願得數語." 予應之曰: "吾奏章數千言, 字

16 진소양(陳少陽), 구양철(歐陽徹) … 목숨을 바쳤다: 陳東과 歐陽澈은 宋 高宗 즉위 초에 대궐 앞에 함께 엎드려 黃潛善과 汪伯彦을 탄핵하였다가 사형당하였다. 사적이 『宋史』「忠義傳」에 전한다.

충의요 한마디 한마디가 충의이니 곧 응당 해야 할 말이 아니면 깊이 죄를 주어야 한다고 여긴 것이다. 이제 충의를 너희들 앞에서 입에 올린다면 이것은 내 수치다."라고 응대하였다.

字是忠義, 句句是忠義, 乃以爲非所當言而深罪之. 今若以忠義騰口舌於爾輩之前, 是吾羞也."

한 간수는 나에게 말을 요청하였는데 그 정리가 매우 절실하고 간곡하였다. 내가 응답하여 "말이 무심결에 나와 공이 적어 가면 내 마음에 부끄러울 것이 없다. 그러나 의식하고서 말을 하면 이것은 일부러 꾸미는 말을 하여 위로 옮겨져 천자가 듣게 해서 구차하게 죄를 면하는 것이니, 내가 그렇게 하는 것은 실로 부끄럽다. 더군다나 조금이라도 이런 마음이 있으면 곧 속임수를 쓰는 간교함으로 한평생을 모두 버리는 것이다. 하늘이 반드시 주벌하여 끊어 버리고 여기에서 즉사하게 할 것이다."라고 하였다. 그 사람이 참담하여 "공의 마음이 이러하니 내 더는 함부로 공의 말을 요청하지 않겠소."라고 하였다.

一邏者求予有言, 情甚切至, 予應之曰: "語出於無心者, 公記去則予心無愧. 若出於有心, 是故爲巧語, 轉移天聽, 以苟免罪難也, 予實羞爲. 況一有此心, 是即機變之智巧, 擧平生而盡棄之, 天必誅絕, 使即死於此."其人慘然曰: "公之心如此, 予再不敢求公言矣."

|9-69| 또 한 간수가 나에게 "오늘 좋은 말이 위로 올라갔소."라고 하였다. 물어보니 곧 「태갑太甲」의 "하늘이 조성한 재앙은 피할 수 있지만, 스스로 지은 재앙은 살아남을 수 없다."는 말이었고, 또 이어 "나의 경우는 스스로 지은 재앙이어서 죄가 여기에 이른 것이다."라고 한 말이었다. 내가 대답하였다. "내가 언관言官이

|9-69| 又一邏者告予曰: "今日好言語上之矣."問之, 乃「太甲篇」"天作孼, 猶可違, 自作孼, 不可活". 又繼之曰"我乃自作孼者, 故罪至

되어 천하에 관련된 일은 모두 진언해야 하였다. 지난날 올렸던 하나의 소는 위로는 조정을 위하고 아래로는 백성을 위하며 종묘사직 만만년을 위하는 의미심장한 생각이니 어찌 스스로 지은 재앙이겠는가?" 그 사람도 묵묵히 수긍하였다.

|9-70| 유청천(劉晴川: 劉魁) 공이 공부원외랑工部員外郎으로 승진하여 부임하려 할 때 총재 나정암(羅整庵: 羅欽順) 옹이 집에서 지내고 있어 유공이 길을 떠나기 전 작별인사를 드렸다. 정암은 시로 전별하였다. 얼마 있다가 유공이 하옥되자 나에게 그 시를 외워 주었다. 나와 전서산(錢緖山: 錢德洪)이 모두 차운하여 화답시를 지었다. 뒤에 어떤 사람이 그 시를 나정암에게 전하였다. 근래 한 선비가 서울에 왔을 때 정암공이 말로 알려 주기를 "전에 시를 받고 화답시를 지어 놓았는데 퇴고가 안 되서 아직 부칠 수가 없소."라고 하였다. 내가 말하였다. "이것은 퇴고가 안 된 것이 아니다. 원로대신이 십년을 벼슬하지 않고 집에서 지내면서 권귀와 한 번도 서간으로 소통한 적이 없는데, 곧 이 한 수 때문에 죄인과 교제하는 것이 옳겠는가?" 이 노인은 본받을 만하다. 갑진(1556)년 6월 12일 적다.

|9-71| 계묘(1543)년 2월에 주정主政 마증馬拯

於此". 予應之曰: "吾爲言官, 天下事皆所當言, 往時一疏, 上爲朝廷, 下爲蒼生, 宗廟社稷萬萬年深長之慮, 豈自作孼者?"其人默然.

|9-70| 晴川劉公陞工部, 將之任, 冢宰羅整菴翁家居, 劉公辭行, 整菴贈之以詩. 旣劉公下獄, 爲予誦之. 予與緖山錢子, 皆依韻和之. 後人傳其詩於整菴處. 近一士夫來京, 整菴公語相告曰: "向日得詩, 和答以具, 但欠推敲, 未可寄去."予曰: "此非欠推敲也, 元老大臣, 家食十年, 未嘗以書簡通權貴, 乃以一詩交罪人可乎?" 此老可以爲法. 甲辰年六月十二日記.

|9-71| 癸卯年二

이 일로 하옥되었다. 마증은 19세에 광동 향시에 장원을 하고 20세에 진사에 급제하여 공부주정(工部主政)에 임명되었는데 기량과 식견이 다른 사람이 미치기 쉽지 않았다. 그가 나에게 "듣건대, 근래 선비들은 고래로 군주 가운데 역량이 있었던 이는 오직 진시황과 한문제 두 군주뿐이라고 말한다." 내가 대답하였다. "아니다. 고래로 군주 가운데 역량이 있었던 이는 오직 요, 순, 그리고 문왕뿐이다. 요가 100년을 군주의 자리에 있으면서 모든 나라가 이에 화목하였다가, 치세가 극에 이르러 어지러운 때가 되었을 때 아들 단주丹朱가 역량이 안 되자 요는 곧 순舜 한 사람을 찾아내 천하를 그에게 부탁하여 더욱 치세에 이르게 하였다. 순이 50년을 군주의 자리에 있으면서 사방이 감화되었다가, 또한 치세가 극에 이르러 어지러운 때가 되었을 때 그의 아들 상균商均이 또한 역량이 안 되자 순은 우禹 한 사람을 찾아내 천하를 그에게 부탁하여 또한 더욱 치세에 이르렀다. 문왕은 깊이 어질고 혜택을 두텁게 하여 주나라의 정권을 연장하여 800년에 이르게 하였다. 요, 순, 문왕이 천도에 따라 자신을 처신하여 국운의 흥쇠가 하늘에 있지 않고 자신에게 있었으니, 이른바 '그 변화에 통달하여 백성을 게으르지 않게 하고, 신묘하게 감화시켜 백성이 합당함을 얻게 하였다.'[17]는 것이다. 그 역량이 얼마나 큰가! 진시황은 여섯 나라를 멸망

月內, 馬主政拯以事下獄. 馬十九歲發解廣東, 二十擧進士, 任工部主政, 器度識見, 人未易及. 告予曰: "聞近士夫言, 自古人主有本事者, 惟秦皇·漢武兩君而已."予應之曰: "否. 自古人主有本事者, 惟堯·舜·文王而已. 堯在位百年, 萬邦時雍, 治極當亂之時, 而子丹朱又不肖, 堯乃尋一個舜, 將天下分付與他, 愈至於治. 舜在位五十年, 四方風動, 亦治極當亂之時, 其子商均亦不肖, 舜乃尋一個禹, 將天下分付與他, 亦愈至於治. 文王深仁厚澤, 延周家之基業至八百年. 堯·舜·文王以天自處, 氣運興衰, 不在於天

시키고 『시』와 『서』를 불태워 없앴고, 선왕의 자취를 쓸어내고 오직 자신의 사사로운 뜻에 따랐다가, '한 필부가 난을 일으키자 칠묘(七廟: 종묘)가 무너지고 자손들은 남의 손에 죽어 천하의 웃음거리가 되었다.'[18] 한무제는 문제文帝와 경제景帝가 나라를 부강하게 하였던 정치를 이어받았으니, 만일 어질고 뛰어난 인재들에게 맡겨 선왕으로부터 법도를 취하였다면 예악을 일으킬 수 있었다. 그러나 곧 지나친 욕심으로 정사를 어지럽히고 군사를 남용하여 사해 안이 텅 비어 거의 전복될 지경에 이르게 하였으니, 소제昭帝와 선제宣帝가 자리를 잇지 않았다면 한의 정권은 알 수 없었다. 두 군주가 하였던 정치와 같은 것은 종묘를 전복시키고 제사를 끊어지게 하기에 그저 족할 뿐이다. 이른바 역량이 있다는 것이 어디에 있는가? 또한 군주가 요, 순, 문왕을 본받지 않고 진시황과 한무제를 본받게 한다면, 이것은 사람을 죽이고 전쟁을 일으키는 마음을 열어 주고 천하를 어지럽히기를 바라는 것이다. 그 말한 것이 잘못됨이 또한 심하다." 마증은 옥에서 나온 지 몇 달 만에 병으로 사망하였다. 내가 심히 슬퍼하였다.

而在我, 所謂'通其變, 使民不倦, 神而化之, 使民宜之'者也, 其本事何大哉! 秦皇剪除六國, 焚棄『詩』·『書』, 掃滅先王之迹, 而惟任一己之私, '一夫作難, 而七廟隳, 身死人手, 爲天下笑'. 漢武承文·景之富庶, 若委任賢俊, 取法先王, 則禮樂可興, 乃以多欲亂政, 窮兵黷武, 至於海內虛耗, 幾致顚覆, 非有昭·宣繼之, 則漢之天下, 未可知也. 若二君之所爲, 適足以覆宗絶祀而已, 烏在其所謂有本事哉! 且使人主不法堯·舜·文王, 而法秦皇·漢

17 그 변화에 통달하여 … 얻게 하였다: 『주역』「繫辭下」.
18 한 필부가 … 웃음거리가 되었다: 賈誼, 「過秦論」.

武, 是啟其殺伐之心, 而欲以亂天下也, 其所言謬妄亦甚矣."馬出獄數月, 以病卒, 予甚悼之.

|9-72| 감옥에서 한가롭게 산보하는데 우물에 비친 햇빛이 참담하고 광경이 쓸쓸한데, 우물을 내려다보니 깨끗하게 맑았다. 그로 인해 "우물을 맑게 쳐냈으나 마시지 않으니 내 마음을 안타깝게 한다."[19]는 말을 생각하고, 마음이 또한 그 때문에 슬펐다.

|9-72| 閒步圜中, 井上日色慘淡, 光景寂寥, 下視井水, 湛然清徹, 因思"井渫不食, 爲我心惻", 爲之戚然.

|9-73| 가정嘉靖 을사(1545)년 9월 5일, 아침에 준현濬縣에서 출발하여 저녁에 임청林清 여관에서 투숙하였다. 여관의 주인이 악랄하여, 면을 사먹으며 식초를 쓰는데 그 사람이 인색하였다. 종자가 "이것은 동전 1문文에 지나지 않는다."라고 하자 그 사람은 "10문을 준다고 또한 내가 안 판다."고 응수하였다. 또 좁쌀을 사서 다음날 아침 죽을 끓여 먹으려 하였는데, 그 사람이 또한 계속 팔기를 거절하였다. 내가 듣고 웃으며 종자를 불러 "더는 함께 말하지 말라."라고 제지시켰다.

|9-73| 嘉靖乙巳年九月初五日, 朝發濬縣, 晚宿林清店. 店主醜惡, 買麵食用醋, 其人吝. 從者曰: "此不過費銅錢一文."其人應之曰: "雖與十文, 吾亦不賣." 又欲買小米, 次早作粥, 其人亦固拒之. 予聞, 笑呼從者, 止

---

19 우물을 맑게 … 안타깝게 한다: 『주역』 井卦 九三爻의 爻辭. 재능이 있어도 임용되지 않아 슬퍼함을 말한다.

之曰: "再勿與語."

이 몇 가구 사는 궁벽한 곳에 혹 현자가 있어도 손님을 초대할 집이 없었고, 집이 있는 자는 또 현자가 아니었다. 이어서 옛사람이 '요와 순은 천하로써 양보하였는데 세상의 필부들은 동전 반닢의 이익을 가지고 다툰다. 인품의 차이가 어찌 아홉 마리 소와 한 터럭의 털 차이일 뿐이겠는가!'[20]고 말하였던 것을 생각하였다. 『주역』에 "「초육初六은 어린아이가 보는 것이니 소인의 도이다."[21]라고 하였다. 이것은 시정의 정상적인 법도이다. 그 식견이 이 정도이니 괴이하게 여길 것 없다.

此數家之隙地, 或有賢者無招客屋, 而有屋者又非賢, 因思昔人言堯・舜以天下讓, 而世上之匹夫爭半錢之利, 人品相去何啻九牛毛.『易』曰: "初六, 童觀, 小人道也." 此市井之常度, 其識見止此, 無足怪也.

|9-74| 대인은 잘 다스려지고 안정된 때를 위험하고 어지럽다고 여긴다. 소인은 위태롭고 어지러운 때를 잘 다스려지고 안정된 것으로 여긴다. 모두가 같은 사람이지만, 대인의 동경이 있는가 하면 소인의 동경이 있고, 대인의 식견이 있는가 하면 소인의 식견이 있고, 대인의 활동이 있는가 하면 소인의 활동이 있다. 이것은 천지간 생물의 차이로 교화를 행할 때 본래 요령이 있으니, 우주 간의 일로 자신의 책무를 삼는 사람은 신중하지 않으면 안 된

|9-74| 大人以治安之時爲危亂, 小人以危亂之時爲治安. 皆此人也, 有大人之向慕, 有小人之向慕, 有大人之識度, 有小人之識度, 有大人之作用, 有小人之作用. 此天地生物之不齊, 教化之施固

---

20 요와 순은 … 차이일 뿐이겠는가: 관련 내용은 『晉書』 권52, 「花譚傳」에 나온다.

21 초육(初六)은 어린아이가 … 소인의 도이다: 『주역』 觀卦 初六爻의 象辭.

다. 을사(1545)년 9월 5일 등불 아래 쓰다.

有要, 而以宇宙間事爲己責者, 不可不愼也. 乙巳年九月五日燈下書.

「문장을 논함」

「論文」

|9-75| 문장은 리理를 중심으로 삼고 기氣를 보조로 삼는다. 논하는 것은 순전히 한 가지 의리이다. 그러므로 리를 중심으로 삼는다. 말하는 기세가 충만하고 성대하면서 혼융하고 두터우면 연약함을 느끼지 않는다. 그러므로 기로 보조를 삼는다. 모름지기 마음이 바르고 커서 치우치고 왜곡되고 사사롭고 작은 소견으로 그 마음을 어지럽히지 않고 또 성현의 격언을 널리 읽어서 확충하고 길러야 한다. 이와 같이 하면 붓을 들어 글을 쓰면 모두 가슴 안에서 흘러나와 말로 토해 내고 주장을 세우는 것이 쏟아 내면 쏟아 낼수록 새롭고 막힘이 없게 되어 가까이에서 취해도 그 근원을 만나듯하게 된다. 솟구쳐 모이고 새어 나와 쌓여 흘러감이 혼후하고 물결이 광대하여 마치 양자강과 황하가 터져 흐를 때 그 거침없이 흐르는 것을 누구도 막지 못하는 것과 같게 된다. 그 빛나는 기세는 밝게 발하여 환히 빛나는 것이 해와 달이 중천에 떠서 깊은 계곡과 궁벽한 벼랑의 어두운 곳과 꽃이며 바위이며 초목들의

|9-75| 文章以理爲主, 以氣爲輔. 所論純是一段義理, 是以理爲主; 辭氣充盛渾厚, 不覺軟弱, 是以氣爲輔. 須胸中正大, 不以偏曲邪小之見亂其心, 又廣讀聖賢格言以充養之, 如此則擧筆造語, 皆是胸中流出, 其吐辭立論, 愈出愈新而無窮也, 如取之左右逢其源也. 其騰匯洩蓄, 流轉渾厚, 波瀾汪洋, 如決江河, 沛然莫之能禦也. 其光燄發揚照耀, 昭灼如日月中天, 深谷窮崖之幽, 花石草木之

세세한 것에 이르기까지 푸른 것은 절로 푸르게 되고 흰 것은 절로 희게 되어 위로 빛을 발하고 닿는 곳마다 물색을 이루는 것과 같이 될 것이다.

微，青者自青，白者自白， 仰之以生輝，觸之而成色也.

징군 주관 왕지사 선생

徵君王秦關先生之士

|9-76| 왕지사(王之士, 1529-1591)는 자가 욕립欲立, 호가 진관秦關으로 섬서 남전藍田 사람이다. 가정嘉靖 무오(1558)년에 향시에 합격하고 얼마 있다가 과거공부를 폐기하고 이학理學에 잠심하여, 「양심도養心圖」, 「정기설定氣說」을 지어 곁에 써놓고 9년을 동네 밖으로 나가지 않았다. 쑥대를 깐 평상에 거친 밥을 먹으면서 천고의 선현과 벗하였다. 남전의 풍속이 아름다웠던 것은 여씨呂氏로 말미암은 것으로 그 향약이 현재에도 갖추어져 있다고 하면서, 곧 십이회를 만들었는데 모임에 참여한 사람이 100여 명이었다. 청소하고 응대하는 것에서부터 관혼상제에 이르기까지 하나하나 그 조문들을 윤색하여 삼가 행하니 아름다운 풍속이 되살아났다. 또한 천하의 학술이 한 가지가 아니니 직접 징험하는 것이 아니면 그 대동(大同: 큰 규모에서 동일함)을 얻을 수 없다고 생각하였다.

|9-76| 王之士字欲立, 號秦關, 陝之藍田人. 嘉靖戊午舉於鄉, 既而屏棄帖括, 潛心理學, 作『養心圖』·『定氣說』, 書之座右, 閉關不出者九年. 蒿牀糲食, 尚友千古. 以爲藍田風俗之美, 由於呂氏, 今其鄉約具在, 乃爲十二會, 赴會者百餘人, 灑掃應對, 冠婚喪祭, 一一潤澤其條件, 行之惟謹, 美俗復興. 又謂天下之學術不一, 非親

그리하여 도성의 강회에 나아가 여러 노선생들과 서로 토론하였다. 곡부에 올라가 선사先師의 사당과 묘소에 참배하고 머물기를 오래하였다. 남으로 강우(江右: 강서 지역)에 들어가 장본청(章本淸: 章潢), 등잠곡(鄧潛谷: 鄧元錫), 양지암(楊止菴: 楊時喬) 등을 만나고, 전당강錢塘江을 배로 내려가 오흥吳興에 이르러 허경암(許敬菴: 許孚遠)을 방문하였다. 학자들이 선생이 이르렀다는 소리를 듣고 따르는 사람이 많았다. 만력萬曆 경인(1590)년에 집에서 별세하니 향년 63세였다. 좨주 조용현趙用賢이 소를 올려 천거하여 국자감박사에 제수되었는데, 교지가 내려졌지만 선생은 보지 못하고 별세하였다.

證之, 不能得其大同, 於是赴都門講會, 與諸老先生相問難. 上闕里謁先師廟墓, 低回久之. 南行入江右, 見章本清・鄧潛谷・楊止菴. 浮浙水而下, 至吳興問許敬菴. 學者聞先生至, 亦多從之. 萬曆庚寅卒於家, 年六十三. 祭酒趙用賢疏薦, 詔授國子博士. 除目下而先生不及見矣.

인명 · 개념어 · 서명/편명 색인

인명 색인

개념어 색인

서명/편명 색인

저자

황종희(黃宗羲, 1610-1695)

중국 명말청초(明末清初)의 학자이다. 자는 태충(太沖), 호는 남뢰(南雷) 또는 이주(梨洲)이며, 절강성(浙江省) 여요(餘姚) 사람으로 동림파(東林派) 관료였던 황존소(黃尊素)의 아들이다.
청년 시절 동림의 후예이자 복사(復社)의 명사로서 활약하며 정치 운동에도 참가하였고, 청(淸)나라 군대가 남하하자 의용군을 조직하여 저항하였다. 명조(明朝) 회복의 희망이 사라진 뒤에는 학문과 저술에 전념하며 청조(淸朝)의 부름을 거절하고 명(明)의 유로(遺老)로서 일생을 마쳤다.
스승인 유종주(劉宗周)를 통해 양명학(陽明學)의 온건한 측면을 계승하고 관념적인 심학(心學)의 횡류(橫流)를 비판하였으며, 경세(經世)를 위한 경학(經學)과 사학(史學)을 제창하여 청대 고증학의 형성에 기여하였다. 저술로는『명이대방록(明夷待訪錄)』,『명유학안(明儒學案)』,『역학상수론(易學象數論)』등 다수가 있다.

역주자

강경현(姜卿顯)

연세대학교 철학과에서 박사학위를 취득하고, 현재 성균관대학교 유학·동양학과 조교수로 재직 중이다. 주요 연구 분야는 한국유가철학이다. 논문으로「퇴계 이황의 리(理)에 대한 해석의 갈래」(2017),「조선시대『명유학안』독해 양상과 그 성격」(2017),「조선시대 經筵에서『尙書』강독의 의미」(2022) 등이 있고, 저서로『퇴계 이황의 리(理) 철학: 지선(至善) 실현과 자기완성』(2022)이 있다.

이해임(李海任)

서울대학교 대학원 철학과에서 박사학위를 취득하고, 현재 상산고등학교 철학 교사로 재직 중이다. 주요 연구분야는 조선성리학이다. 주요 논문은 「조선전기 중앙관료의 맹자에 대한 인식」(2018), 「성기호설과 성선설—다산의 맹자 해석」(2019), 「송시열의 춘추관 연구」(2022) 등이 있다. 주요 저서는 『조선경학의 문화다원론적 이념과 실천』(공저)(2022), 『조선경학의 문화다원론적 심화와 대안』(공저)(2022) 등이 있으며, 역서로는 『최명길의 사문록 역해와 심층 연구』(공역)(2022)가 있다.

이봉규(李俸珪)

서울대학교 대학원 철학과에서 박사학위를 취득하고, 현재 인하대학교 철학과 교수로 재직 중이다. 주요 연구 분야는 조선시대 성리학, 예학, 실학이다. 논문으로 「조선시대 유학연구 재독」(2003), 「실학의 유교사적 맥락과 유교 연구 탐색」(2015), 「이황의 『가례』 연구와 전승」(2020), 「발전사의 시야에서 본 이이의 이(理)개념」(2021) 등이 있고, 공저로 『조선시대 충청지역의 예학과 교육』(2001), 『다산 정약용 연구』(2012), 『풍석 서유구 연구 하』(2015), 『서학의 충격과 접변』(2019), 『밀암 이재 문파 연구』(2021) 등이 있다. 역서로 『정체전중변』(공역)(1995), 『역주시경강의』(공역)(2010), 『의례역주8』(공역)(2015), 『역주예기천견록5』(2021), 『상서고훈』(공역)(2021) 등이 있다.

명유학안 역주

An Annotated Translation of
"Records of the Ming Scholars"